T0146791

EDUCACIÓN Y TECNOLOGÍAS

EDUCACIÓN Y TECNOLOGÍAS

Daniel Desiderio Borrego Gómez
Daniel Cantú Cervantes
Hugo Isaías Molina Montalvo
Rogelio Castillo Walle

Coordinadores

Para realizar pedidos de este libro, contacte con:
Palibrio
1663 Liberty Drive
Suite 200
Bloomington, IN 47403
Gratis desde EE. UU. al 877.407.5847
Gratis desde México al 01.800.288.2243
Gratis desde España al 900.866.949
Desde otro país al +1.812.671.9757
Fax: 01.812.355.1576
ventas@palibrio.com
802757

ÍNDICE

EJE 2.- TECNOLOGÍAS

Introducción

La presente obra tiene el objetivo además de fomentar la práctica investigativa de los profesores de la Universidad Autónoma de Tamaulipas y otras instituciones, tiene el propósito de contribuir a la mejora del quehacer docente en todos los niveles y contextos del sistema educativo. La obra es una invitación a profesores en activo, en formación inicial, investigadores e interesados en el área pedagógica y sobre tecnología para el aprendizaje, con el fin de perfeccionar aquellas acciones que impacten favorecedoramente en su práctica docente.

El libro está dividido en dos grandes ejes, **EDUCACIÓN y TECNOLOGÍAS,** el primero centrado en aquellos aportes innovadores relacionados con el escenario educativo en general, y un segundo eje que presenta una serie de capítulos orientados hacia el contexto de las Tecnologías.

El Eje **1.- EDUCACIÓN,** inicia con la presentación de un estudio de caso de la Licenciatura en Tecnologías de la Información de una universidad pública del Noreste de México, que presenta y describe la experiencia y los resultados sobre la percepción de la calidad educativa de los estudiantes respecto a su carrera elegida. Esta investigación viró sobre un enfoque cuantitativo con diseño transversal y alcance descriptivo considerando las siguientes variables: la satisfacción respecto a la calidad educativa recibida por su institución, la infraestructura tecnológica disponible, la planta docente, el equipamiento computacional y el software con el que cuentan los laboratorios. Los resultados mostraron que principalmente en semestres avanzados, los estudiantes presentan una mayor satisfacción respecto a la calidad educativa recibida, el dominio de los temas y la utilización de las TIC por parte de sus docentes. El trabajo culmina reflexionando sobre los retos que enfrentan este tipo mediciones y expone las lecciones aprendidas más significativas del estudio. El capítulo 2 del primer eje presenta un interesante panorama de estudio e intervención sobre el contexto de la "resiliencia en la educación". El autor aborda las conceptualizaciones principales relacionadas con el abandono escolar, como es la reprobación y el rezago que representan desde hace varias décadas, uno de los problemas más difíciles de atender por parte de las universidades públicas en México, entre ellas la Universidad Autónoma de Tamaulipas. El abandono académico constituye un problema multifactorial que se manifiesta principalmente en el primer año de estudios, comúnmente en el nivel media superior y superior. En este capítulo se pretende dar a conocer la promoción de la resiliencia que se implementó desde 2003 al 2019 en dos facultades de educación superior pertenecientes a la Universidad Autónoma de Tamaulipas. Entre los hallazgos identificados, se encontró que promover estrategias de resiliencia en la universidad favoreció una reducción del índice de abandono escolar. El capítulo 3 presenta un avance sobre el planteamiento de una intervención educativa en materia de estrategias lectoras, con el objetivo principal de diseñar e implementar estrategias metacognitivas en los estudiantes de segundo semestre del nivel medio superior del Colegio Nacional de Educación Profesional Técnica -CONALEP, plantel 127-, con la intención de mejorar la comprensión lectora en textos expositivos y argumentativos durante tres momentos: antes, durante y después de la lectura. Hasta el momento, se diseñó la adaptación de un cuestionario para establecer un diagnóstico sobre el hábito lector entre la población susceptible de intervenir, y se encontró que la mayoría de los estudiantes gusta por lecturas situadas en el cuadrante de la comprensión empática, especialmente los cuentos, y suelen dedicar muy poco tiempo a la lectura, así como asistir poco a las bibliotecas, y normalmente cuando leen, lo hacen en silencio. Además, suelen no realizar anotaciones ni mucho menos plantearse un objetivo sobre lectura, lo cual es una estrategia básica de la comprensión lectora; tampoco poseen escasos libros en casa y admiten que sus familias no suelen tener hábito lector. El cuarto capítulo presenta un análisis de los modelos y estrategias presentes en la enseñanza de las ciencias sociales que utilizan los docentes de la Universidad Autónoma de Tamaulipas. En este estudio, el Dr. Castillo Walle, utilizó un enfoque cuantitativo con alcance descriptivo explicativo y diseño no experimental transeccional, para aplicar un cuestionario a una muestra convencional de 37 profesores de un total de 39 que representa el 94% de los Profesores de Tiempo Completo y de Horario libre de las Licenciatura en Ciencias de la Educación con opción en Ciencias Sociales, Licenciatura en Historia y Licenciatura en Sociología. Los resultados de investigación ponen en evidencia la coexistencia de varios modelos pedagógicos que adoptan los docentes de las ciencias sociales y que a su vez es reflejado en una diversidad de métodos y estrategias de enseñanza de las ciencias sociales. El capítulo 5 por otra parte, presenta un compendio de diecisiete estrategias y principios básicos para memorizar que pueden resultar como técnicas y herramientas significativa relevancia para el estudiante como para el profesor. Algunas de estas estrategias trabajan sobre la base de la materia prima mnémica visual, otras priorizan en la exposición repetitiva determinada información y en la agrupación para lograr fines de vinculación para recuperar el recuerdo. Es preciso tener en cuenta que controlar la presión arterial, la glucosa, el colesterol, los niveles de ansiedad, incrementar el ejercicio físico, la interacción social, y el desafío intelectual, son recomendaciones básicas para considerar en beneficio de las acciones sobre las estrategias mnémicas que se describen. Por otra parte, el capítulo 6 presenta una iniciativa de la Facultad de Comercio y Administración Victoria de la Universidad Autónoma de Tamaulipas, sobre el impulso del potencial de emprendimiento de los estudiantes para mejorar sus capacidades laborales. El capítulo inicia su temática presentando los principios, fundamentos y la importancia del emprendedurismo académico y laboral, para seguidamente exponer mediante un paradigma cualitativo con entrevistas semiestructuradas, la perspectiva y apreciación al respecto de los docentes de la Facultad, a la vez que se elabora un recuento de la historia de las labores académicas sobre el emprendimiento en la universidad, especialmente en las dos últimas décadas. El capítulo 7 realiza un panorama sobre las percepciones relacionadas con la calidad de los servicios educativos. Este apartado tuvo como propósito explorar y describir aquellos aspectos que se han realizado en torno a las percepciones de los diversos actores educativos sobre la calidad de los servicios en la educación Superior. Se describen las características generales del esquema vinculado con la percepción de la calidad educativa y se analizan brevemente las metodologías utilizadas. Por último, en el capítulo 8, se presenta un análisis sobre los factores relacionados con el efecto de la "honestidad académica" desde la perspectiva de una muestra de estudiantes universitarios. La información vertida en este apartado procede de la aplicación de cuatro preguntas dirigidas a un grupo de 32 estudiantes de octavo semestre de una licenciatura en ciencias de la educación que se ofrece la Universidad Autónoma de Tamaulipas. Se describe un panorama sobre la percepción que tienen los estudiantes sobre algunas acciones académicamente consideradas como "no honestas", la frecuencia en que éstas son practicadas, el nivel de gravedad que se les concede, y las estrategias que se califican como las más adecuadas para disminuirlas. Los resultados muestran que de diecisiete acciones académicamente "no honestas", un porcentaje significativo de los encuestados no juzga como acciones deshonestas el entregar un trabajo reusado de cursos anteriores, copiar fragmentos de fuentes impresas y utilizarlas sin citarlas.

El **Eje 2.- TECNOLOGÍAS,** inicia con un capítulo que aborda una visión de las tecnologías relacionadas con las MiPyMES en el centro de Tamaulipas. Se consideró para el estudio la selección de una muestra de 300 micros, pequeñas y medianas empresas – MiPyMES- de los municipios de Victoria, Jaumave y Tula, Tamaulipas, con el objetivo de identificar el nivel de infraestructura, uso, capacitación en TIC, así como aquellos procesos del negocio apoyados y no apoyados por las tecnologías. La investigación se centró principalmente en analizar la dimensión y las causas de la existencia de la llamada "Brecha Digital", evidenciándose, que la razón principal en la intensidad en la utilización de las tecnologías en las MiPyMES es en parte la falta de fondos y el acceso a estos recursos tecnológicos; sin embargo, la causa más significativa es la falta de gestión adecuada, de educación y formación de los recursos humanos que se desempeñan en los procesos estratégicos de la empresa. El segundo capítulo del Eje 2 aborda una pregunta interesante de antaño que ha formulado entre el magisterio y que pareciera que no se acabó de enterrar: ¿podrán en el futuro las tecnologías sustituir al maestro?, la respuesta a esta cuestión se analiza desde el punto de vista neurocientífico sobre la injerencia de los valores emocionales cruciales para la memoria y los procesos cognitivos que sobresalen en las interacciones cara a cara y en las interacciones por medio de los recursos digitales, aun cuando se traten de conferencias en vivo y en tiempo real. La idea acerca de los nativos digitales ha quedado rebasada, dado el hecho de que casi todas las personas adultas que en su infancia carecieron por completo del acceso a las TIC se adaptaron con relativa facilidad y destreza a las tecnologías móviles, de tal forma que hoy son parte de sus vidas. Si las TIC hubieran llegado a la sociedad cómo acontece actualmente hace doscientos años, de igual manera nos hubiéramos adaptado al contexto digital con la misma pericia con la que nuestros alumnos se desenvuelven. Esto sucede porque el cerebro humano no ha cambiado sustancialmente desde sus inicios, ya que las bondades de la plasticidad neural permiten que aprendamos con rapidez a adaptarnos a las circunstancias que ameritan una necesidad imperiosa. En el capítulo 3 del segundo Eje se analizan brevemente cinco factores benéficos de las redes sociales para la educación formal y no formal, esto se realizó a pesar de la extensa literatura que ha generado ideologías inclinadas hacia la prohibición de las redes sociales en la Escuela. Entre los factores bondadosos analizados se encuentra el Blended Learning o aprendizaje mixto, la interacción espontánea como médula de las redes, la conformación de grupos específicos de estudio, la facilidad para la compartición de contenido multimedia y el aprendizaje de idiomas. El capítulo 4 analiza un Sistema de Tutoría Inteligente aplicado a la enseñanza de programación de computadoras a nivel licenciatura. Estos sistemas son programas de enseñanza asistida por computadora que utilizan "Inteligencia Artificial" como base para la representación del conocimiento y dirigir estrategias de enseñanza preparadas para comportarse como un experto, además, estos sistemas son capaces de realizar un diagnóstico situacional del alumno y en relación a ello, ofrecer una solución o una acción inmediata. El capítulo 5 se describe una de las habilidades de pensamiento que se demandará en los próximos años para contribuir a la formación de un perfil integral en los futuros profesionistas, mismas que permitirán la rápida implantación de la nueva era industrial caracterizada por la introducción de internet en los procesos de manufactura y que está marcando ya la forma de producir bienes y servicios en todo el mundo. De igual forma, se destaca el por qué estas habilidades serán igual de importantes que el pensamiento lógico-matemático, las habilidades de comprensión lectora y redacción, así como el domino de una segunda lengua, lo que permite considerarlas como competencias clave para la formación de los alumnos en los próximos años también en esta aportación, se presenta al lector un vocabulario de definiciones relacionados con conceptos de computación y una propuesta de actividades que se encuentran organizadas por nivel educativo, que permitirán al docente incorporarlas de forma inmediata en el salón de clase. El capítulo 6 a manera de ensayo toma en cuenta algunos de los movimientos estudiantiles que se manifestaron en el siglo pasado y el generado en México en el año 2012 donde las redes sociales jugaron un papel importante, dejando en desventaja a los grandes medios de comunicación. El objetivo es contrastar el poder de convocatoria de los movimientos del siglo pasado, quienes daban a conocer sus intenciones usando la prensa escrita, diseño de carteles y volantes; en comparación con el movimiento llamado #Yosoy132 el cual se destacó por el uso de plataformas digitales y redes sociales para convocar y difundir sus objetivos. Se encontró que los movimientos estudiantiles y sociales que se han generado en México en la última década, y que se han gestado mediante las redes sociales, no han trascendido del "ciberactivismo" donde se limitan a ser un "trending topic" y que no generan un impacto significativo. El capítulo 7 menciona que la integración de recursos tecnológicos a la clase de matemáticas genera interés en los estudiantes dado que les posibilita trabajar con instrumentos distintos a los tradicionales como lo son las actividades de los libros de texto o ejercicios en su cuaderno y que GeoGebra es una herramienta tecnológica integrada por Applets, diseñada por investigadores y docentes de la matemática que permite, entre otras cosas, que el estudiante visualice modelos matemáticos y analice los fenómenos de manera interactiva, lo que permite aportar al desarrollo del conocimiento matemático del estudiante. En este diseño el estudiante pone en juego sus conocimientos por medio de esta herramienta para analizar el comportamiento del fenómeno de llenado de recipientes y su relación con su representación gráfica. Tiene como objetivo dar sentido y significado a las características de la gráfica con relación a las características del fenómeno, buscando que el estudiante transite del fenómeno a la gráfica y viceversa.

Al final del libro se expone la bibliografía utilizada en cada capítulo para facilitar la lectura de cada título de la obra. Seguidamente se presentan las biografías ejecutivas de los autores.

Los autores.

EJE 1.- EDUCACIÓN

Importancia de la percepción estudiantil de la calidad educativa: un estudio de caso de la licenciatura en tecnologías de la información

Adán López Mendoza
Ramón Ventura Roque Hernández
Carlos Manuel Juárez Ibarra

Introducción

Con la existencia de sistemas de evaluación de la educación superior en prácticamente todo el mundo y con el advenimiento de los sistemas de acreditación, los niveles de satisfacción de los estudiantes sobre la calidad educativa y la infraestructura tecnológica que les brinda su institución han alcanzado nuevos niveles de importancia. De esta manera, la medición del nivel real de satisfacción estudiantil en diversas áreas se ha posicionado como un problema de investigación de actualidad. De ahí surge la idea de realizar el presente trabajo.

A finales de la década de los 80 en el siglo XX se inicia en México un proceso de evaluación y acreditación de la educación superior en la Instituciones de Educación Superior -IES-, desde ese entonces se han venido presentando una serie de transformaciones en estas instituciones con la finalidad de asegurar la "calidad" de la educación, pero ¿de qué estamos hablando cuando nos referimos a calidad de la educación. La discusión teórica sobre la calidad de los sistemas educativos es un tema que ha tenido diversos debates teóricos-metodológicos, ya que son muchas las corrientes que pueden argumentar o respaldar las diferentes formas de medir la calidad y la eficiencia de la educación, e incluso existe una gran diversidad de estudios que tratan de explicar este fenómeno.

1

La base teórica sobre cómo medir la calidad de un servicio está vinculada a los trabajos clásicos de Gronroos (1982, 1984), y Parasuraman, Zeithalm y Berry (1985, 1988, en Alvarado, 2016); estos autores consideran que la naturaleza del cómo definir y medir el término de calidad en cualquier servicio no es una tarea fácil, ya que una de las principales críticas deriva de la naturaleza intangible del servicio mismo. Por otra parte, Alvarado (2016), argumenta que la definición y la medición del término pueden abordarse desde enfoques objetivo y subjetivo, utilizando más este último, pues cuando se habla de calidad percibida de cualquier producto o servicio en realidad se obtienen aquellos juicios de valor que los individuos le otorgan al objeto a estudiar.

El Concepto de calidad en la Educación Superior

El concepto de calidad como tal tiene elementos muy subjetivos, ya que lo que para algunos investigadores puede resultar ser de calidad para otros no lo es del todo. Según Ibarra (2009), desde hace algunas décadas el concepto de calidad ha venido adquiriendo una centralidad explícita en el campo de la educación superior, convirtiéndose en un tema de importancia creciente, a pesar de que se reconoce que es un concepto difícil de definir, dada su naturaleza multidimensional. Por lo mismo, son múltiples las acepciones, enfoques y acentos que ha tenido a lo largo de la historia. El aseguramiento de la calidad ha producido importantes efectos en la transformación de la educación en México, se trata de un balance de claroscuros que permiten valorar el impacto de los esfuerzos impulsados hasta ahora para sentar las bases de las políticas y acciones que habrán de emprenderse en el futuro (Ibarra, 2009).

La noción de calidad de la educación es una noción polisémica y polémica. Tiene distintos y variados significados y por lo mismo se encuentra rodeada de una discusión inagotable (Navarro-Leal, 2011). Por su parte Olaskoaga, Marúm y Partida (2015), afirman que la tipología de nociones de calidad de mayor éxito en la literatura es la propuesta por Harvey y Green en 1993: calidad entendida como algo excepcional, como perfección o consistencia, como adecuación a una finalidad, como transformación. Esta tipología reconoce abiertamente la condición polisémica del término calidad cuando se aplica a la Educación Superior (Marúm, 2016). Ver la calidad desde el punto de vista competitivo y su mejora a través de la evaluación es una de las mayores preocupaciones que tiene del sistema de educación superior mexicano (Buendía, 2013, en Jiménez, 2019).

La evaluación y acreditación de la educación superior en México.

Se podría decir que la evaluación de la Educación Superior en la época moderna en México se remite oficialmente al año de 1979 con la creación del Sistema Nacional de Planeación Permanente de la Educación Superior, propuesto en 1978 por la Asociación Nacional de Universidades e Instituciones de Educación Superior -ANUIES- (López, 2007). Para 1989, la Comisión Nacional para la Planeación de la Educación Superior (Rubio, 2007) o el Sistema Nacional de Planeación de la Educación Superior creó la Comisión Nacional de Evacuación −CONAEVA- (López, 2007). Esta dependencia instauró el marco para la evaluación institucional. Se elaboró un formato de indicadores básicos de desempeño que cada institución pública requería llenar y enviar a la CONAEVA y a la Subsecretaría de Educación Superior (SES) (De Vries, 2007). Posteriormente en el año de 1991 se crearon los Comités Interinstitucionales para la Evaluación de la Educación Superior -CIEES-; dicho organismo fue sugerido también por la ANUIES en la propuesta de lineamientos para la evaluación de la educación superior (De Vries, 2007). Este organismo se encargaría de evaluar los programas académicos de las Instituciones de Educación Superior -IES-.

En las IES privadas también se crearon organismos que asocia na dichas universidades: La Federación de Instituciones Particulares de Educación Superior -FIMPES- creada en 1981 (De Vries, 2007). Esta dinámica de evaluación y acreditación es parte de la participación de la universidad en actividades de mercado, en la cual ha existido una tendencia a la empresarialización (Alvarado, 2011, en Jiménez, 2019), que las ha orillado a enfocar sus esfuerzos en su competitividad y productividad.

La acreditación de la educación superior en México es relativamente reciente –se puede decir que se está de fiesta si es que hay algo que festejar– por sus 18 años, es decir está cumpliendo su mayoría de edad–; lo anterior si se toma en cuenta que el sistema de acreditación nace con la creación del Consejo para la Acreditación de la Educación Superior -COPAES-, institución creada en el año 2000 en el Marco del Programa Nacional de Educación 2001-2006; cuya finalidad es acreditar los programas de académicos de las universidades de México (De Vries, 2007).

El Proceso

A partir del año 2001, la SEP solicitó a los CIEES que evaluaran los programas en función de su preparación para la acreditación y a las instituciones de educación superior les envió el mensaje de que obtendrían un financiamiento adicional si conseguían la acreditación de sus programas. El proceso para la evaluación en México por parte de CIEES es el siguiente: como primer paso la institución que desea evaluar alguno de sus programas hace la petición para tal efecto; para esto normalmente la Dependencia de Educación Superior -DES- hace una "autoevaluación" previa de sus programas haciendo un análisis FODA. Posteriormente se hace una visita de pares académicos por parte de CIEES, agrupados en siete áreas del conocimiento, además de un comité para evaluar la administración y gestión institucional y uno para el ámbito de la difusión y extensión de la cultura (De Vries, 2007).

La duración de la acreditación no es para siempre, esta debe renovarse cada determinado tiempo. Tanto los organismos acreditadores como los programas que estos acreditan tienen que reacreditarse cada 5 años. En consecuencia, para los CIEES la evaluación diagnóstica pasó a segundo término y la evaluación para identificar sus faltantes para la acreditación subió a un primer término, al calificar los programas con niveles 1, 2 o 3 según sus posibilidades de ser acreditables en el corto, mediano o largo plazo respectivamente (Navarro-Leal, 2011).

En el Nivel 1 están aquellos programas que prácticamente cumplen con las condiciones para ser acreditados por parte del COPAES. En el Nivel 2 se encuentran aquellos que podrían lograr este cometido en el mediano plazo y en el Nivel 3 es aquel donde se encuentran los programas que tienen muchas deficiencias y que su acreditación se podría realizar solamente a largo plazo o como diplomáticamente lo dice De Vries (2007) "son de calidad desconocida".

Un dato interesante es que la matrícula del Sistema de Educación Superior es muy similar por género en las cifras totales, es decir el 49.30% de los alumnos inscritos en este sistema son mujeres, mientras que el 50.70 son hombres. Los programas que se encuentran acreditados por este organismo son cerca de 2,900, más 184 que cuentan con una prórroga para su reacreditación, y 841 que tienen vencida la acreditación dan un total de 3,900 programas acreditados en números redondos. Estos datos fueron tomados de la página web del COPAES, pero en su documento Marco de Referencia del COPAES (2017), aparece la cifra de 2,920 programas acreditados; cifras muy similares y que en términos relativos representan lo mismo. Un 14% del total de los programas registrados en la SES están acreditados por este organismo, es decir un 86% de los programas que se ofrecen en el país no son de calidad.

Método

El presente trabajo es de corte cuantitativo y descriptivo. Se realizó en una universidad pública del noreste de México y se inició con la necesidad de caracterizar la percepción estudiantil acerca de la calidad educativa en la Licenciatura en Tecnologías de la Información. Al no contar con un instrumento de recolección de datos apropiado para lograr este objetivo en este contexto particular, se convocó a una reunión con tres expertos en calidad educativa y el proceso de investigación. Ellos analizaron los aspectos que se pretendía estudiar y valoraron el corto tiempo que se tenía para la obtención de los datos de los alumnos. De esta manera, se decidió diseñar un cuestionario y se inició la creación de una matriz de congruencia. Para esto, se realizó una lluvia de ideas inicial que produjo una serie de preguntas, las cuales posteriormente se fueron modificando en cuanto a su redacción, sentido y orden de presentación. Una vez que los expertos estuvieron de acuerdo con el instrumento diseñado, se procedió a su aplicación con un primer grupo de alumnos. Se observó que los estudiantes no tuvieron problemas para contestar el cuestionario y se continuó encuestando a otros más.

En total, se recopiló una muestra de 78 estudiantes. Sin embargo, los datos de 7 de ellos fueron eliminados del estudio por contestar con respuestas "neutrales" al 70% o más de las preguntas. De esta manera, quedaron 71 estudiantes de un universo de 200. El muestreo no fue probabilístico. Las encuestas se aplicaron a los estudiantes que asistieron al centro de cómputo durante la semana del 8 al 12 de abril de 2019. Al momento de la aplicación de la encuesta, no se encontraron alumnos de tercer semestre disponibles para participar.

La versión final de la matriz de congruencia se presenta en el cuadro 1. El instrumento final se compone de 10 preguntas con respuestas de tipo Likert de 5 opciones -forma 1-. El análisis de los datos se realizó con el programa SPSS versión 22, en donde los estudiantes fueron agrupados por semestres para tener una mejor perspectiva de su opinión con respecto al nivel educativo que están cursando. Los grupos de estudio creados fueron: primeros semestres 1 y 2, semestres intermedios 4, 5 y 6 y últimos semestres 7, 8, 9 y 10. Las respuestas recabadas originalmente con una escala de Likert de 5 puntos fueron posteriormente reducidas a una escala de 3 puntos: en desacuerdo, neutral y de acuerdo. Esto se realizó con la finalidad de facilitar los análisis y de que los hallazgos fueran más evidentes y entendibles.

Cuadro 1. Matriz de congruencia

MATRIZ DE CONGRUENCIA	
NOMBRE DEL TEMA:	Nivel de satisfacción académica y tecnológica de los estudiantes de LTI
OBJETIVO GENERAL:	Determinar el nivel de satisfacción académica y tecnológica de los estudiantes de la carrera de LTI.
PLANTEAMIENTO DEL PROBLEMA:	Con el advenimiento de los sistemas de acreditación en todo el mundo, los niveles de satisfacción de los estudiantes sobre la calidad educativa y la infraestructura tecnológica que les brinda su institución han alcanzado nuevos niveles de importancia. De esta manera, la medición del nivel real de satisfacción estudiantil en diversas áreas se ha posicionado como un problema de investigación de actualidad. En el caso concreto de la LTI es necesario conocer estos niveles de satisfacción para identificar áreas de oportunidad, tomar decisiones y realizar mejoras.
JUSTIFICACIÓN:	Desde el punto de vista de la acreditación académica es importante considerar la opinión de los estudiantes respecto a la calidad educativa que han recibido en su carrera, así como la infraestructura tecnológica que se les ha brindado en la institución.

Fuente: elaboración propia.

Cuadro 1 (Continuación). Matriz de congruencia

PREGUNTA DE INVESTI-GACIÓN	HIPÓTESIS DE INVESTI-GACIÓN	VARIABLES		INDICA-DORES	ITEMS (preguntas del cuestionario)
¿Cuál es el grado de satisfacción de los estudiantes de la carrera de LTI respecto al desempeño académico de sus docentes y de la infraestructura tecnológica de que disponen?	Existe un nivel de satisfacción aceptable por parte de los estudiantes de la carrera de LTI	DEPENDIENTE	Satisfacción de los estudiantes	- Calidad educativa	1
				-Infraestructura tecnológica	2
		INDEPENDIENTE			
			- Grado de desempeño docente	-Dominio del tema	3
				-Uso de plataformas	4
				-Asistencia	5
			Infraestructura tecnológica		
				-Equipo computo	6,7
					8
				-Wifi	9,10
				-Software Disponible	

Fuente: elaboración propia.

Forma 1. Instrumento para la recolección de los datos.

Universidad Autónoma de Tamaulipas Facultad de Comercio, Administración y Ciencias Sociales

Nota: Favor de responder la siguiente encuesta de acuerdo a su opinión personal, hacemos de su conocimiento que la información recabada será utilizada estrictamente con fines académicos, la información será procesada de manera global y es anónima. Edad_____ Sexo_____ Semestre_____ ¿Trabaja?_____ Estado Civil:_____ Preparatoria de procedencia_____

Indique con una "X" el grado acuerdo o desacuerdo que usted tiene con las siguientes afirmaciones

No.	Pregunta	Totalmente en desacuerdo	En desacuerdo	Neutro	De Acuerdo	Totalmente de Acuerdo
1)	Estoy satisfecho con la calidad educativa recibida por mi institución.					
2)	Estoy satisfecho con La infraestructura tecnológica que me provee la universidad.					
3)	Mis maestros dominan los temas que exponen.					
4)	Mis maestros utilizan la tecnología para sus clases.					
5)	Mis maestros asisten regularmente a sus clases.					
6)	El equipo de cómputo de los laboratorios es el adecuado para las prácticas.					
7)	El equipo de cómputo de los laboratorios es suficiente para mis clases.					
8)	El internet inalámbrico ofrecido por la universidad es de buena calidad.					
9)	El software con que se cuenta en los laboratorios es suficiente.					
10)	El software con el que se cuenta en los laboratorios está actualizado.					

Fuente: elaboración propia.

Resultados

Los resultados muestran que la mayoría de los estudiantes de la carrera de Licenciados en Tecnologías de la Información tienen entre 18, 19, 20 y 21 años, entre este grupo de edad se ubica el 69% de los encuestados; hubo una persona que dijo contar con 17 años y los de mayor edad cuentan con 27 y 28 años, ver gráfica siguiente.

Gráfica 1. Edad del encuestado

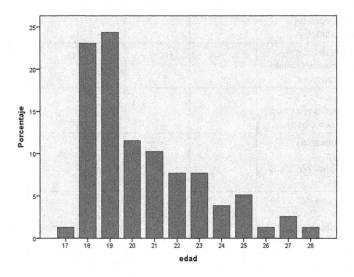

Fuente: elaboración propia.

A continuación, en la gráfica 2 se puede apreciar la cantidad de hombres y mujeres que participaron en esta investigación. El 63% de los participantes fueron del sexo masculino, mientras que el 37% fueron del sexo femenino.

Gráfica 2. Sexo del encuestado

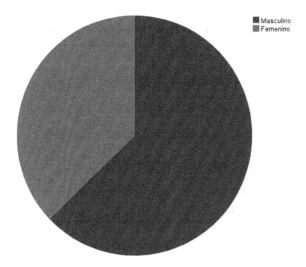

Masculino
Femenino

Fuente: elaboración propia.

Respecto a la pregunta ¿qué tan satisfecho está con la calidad educativa recibida por parte de la institución?, la mayoría de los estudiantes mencionan que están de acuerdo en haber recibido una educación de calidad. Lo anterior se puede observar en la tabla 2 donde se aprecia que los estudiantes de semestres más avanzados dicen estar más satisfechos con la calidad educativa recibida por parte de la institución, ya que un 83.3% de este grupo dijo estar de acuerdo, un 11% de estos semestres se mostraron neutros y un 5.6 dijo estar en desacuerdo. Después están los alumnos de los primeros semestres ya que un 64% dijo estar de acuerdo con la calidad de la educación de la institución, un 25% de este grupo se mostró neutro y un 11% mencionó estar en desacuerdo. Finalmente aparecen los estudiantes de los semestres intermedios donde un 58.8% afirma estar de acuerdo con la calidad de la educación de la institución, un 35% se mostró neutro a este respecto y un 6% menciona estar en desacuerdo con que la educación recibida sea de calidad.

Tabla 2. Satisfacción con la calidad educativa recibida.

GRUPO DE ESTUDIO			Frecuencia	Porcentaje	Porcentaje válido	Porcentaje acumulado
Primeros semestres 1, 2	Válido	En desacuerdo	4	11.1	11.1	11.1
		Neutro	9	25.0	25.0	36.1
		De acuerdo	23	63.9	63.9	100.0
		Total	36	100.0	100.0	
Semestres intermedios 4,5,6	Válido	En desacuerdo	1	5.9	5.9	5.9
		Neutro	6	35.3	35.3	41.2
		De acuerdo	10	58.8	58.8	100.0
		Total	17	100.0	100.0	
Últimos semestres 7,8,9,10	Válido	En desacuerdo	1	5.6	5.6	5.6
		Neutro	2	11.1	11.1	16.7
		De acuerdo	15	83.3	83.3	100.0
		Total	18	100.0	100.0	

Fuente: elaboración propia.

Cuando se les preguntó acerca de la infraestructura con la que cuenta la institución, los resultados fueron muy similares, es decir la mayoría de los estudiantes consideran que es de buena calidad. El grupo que aparece con una mayor satisfacción de la calidad de la infraestructura son los estudiantes de los semestres intermedios con un 70% de aprobación, le siguen los alumnos de los semestres avanzados con un 66.7% de aceptación y finalmente los estudiantes de los semestres iniciales con un 58.3% de aprobación respecto de la infraestructura educativa de la institución; sin embargo cabe mencionar que un porcentaje considerable –aproximadamente un 20%- prefieren no opinar sobre este tema, es decir se mantienen en una posición neutral. Estos datos se pueden observar en la tabla 3.

Tabla 3. Satisfacción con la infraestructura.

GRUPO DE ESTUDIO			Frecuencia	Porcentaje	Porcentaje válido	Porcentaje acumulado
Primeros semestres 1, 2	Válido	En desacuerdo	8	22.2	22.2	22.2
		Neutro	7	19.4	19.4	41.7
		De acuerdo	21	58.3	58.3	100.0
		Total	36	100.0	100.0	
Semestres intermedios 4,5,6	Válido	En desacuerdo	1	5.9	5.9	5.9
		Neutro	4	23.5	23.5	29.4
		De acuerdo	12	70.6	70.6	100.0
		Total	17	100.0	100.0	
Últimos semestres 7,8,9,10	Válido	En desacuerdo	3	16.7	16.7	16.7
		Neutro	3	16.7	16.7	33.3
		De acuerdo	12	66.7	66.7	100.0
		Total	18	100.0	100.0	

Fuente: elaboración propia.

Sobre el tema del dominio de los temas por parte de sus maestros, las respuestas de los estudiantes se pueden observar en la gráfica 3. La mayoría respondieron que sus maestros tienen un buen dominio de los temas de clase. Esto se nota más en los últimos semestres, ya que cerca de un 90% respondieron estar de acuerdo con esta aseveración, en segundo lugar están los alumnos de semestres intermedios con un 76% de aceptación del dominio de los temas por parte de sus docentes, finalmente aparecen los estudiantes de los semestres iniciales con un 58% de acuerdo con el dominio de los temas por parte de sus maestros, cabe mencionar que de la misma manera que los aspectos anteriores cerca de un 20% tanto los estudiantes de los primeros semestres como de semestres intermedios asumen una posición neutral acerca de este parámetro.

Grafica 3. Maestros que dominan los temas.

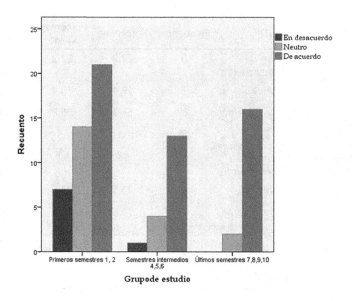

Fuente: elaboración propia.

Los resultados con respecto a la utilización de las TIC por parte de los docentes se encuentran en la tabla 4, en donde se puede apreciar que los estudiantes de los semestres avanzados son quienes mencionan en un mayor porcentaje que sus maestros utilizan la tecnología para sus clases, seguidos de los semestres intermedios y finalmente los estudiantes de los primeros semestres. Esto es comprensible, ya que a partir de los semestres intermedios se incrementan las materias profesionalizantes de corte técnico en la carrera. Por el contrario, en los semestres iniciales, la mayoría de las materias son concentradoras o llamadas también de "tronco común". Los porcentajes de aceptación de la utilización de las TIC por parte de los docentes fue de un 83.3% de los estudiantes de semestres avanzados, un 58.8 de los alumnos de semestres intermedios y un 41.7 de los estudiantes de los primeros semestres. Sin embargo, cabe mencionar que con respecto a esta variable más alumnos sobre todo de los semestres iniciales e intermedios muestran una posición neutral con un 41.7 y 35.3 respectivamente.

Tabla 4. Mis maestros utilizan la tecnología para sus clases.

GRUPO DE ESTUDIO			Frecuencia	Porcentaje	Porcentaje válido	Porcentaje acumulado
Primeros semestres 1, 2	Válido	En desacuerdo	6	16.7	16.7	16.7
		Neutro	15	41.7	41.7	58.3
		De acuerdo	15	41.7	41.7	100.0
		Total	36	100.0	100.0	
Semestres intermedios 4,5,6	Válido	En desacuerdo	1	5.9	5.9	5.9
		Neutro	6	35.3	35.3	41.2
		De acuerdo	10	58.8	58.8	100.0
		Total	17	100.0	100.0	
Últimos semestres 7,8,9,10	Válido	Neutro	3	16.7	16.7	16.7
		De acuerdo	15	83.3	83.3	100.0
		Total	18	100.0	100.0	

Fuente: elaboración propia.

En cuanto al equipamiento computacional del que dispone la institución para las clases de los estudiantes de esta carrera, con respecto a si este es adecuado y suficiente para sus prácticas, los resultados de las percepciones por parte de los estudiantes se muestran en las gráficas 4 y 5.

Gráfica 4. Equipo de cómputo adecuado?

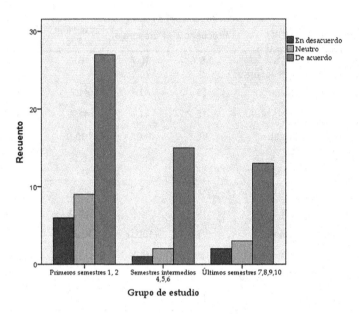

Fuente: elaboración propia.

Como se puede observar en las gráficas 4, 5 y 6, la mayoría de los estudiantes perciben que se cuenta con un equipamiento de cómputo adecuado y suficiente. Llama la atención que solamente en los semestres avanzados es mayor el número de estudiantes que no están de acuerdo en que el equipo de cómputo sea suficiente que los que asumen una posición neutra sobre esta variable.

Sin embargo, existen algunos aspectos en donde la opinión de los encuestados es de desacuerdo hacia la buena calidad de los servicios ofrecidos. Por ejemplo, el servicio de internet inalámbrico de la institución. En este tema, la mayoría de los estudiantes dijeron no estar de acuerdo en que este servicio sea de calidad; al igual que otras variables, llama la atención que una buena parte de los encuestados prefieren no opinar, como se puede observar en la gráfica 6. De los primeros semestres solo un 19% dijo estar de acuerdo contra un 52% que dijo estar en desacuerdo con que el servicio de internet inalámbrico sea de calidad. En los estudiantes de semestres intermedios fue el mismo porcentaje quienes dijeron que el servicio era de calidad y aquellos que no están de acuerdo con que fuese de calidad (41%) el resto de este grupo (17%) mostró una posición neutral. Por lo que respecta a los estudiantes de los últimos semestres fueron más quienes dijeron que el servicio no era de calidad (50%) contra un 27% que opinaron que este servicio es de calidad y un 22% de este grupo optaron por una respuesta neutra.

Gráfica 5. Equipo de cómputo suficiente?

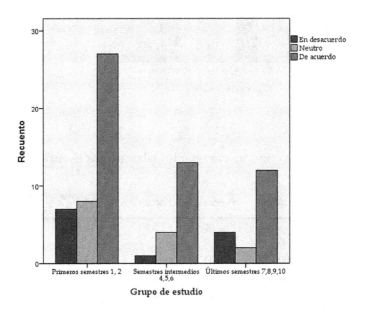

Fuente: elaboración propia.

Con respecto al software o programas computacionales con que cuenta la institución para las prácticas de los estudiantes los resultados se pueden ver en la tabla 5.

Gráfica 6. El sevicio de internet inalámbrico es de buena calidad?

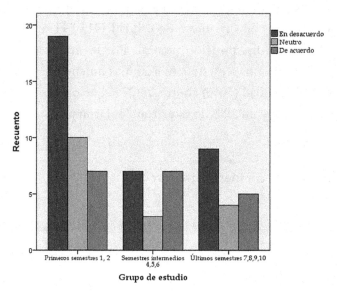

Fuente: elaboración propia.

Tabla 5. ¿El software con que cuentan los laboratorios es suficiente?

GRUPO DE ESTUDIO			Frecuencia	Porcentaje	Porcentaje válido	Porcentaje acumulado
Primeros semestres 1, 2	Válido	En desacuerdo	4	11.1	11.1	11.1
		Neutro	11	30.6	30.6	41.7
		De acuerdo	21	58.3	58.3	100.0
		Total	36	100.0	100.0	
Semestres intermedios 4,5,6	Válido	En desacuerdo	3	17.6	17.6	17.6
		Neutro	1	5.9	5.9	23.5
		De acuerdo	13	76.5	76.5	100.0
		Total	17	100.0	100.0	
Últimos semestres 7,8,9,10	Válido	En desacuerdo	3	16.7	16.7	16.7
		Neutro	5	27.8	27.8	44.4
		De acuerdo	10	55.6	55.6	100.0
		Total	18	100.0	100.0	

Fuente: elaboración propia.

Los estudiantes coinciden en que el software del que disponen es suficiente. Esto se nota más en los estudiantes de los semestres intermedios, ya que cerca de un 80% afirma estar de acuerdo en que los programas computacionales de los que disponen sean suficientes para sus prácticas de laboratorio, de los estudiantes de los semestres iniciales un 58.3% dicen estar de acuerdo y finalmente, un 55.6% de los estudiantes de los últimos semestres. Sigue llamando la atención el hecho de que un alto porcentaje se mantiene neutro en sus respuestas, es decir, prefieren no opinar respecto a la calidad de los programas computacionales de que disponen para sus prácticas. Finalmente acerca de si el software con el que se cuenta en los laboratorios está actualizado, los estudiantes respondieron como se indica en la tabla 6.

Tabla 6. ¿El software con el que se cuenta en los laboratorios está actualizado?

GRUPO DE ESTUDIO			Frecuencia	Porcentaje	Porcentaje válido	Porcentaje acumulado
Primeros semestres 1, 2	Válido	En desacuerdo	7	19.4	19.4	19.4
		Neutro	8	22.2	22.2	41.7
		De acuerdo	21	58.3	58.3	100.0
		Total	36	100.0	100.0	
Semestres intermedios 4,5,6	Válido	En desacuerdo	2	11.8	11.8	11.8
		Neutro	3	17.6	17.6	29.4
		De acuerdo	12	70.6	70.6	100.0
		Total	17	100.0	100.0	
Últimos semestres 7,8,9,10	Válido	En desacuerdo	2	11.1	11.1	11.1
		Neutro	4	22.2	22.2	33.3
		De acuerdo	12	66.7	66.7	100.0
		Total	18	100.0	100.0	

Fuente: elaboración propia.

En la tabla 6 se puede notar el nivel de aceptación por parte de los estudiantes con respecto a la variable de si el software del que disponen está actualizado, los estudiantes de los semestres intermedios son quienes nuevamente aparecen con un mayor grado de aceptación ya que un 70% opinan que el software está actualizado, en segundo lugar con un porcentaje similar (66.7%) están los estudiantes de los últimos semestres y por último están los estudiantes de los primeros semestres con un 58.3%. Aproximadamente un 20% de alumnos mantienen una postura neutra respecto a su opinión sobre este tema.

Conclusión

La aplicación del cuestionario permitió recabar y describir las posturas estudiantiles respecto a la calidad educativa de una institución de educación superior. Se encontró que los alumnos tienen una buena percepción de la mayoría de los aspectos, pero también expresaron muchas opiniones neutras; es decir, que sus respuestas no determinan si están de acuerdo o en desacuerdo con las aseveraciones presentadas. En este sentido, se cree conveniente realizar un trabajo futuro de corte cualitativo para tratar de identificar la verdadera razón por la que muchos de los estudiantes prefieren no manifestar explícitamente un posicionamiento favorable o desfavorable ante algunos aspectos planteados. En la interpretación de los autores, esto puede deberse al temor a represalias, o bien, al desinterés por participar en la encuesta.

Estos resultados son útiles en el contexto de la universidad en donde se condujo el estudio, pues hacen posible la evaluación informada, la toma de decisiones y el proceso de recolección sistemática de evidencias. Sin embargo, el estudio realizado también permitió reflexionar sobre los retos que enfrentan las mediciones de las percepciones estudiantiles. Al no existir cuestionarios ya elaborados para contextos demasiado específicos, es necesario diseñar nuevos instrumentos y cumplir con los requerimientos que esto implica; por ejemplo, la validación por expertos, la aplicación de prueba piloto y la validación estadística en tiempos reducidos. El tiempo de entrega de resultados es una variable determinante en las decisiones que se tomen sobre el diseño del cuestionario. De esta manera, en muchas ocasiones, como sucedió en el presente estudio, no es posible pasar por todas las fases del proceso, pero se toman medidas para asegurar que las fases trabajadas estén completas y bien desarrolladas. Así, el cuestionario final que se obtiene no es sino una primera versión evolutiva que seguirá siendo desarrollada en momentos posteriores. Otro reto que se debe enfrentar es la actitud estudiantil ante los cuestionamientos que se les hacen. Es necesario determinar si existe algún temor o desinterés de los alumnos para expresar abiertamente sus opiniones. Si es así, se debe garantizar el total anonimato de los participantes y motivarlos a través de la concientización a brindar respuestas verdaderas y apegadas a su percepción de la realidad. Si fuese necesario, también se debe evaluar la conveniencia de eliminar la opción "neutral" de la escala de posibles respuestas con el objetivo de que los participantes se manifiesten invariablemente en acuerdo o desacuerdo con los aspectos planteados.

El análisis de los datos es otra actividad que también debe considerarse en este tipo de estudios. Es necesario tener claro el objetivo de las mediciones de la percepción estudiantil. Si se busca la exploración o la descripción, las frecuencias son apropiadas. Sin embargo, si el objetivo implica la comparación rigurosa entre grupos, es necesario elegir pruebas estadísticas y establecer porcentajes de confianza para determinar si las diferencias encontradas resultan significativas. En cualquier caso, también es importante que la institución educativa tenga una participación comprometida para tomar decisiones y definir cursos de acción preventivos o correctivos en cuanto se conozcan los resultados del estudio.

Resiliencia en las universidades públicas

Luis Humberto Garza Vázquez

Introducción

El presente capítulo tiene el objetivo de dar a conocer la manera como se ha promovido la resiliencia en la Universidad Autónoma de Tamaulipas -UAT-; en la Unidad Académica Multidisciplinaria de Ciencias, Educación y Humanidades -UAMCEH- y en la Facultad de Derecho y Ciencias Sociales Victoria -FDCSV-. En el escrito se entiende por resiliencia la capacidad que desarrolla el ser humano para enfrentar condiciones de vulnerabilidad socioeconómicas, aprender de estas y superarlas de una forma socialmente aceptable. Con la promoción de la resiliencia en las universidades públicas se pretende, entre otros, disminuir el abandono escolar, principalmente en el primer año; asimismo, fortalecer los programas educativos y tutorías; lo anterior permitiría coadyuvar para dar respuesta a recomendaciones de organismos como la Comisión Nacional para la Evaluación Superior -CONAEVA-. Es oportuno señalar que la Secretaría de Educación Pública -SEP- y la Asociación Nacional de Instituciones de Educación Superior -ANUIES-, coinciden en que en las universidades públicas se enfrentan a grandes desafíos, entre ellos el abandono escolar.

Problemas educativos de las universidades públicas

En el país, las Instituciones de Educación Superior -IES-, entre ellas las universidades públicas, actualmente afrontan complejos problemas educativos que afectan su desarrollo institucional; al respecto, la

ANUIES (2007) y estudiosos de la educación, entre ellos Casanova (2018) y Muñoz (2018), destacaron que entre los problemas que necesitan resolver las IES se encuentran la escases de investigaciones sobre abandono escolar, la cancelación o freno a proyectos de desarrollo universitario y los altos índices de reprobación, rezago y abandono escolar. En lo que concierne al abandono escolar, Tinto (1992) señaló que representa por su magnitud uno de los retos actuales más difíciles y comunes que caracteriza a la mayoría de las instituciones educativas a nivel superior; que lejos de ser un problema local, es un tema reconocido a nivel mundial. Este problema educativo ha sido una preocupación permanente por décadas y, no obstante, los estudios realizados y las propuestas de mejora, como lo señalaron De Vries, León, Romero y Hernández (2011) parece ser un problema imbatible.

La ANUIES (2007) ha hecho ver que el abandono escolar cobra mayor fuerza en el primer año de la licenciatura y que se manifiesta principalmente antes de que los estudiantes concluyan el primer año de estudios, que el mayor abandono se presenta en carreras caracterizadas por tener una baja demanda y que los estudios correspondientes al primer año son escasos. Se coincide con Muñoz (2018) en que es necesario poner al día los estudios diagnósticos sobre el abandono escolar y la eficiencia terminal. Es oportuno mencionar que el abandono escolar en las universidades públicas, tal como acontece con la reprobación, constituye un problema multifactorial; como bien lo señalaron la ANUIES (2007) y estudiosos de la educación superior, como De Vreis et al (2011) y Fresán y Romo (2011), este problema se debe a múltiples factores de riesgo a nivel personal, familiar, de la propia institución educativa y social o contextual. Entre los factores de riesgo a nivel personal que se mencionan están: la baja autoestima, la mala alimentación, el abuso de alcohol y/o drogas, los problemas de salud, la deficiente orientación vocacional, el bajo rendimiento académico, la falta de hábitos de estudio, la perspectiva laboral negativa de la carrera, el no percibir los beneficios económicos de seguir estudiando, la falta de recursos económicos para poder estudiar, el desarrollo de una actividad laboral junto con sus estudios profesionales, la incompatibilidad del tiempo dedicado al trabajo y a los estudios. En cuanto a los factores de riesgo a nivel familiar, se registran los siguientes: las condiciones socioeconómicas precarias, los bajos ingresos, el desempleo, la ausencia de un progenitor o de ambos, la violencia intrafamiliar, el divorcio de los padres, la desorganización familiar, la falta de límites y expectativas sobre la conducta, el alcoholismo en alguno de los progenitores, las enfermedades físicas o mentales, los padres no perciben los beneficios económicos de que su hijo estudie, la vivienda en malas condiciones, el hacinamiento en el hogar.

En relación a los factores de riesgo a nivel de la propia institución educativa se pueden anotar: la falta de estudios, los perfiles de ingreso inadecuados, la inexistencia de programas integrales de apoyo a los estudiantes, el número de alumnos por maestro, el alto ausentismo docente, los horarios complicados, la poca motivación del maestro, el poco tiempo que le dedica el docente a la preparación de sus clases, el rol inadecuado del profesor frente a las necesidades actuales del aprendizaje, la evaluación centrada exclusivamente en el estudiante y no en los procesos. Entre los factores de riesgo a nivel social o contextual se hallan: las condiciones de pobreza, las limitadas oportunidades de empleo y educación, el desempleo, el consumo de alcohol y de drogas, la prostitución, la tolerancia social de conductas de riesgo, los ambientes de violencia, la difusión de estereotipos de modelos de éxito fácil en los medios de comunicación, la ausencia de redes de apoyo, la falta de acceso a los cuidados de salud, la falta de áreas culturales y deportivas, la escasa participación comunitaria. En lo que se refiere a la UAT, en la UAMCEH se encuentra un caso que ayuda tener una idea de lo que representa el abandono escolar en una universidad pública; la información con que se cuenta sobre los indicadores académicos por cohorte generacional, del 2005 al 2014, se revela un índice hasta del 45% de abandono de estudiantes durante su trayectoria escolar. Entre los factores por los cuales los estudiantes argumentaron que abandonaron sus estudios se encuentran los siguientes: cambiar de carrera a otra DES o IES, dedicarse a trabajar y cambio de ciudad (UAMCEH, Coordinación de Servicios Escolares, 2015).

En lo que toca a los factores de riesgo que se encontraron en los estudiantes de nuevo ingreso de esta DES, están los que a continuación se indican: en cuanto a los factores de riesgo a nivel personal: los estudiantes no están en la carrera que deseaban estudiar, tienen necesidad de trabajar para sostener sus estudios, están casados o en unión libre, proceden de una zona rural o indígena, traen del bachillerato un bajo promedio, historial de reprobación en el subsistema de educación media, desconocen tanto el campo de trabajo de la carrera que se eligió como el plan de estudio de la misma. En relación a los factores de riesgo a nivel familiar: los alumnos proceden de familias en situación socioeconómica precaria, desintegrada, disfuncional; en el hogar existen problemas de abandono, violencia, alcohol o adicción; los padres no trabajan actualmente o bien son pensionados o jubilados, están divorciados o separados, no muestran interés en sus estudios; la comunicación con los progenitores no es adecuada; los padres no les demuestran el afecto deseado, ni les reconocen cuando se esfuerzan por hacer algo bien; no se sienten bien cuando están con su familia (UAMCEH, 2009, 2011; Garza, 2016).

En cuanto a los factores de riesgo de la propia DES-UAT: la falta de estudios sobre reprobación y abandono escolar, así como de trayectorias escolares; la planeación descontextualizada; la carencia de estrategias para atender las causas que dan lugar a los problemas escolares que se le presentan, entre ellos: la reprobación y el abandono escolar; el desconocimiento de los problemas y las necesidades de la población escolar; la ausencia de compromiso institucional por parte de algunos docentes, coordinadores de programas educativos y/o responsables de áreas de apoyo y de servicio; la desarticulación entre las áreas operativas; la obsolescencia de los planes y programas de estudio (UAMCEH, 2014). En lo que concierne a la UAT, como acontece con la mayoría de las IES universitarias en el país, entre los factores de riesgo se encuentra los escasos estudios para conocer los motivos que dan lugar a que los alumnos abandonen sus estudios de educación superior. El autor considera que un gran número de los factores de riesgo citados anteriormente, se encuentran entre los que dan lugar a que los estudiantes sean dados de baja, de acuerdo a la reglamentación de la IES universitaria, a saber: abandono o la renuncia expresa a los estudios por más de dos años, agotar el número de tres inscripciones en una misma asignatura, agotar el número de cuatro oportunidades para aprobar una misma asignatura y el vencimiento del plazo máximo para concluir los estudios (UAT, 2007).

Con base en lo anterior, se desprende que el abandono escolar representa un gran desafío para las universidades públicas del país, entre ellas la UAT; también que es un problema que obedece a múltiples factores a nivel personal, familiar, de la propia institución educativa y social o contextual; es por ello la pertinencia de que se realicen estudios de perfil de ingreso y factores de riesgo y protección, así como de trayectorias escolares; estudios que servirían de base para instrumentar e implementar estrategias de intervención socioeducativas, entre las cuales se encuentra la promoción de la resiliencia en las universidades públicas.

La resiliencia

Los estudiosos de las ciencias humanas, hoy en día, se encuentran con personas, familias y comunidades que se enfrentan a condiciones de vulnerabilidad que parecen complicadas de superar, pero que a pesar de ello no únicamente las superan, sino incluso salen fortalecidas de las mismas; esa reacción se le denomina "resiliencia", y se le considera propiamente como un rasgo propiamente humano, ya que se construye en la interacción entre el individuo y su contexto social. El concepto de resiliencia es una palabra que se estudia desde diferentes campos del conocimiento, entre ellos: la medicina, la ecología, la sociología, la psicología, la tanatología, la terapia familiar, la educación y la neurociencia; la mayor parte de las fuentes consultadas que abordan la temática de la resiliencia, señalan que el término tiene su origen en la raíz latina "resilio", que significa volver atrás, rebotar.

Cabe señalar que existen múltiples definiciones del concepto resiliencia; desde que se instaló en los ambientes académicos y de investigación se le ha definido de diversas maneras, no existe una definición universal del mismo; Munist, Santos, Kotliarenco, Suárez Ojeda, Infante y Grotberg (1998) hicieron el señalamiento de que el vocablo no presenta un conocimiento acabado, dado que está en evolución y se enriquece a través de la experiencia y reflexión; se está de acuerdo con Manciux, Vanistendael, Lecomte y Cyrulnik (2003) en cuanto a que en general todas las definiciones convergen, ya que insisten en la resistencia a un trauma, a un suceso o a un estrés considerado grave y en una evolución posterior, satisfactoria, socialmente aceptable. De acuerdo con Simpson (2008), el concepto de resiliencia se encuentra aún en construcción y su extrapolación es muy reciente, por lo que pretender contar con una definición transcultural resulta casi imposible; Cardozo (2005), por su parte, comentó que el término resiliencia tiene la particularidad de ser un vocablo integrador de prácticas e ideas que buscan superar la adversidad y construir sobre ella; se coincide con Zukerfeld y Zonis (2005) en que es un concepto transdisciplinario.

Al analizar las definiciones que se han vertido sobre el concepto resiliencia, se puede constatar que la mayoría son muy similares y que en general se centran en la capacidad, competencia o habilidades que surgen como respuesta a una situación de adversidad, como se podrá constatar a continuación.

- Capacidad que tienen las personas para presentar patrones de conducta adaptativa a pesar de la adversidad o situaciones de gran presión y estrés (Barcelata, 2015).
- Potencialidad humana que implica responder constructivamente, creciendo y mejorando, ante situaciones conflictivas, dolorosas o profundamente traumáticas (Reyzábal y Sanz, 2014).

- Capacidad de una persona o de un grupo para crecer en presencia de muy grandes dificultades (Vanistendael, 2014).

- Habilidad para surgir de la adversidad, adaptarse, recuperarse y acceder a una vida significativa y productiva al realizar el afrontamiento efectivo ante eventos y circunstancias muy estresantes, que transforman la capacidad humana (Acle Tomasini, 2012).

- Capacidad humana para enfrentar, sobreponerse y ser fortalecido o transformado por las experiencias de adversidad (Grotberg, 2005).

De acuerdo con los especialistas de la resiliencia en las ciencias humanas, entre ellos Puig y Rubio (2011) y Manciaux et al (2003), Bowlby fue el primero en emplear el concepto de resiliencia; según autores como Cohen (2012) y Suárez Ojeda (2005), los primeros que lo aplicaron en las ciencias humanas fueron Rutter y Werner. Es apropiado indicar que el término, tal y como se entiende actualmente, nació a comienzos de los años ochenta.

El interés por estudiar a personas que desarrollan capacidades a pesar de haber sido criados en condiciones de vulnerabilidad o adversidad se presentó primero en los Estados Unidos y en Inglaterra; luego se extendió por Europa; posteriormente llegó a América latina, en donde se han establecido importantes grupos de investigación y numerosos proyectos de intervención para estudiar y atender la resiliencia. Para la mayoría de los estudiosos de la materia de la resiliencia, entre estos Barcelata (2015) y Gaxiola y Palomar (2013), están de acuerdo en que el punto de partida de los estudios sobre la resiliencia fue el "Estudio Longitudinal de Kauai", realizado por Werner y Smith en Hawái, Estados Unidos (1982), el cual consistió en dar seguimiento durante treinta y dos años el desarrollo de vida de 698 personas (nacidas en el año 1955).

Cabe hacer mención que en relación a los participantes de este estudio, casi la mitad creció en la pobreza; un tercio de los niños fue calificado como de alto riesgo porque, además de haber nacido en la pobreza, experimentaron enfermedad perinatal y vivían en ambientes familiares con alcoholismo o enfermedad mental; dos de tres de ellos presentaron serios problemas de aprendizaje o conducta a los 10 años; a los 18 tenían problemas de salud mental, delincuencia y/o embarazos adolescentes; a pesar de lo anterior, uno de cada tres de estos niños crecieron transformándose en adultos competentes. En el último informe presentado se da a conocer que estos sujetos tenían cuarenta años y que todos, menos dos que nacieron en hogares con madres psicóticas, eran personas con niveles de vida por encima de los de sus padres (Werner, 2010).

Se puede afirmar que el estudio realizado por Werner y Smith (1982), trajo como consecuencia un cambio de enfoque en las investigaciones sobre el desarrollo de niños y adolescentes. Neiva-Silva y Koller (2007), en esta línea de ideas, comentaron que muchos investigadores dejaron de focalizar únicamente en los resultados negativos presentados por los participantes y pasaron a analizar a aquellas personas que, a pesar de las adversidades, conseguían superar los obstáculos y adaptarse de una forma saludable a las situaciones de estrés.

Suárez Ojeda (2005), por su parte, declaró que numerosas organizaciones gubernamentales y no gubernamentales, así como las universidades, han incorporado los principios de resiliencia; los cuales son, según investigadores como Simpson (2015) y Poletti y Dobbs (2005), los que a continuación se anotan: no es absoluta ni se adquiere de una vez para siempre, es una capacidad que resulta de un proceso dinámico y evolutivo, varía según las circunstancias, la naturaleza del trauma, el contexto y la etapa de la vida, puede expresarse de muy diferentes maneras en diferentes culturas. Con base en lo que han declarado expertos de la resiliencia, como Reyzábal y Sanz (2014), Puig y Rubio (2011), se desprende que en el campo de la resiliencia predominan las siguientes corrientes: la norteamericana, la europea y la latinoamericana.

La corriente norteamericana es esencialmente conductista, pragmática y centrada en lo individual; el concepto de resiliencia que se maneja es más restringido; se hace referencia exclusivamente al proceso de afrontamiento que ayuda a la persona enfrentada a un suceso adverso a mantenerse intacta, diferenciándolo del concepto de crecimiento postraumático. En esta corriente se menciona la resiliencia cuando las personas sufren episodios vitales fuertes, aunque no haya habido ningún episodio realmente traumático; se concibe a la resiliencia como la capacidad de resistir o recuperarse de la adversidad sin sufrir trastorno alguno y manteniendo el equilibrio. Entre los representantes de esta corriente se encuentran los autores Werner, Garmezy y Grotberg. En la corriente europea se emplean enfoques psicoanalíticos y una perspectiva ética; el concepto que maneja relaciona la resiliencia con el concepto de crecimiento postraumático, al entender la resiliencia como la capacidad no sólo de salir delante de una experiencia adversa sino de aprender de ella; en esta corriente, la resiliencia implica no solamente una capacidad homeostática, sino también la presencia de un cambio positivo que conlleva un enriquecimiento en el desarrollo del individuo, respecto a la situación anterior al afrontamiento de la adversidad. Entre los representantes de esta corriente están Rutter, Cyrulnik y Vanistendael. En la corriente latinoamericana el concepto de resiliencia adquiere una dimensión comunitaria, misma que se expresa de dos maneras: por un lado, se reconoce explícitamente que la resiliencia del individuo se construye en el seno de una comunidad, la cual juega un rol esencial de apoyo social; por la otra parte, se considera la resiliencia en tanto un proceso colectivo. Otra característica de esta corriente de las anteriores ha sido su pasaje del énfasis inicial en la infancia, como parte de la psicología del desarrollo, hacia otras etapas del ciclo de la vida y hacia problemas específicos, por ejemplo: la pobreza y la violencia social. Esta orientación está representada, entre otros, por Suárez Ojeda, Melillo y Kotliarenco.

En este mismo orden de pensamientos, es oportuno hacer alusión a las generaciones de investigadores que se han abocado al estudio de la resiliencia. De acuerdo con las fuentes consultadas, entre ellas Puig y Rubio (2011) y Forés y Grané (2008), se pueden apreciar tres generaciones: la primera, corresponde a las décadas de los setenta y ochenta, la segunda a los noventa y la tercera del año 2000 hasta nuestros días.

La primera generación de investigadores comenzó a partir de los años setenta y surgió junto con el concepto de resiliencia; estos estudiosos hicieron énfasis en la capacidad humana y en la interpretación poshoc -posterior-. El interés fue identificar los factores de riesgo y los factores de protección -resilientes- que influyen en el desarrollo de niños que se adaptan positivamente a pesar de vivir en condiciones de adversidad y de las predicciones de riesgo. La segunda generación nació a mediados de los noventa; estos investigadores expandieron el tema de resiliencia en dos aspectos: la noción de proceso, continúa interesada por descubrir aquellos factores que favorecen la resiliencia, pero ahora añaden una nueva vertiente de investigación con el estudio de la dinámica y la interrelación entre los distintos factores de riesgo y de protección; además, en la búsqueda de modelos para promover la resiliencia a nivel de programas sociales, hicieron énfasis en la promoción, en el proceso y en el contexto social, así como en la búsqueda de factores protectores -resilientes-.

La tercera generación, de la cual el autor forma parte, hace énfasis en el cambio de mirada, en la elaboración de modelos de aplicación, en la construcción de resiliencia y en los factores de protección o resilientes; además, en la creación de modelos de programas integrales, transdisciplinarios. Los estudiosos de esta generación profundizan en el concepto de resiliencia y en cómo la fuerza motivacional dentro de cada individuo puede conducir a lograr sabiduría, auto actualización y altruismo; además, la manera en que se puede estar en armonía con una fuente de fuerza espiritual. En relación a América Latina, el interés por estudiar la resiliencia propiamente se inició a partir del año 2000 en Instituciones de Educación Superior, principalmente en Argentina, Chile, Brasil, Uruguay, Colombia, Costa Rica y México; cabe hacer mención que en lo que corresponde a México, la resiliencia se estudia principalmente en las universidades, entre las cuales se encuentran la Universidad Nacional Autónoma de México y las universidades públicas estatales como la de Colima, Sonora, Tamaulipas, del Estado de México; asimismo, en universidades privadas, entre ellas la Iberoamericana, del Valle de México, del Noreste y de Monterrey.

El interés por estudiar la resiliencia también se observa en diversos centros de estudios, tales como: el Centro Internacional de Información y Estudio de la Resiliencia -CIER- perteneciente a la Universidad Nacional de Lanús, en Argentina; el Centro de Estudios y Atención del Niño y la Mujer -CEANIM-, en Chile; el Centro Investigaciones y Desarrollo Científico, en Colombia; en lo que se refiere a México, los Centros de Integración Juvenil (2001) han realizado una revisión documental sobre la resiliencia, para sustentar sus programas de prevención de consumo de drogas.

Acevedo y Mondragón (2005), en esta línea de ideas, comentaron que la investigación sobre la resiliencia está expandiendo sus fronteras a diferentes áreas, siendo una de las más importantes la educativa; agregaron que lo anterior ha permitido a las instituciones educativas un marco conceptual coherente basado en la investigación, para promover la autonomía y el éxito académico-afectivo de los estudiantes, así como fortalecer su planta docente. El autor está de acuerdo con Rutter (2007), quien manifestó que es importante el estudio de la resiliencia en el ámbito educativo, ya que favorece el desarrollo de competencias sociales, personales y académicas que le permiten a la persona salir adelante en la vida. Por cierto, autores como Palomar y Victorio (2013) y Peralta, Ramírez y Castaño (2006) hicieron notar que en América Latina la investigación de la resiliencia en la educación superior es escasa. En lo concierne a que se entiende por resiliencia en el ámbito de la educación, la definición más conocida es la de Henderson y Milstein (2010), quienes la concibieron como la capacidad de recuperarse, sobreponerse y adaptarse con éxito a la adversidad, y de desarrollar competencia social, académica y vocacional pese a estar expuesto a un estrés grave o simplemente a las tensiones inherentes al mundo de hoy; en el presente escrito, se le entiende como la capacidad que desarrolla el estudiante universitario para enfrentar y superar las situaciones adversas que se le presentan en su trayectoria escolar, mismas que ponen en riesgo su permanencia en la institución educativa.

La importancia que ha ido adquiriendo la resiliencia en el campo educativo en Latinoamérica, se corrobora por la cantidad de publicaciones en que se ha abordado la temática a partir de la década de los 90 del siglo pasado y en el incremento de estas a partir de la primera década del presente siglo. En México la divulgación de trabajos sobre la resiliencia en el ámbito educativo es reciente y se ha debido principalmente a Acle Tomasini (2012), Palomar y Gaxiola (2012), Gaxiola y Palomar (2013); el primero, con temas que versan sobre la resiliencia en la educación especial y los otros, sobre la resiliencia relacionada con diversos tópicos, entre ellos la educación en sus tres niveles: básico, medio superior y superior; cabe señalar que de las investigaciones publicadas, han predominado las que se han enfocado a la educación básica; luego las que se han orientado a la educación media y, las menos, las que se han centrado en la educación superior.

En lo que toca a la resiliencia en los planteles educativos, Montes de Oca y Palomar (2012) señaló que en los últimos tiempos se ha discutido la manera en que determinados tipos de escuelas pueden promover o no la resiliencia en sus estudiantes, particularmente en los alumnos en riesgo; sobre todo en aquellos que provienen de familias en condiciones socioeconómicas precarias. Para expertos en la resiliencia en el campo de la educación, como Henderson y Milstein (2010), la promoción de la resiliencia en las instituciones educativas es importante, dado que mediante el fomento de ésta se puede favorecer el desarrollo de competencias personales, sociales y académicas, que permitan al estudiante sobreponerse a las situaciones de adversidad y salir adelante en la vida; de esta manera se puede evitar problemas educativos, como es el abandono escolar.

Se está de acuerdo con los estudiosos de la resiliencia, entre ellos Henderson y Milstein (2010), en que la escuela, más que ninguna otra institución, salvo la familia, puede brindar el ambiente y las condiciones para promover la resiliencia; por su parte, Silas (2008) comentó que una escuela que promueve resiliencia es aquella que da prioridad a la búsqueda de un punto de apoyo en cada persona o situación para construir a partir de éste un desarrollo óptimo; al respecto, Villalobos (2009) opinó que los profesionales de la educación que trabajan para promover la resiliencia, les ayuda a sistematizar y poner en práctica aquello que realizan de forma cotidiana para el bienestar de los estudiantes.

Daverio (2007), por su parte, hizo énfasis en que las autoridades educativas y los docentes se han encontrado con problemas que han dado lugar a la necesidad de incorporar conceptos innovadores que han permitido el desarrollo de estrategias de trabajo desde el optimismo y la esperanza, tal como lo propone el enfoque de resiliencia. Simpson (2008), indicó que la resiliencia es completamente aplicable en la pedagogía y en la didáctica, añadió que es una concepción que ayuda a todo el trabajo docente; en el diagnóstico de dificultades, de carencias y de adversidades, en lo individual y grupal. El autor del escrito concuerda con los estudiosos que han abordado la temática de la resiliencia en la educación, entre estos Cohen (2012) y Giordano y Nogués (2007), que han manifestado que es importante promover la resiliencia en el ámbito educativo, ya que permite, entre otros muchos más: mitigar factores de riesgo que amenazan su seguridad emocional, fortalecer las habilidades que puede ayudarlo a construirse integralmente como un ser autónomo, favorecer aprendizajes en contextos complejos, disminuir el fracaso escolar, resaltar la capacidad del alumno para salir adelante a pesar de las dificultades.

Resiliencia en la Universidad Autónoma de Tamaulipas

A partir del año 2002, con base en la lectura de un documento que trata sobre la resiliencia, elaborado en el año 2001 por Centros de

Integración Juvenil -CIJ-, fue cuando se despertó en el autor interés por la temática. En el año 2003, como responsable de la Secretaría Técnica de la UAMCEH, de la UAT, en apoyo al programa de tutorías se inició la elaboración de proyectos socioeducativos sustentados en la resiliencia; el primero de ellos fue el Centro de Desarrollo Integral del Estudiante -CDIES-; el director de esta DES, en ese mismo año, aprobó que se promoviera la resiliencia entre los estudiantes y los docentes. En el año 2007, ya como responsable de la Secretaría Académica de esta DES, se comenzó a instrumentar una estrategia socioeducativa sustentada en la resiliencia.

La estrategia se estructuró con el propósito de fortalecer los programas educativos y el programa de tutorías. En esta estrategia participaron: el director, los secretarios, los coordinadores de los programas educativos y del programa de tutorías, los responsables de las áreas de servicios y apoyos, la planta docente y los padres de familia de estudiantes de nuevo ingreso; posteriormente se incorporaron los Grupos Académicos por Período Escolar -GAPES-, los Grupos Académicos por Asignatura -GAPAS- y los Comités para el Fortalecimiento de los Programas Educativos -CAFOPES-.

Por parte de la IES, fue muy importante la participación de áreas de la propia universidad, como las Direcciones de Participación Estudiantil y de Deportes. En cuanto al entorno social, colaboraron organismos gubernamentales y no gubernamentales, que formaron parte del Comité para el Desarrollo de la Comunidad Tamaulipeca, agrupación que coordinó, del 2003 al 2007, la Secretaría Técnica de la UAMCEH; entre ellos los siguientes: el Sistema para el Desarrollo Integral de la Familia -DIF Tamaulipas-, que apoyó en el Comedor Universitario; el Sistema Estatal del Empleo, el cual cooperó con cursos-talleres para la inserción laboral; los CIJ que participaron con cursos y campañas contra las adicciones; los clubes rotarios, que apoyaron con becas a estudiantes sobresalientes. En esta DES la estrategia socioeducativa se implementó del 2007 al 2014; para ello se realizaron reuniones de trabajo donde participaron el director, los secretarios, los coordinadores de los programas educativos y de tutorías, así como los responsables de las áreas de servicios y apoyos; lo anterior permitió, entre otros, establecer criterios operativos y favorecer la coordinación, articulación y sinergia. También se elaboraron planes de trabajo por año escolar y, por primer ocasión en la historia de la DES, se realizaron estudios de perfil de ingreso y factores de riesgo y de protección, así como de trayectorias escolares; además, se instrumentaron proyectos sustentados en la resiliencia, previa elaboración de una ficha técnica autorizada por el director de la escuela; se monitoreó mensualmente, a través de una guía de supervisión, la ejecución de los proyectos, mismos que se evaluaron al final de cada período escolar (UAMCEH-Secretaría Académica, 2014).

En lo que toca a los proyectos sustentados en la resiliencia, entre los que se instrumentaron estaban los siguientes: el Centro de Desarrollo Integral del Estudiante el cual recibió en dos ocasiones reconocimiento por parte de autoridades de la SEP, de la UAT y de los comités de evaluación y acreditación; el Comedor universitario; Atención a grupos en situación de vulnerabilidad -estudiantes trabajadores, con alguna discapacidad, madres universitarias, pertenecientes a grupos étnicos-, se impartieron cursos-talleres, entre estos: Aprendiendo a crecer como estudiante universitario, Aprendiendo a crecer como docente, Tutoría resiliente, Educación para la Vida y el Trabajo.

En lo que concierne a los GAPES, se instrumentaron con el propósito de coordinar la actuación de los profesores que incidían sobre un mismo grupo de estudiantes, jugaron un papel relevante en la implementación de la estrategia; estos grupos académicos permitieron atender, durante la trayectoria escolar, factores de riesgo que daban lugar a problemas socioeducativos. Los GAPAS, se crearon con la finalidad de coordinar y articular a los docentes que compartían una misma asignatura o materias afines; los CAFOPES, se organizaron para enriquecer los proyectos socioeducativos; los integraron el director, el secretario académico, el coordinador del programa educativo, el presidente o un integrante de academia, un estudiante del último período escolar, un egresado del programa educativo y un empleador. (UAMCEH, 2014).

En lo que concierne a la FDCSV, la resiliencia se desarrolló de la manera siguiente: del 2013 al 2016, se realizó un ciclo de pláticas a estudiantes con alguna discapacidad y a sus padres; en el 2017, se impartió a profesores tutores el curso "Aprendiendo a crecer como docente"; en el 2018, se asesoró a la secretaria técnica, a la coordinadora de la Licenciatura de Ciencias de la Comunicación y a la coordinadora del programa de tutorías, sobre la resiliencia en la educación superior, también en el acopio de información de campo en el estudio de perfil de ingreso y factores de riesgo y de protección; también en ese mismo año, al 100% de los estudiantes de nuevo ingreso del programa educativo, se les impartió un curso-taller donde se promocionó la resiliencia. Por último, en febrero del 2019 se evaluó el impacto del curso-taller y en abril del mismo año se impartió la conferencia "Promoción de la resiliencia en la educación superior" a la nueva administración de la DES.

En lo que se refiere al seguimiento y valoración de la promoción de la resiliencia en la UAMCEH, se realizó en primer lugar, en dos grupos de estudiantes de nuevo ingreso de un programa educativo; en segundo término, en siete programas educativos que se ofertaban en la DES; por último, en dos administraciones de la DES.

El seguimiento y la valoración, en el 2012, a dos grupos de estudiantes de nuevo ingreso de un programa educativo: fueron seleccionados al azar; en un grupo se promovió la resiliencia y en otro no; al año escolar se encontró que hubo menor abandono escolar en el grupo en donde se promovió la resiliencia, que en aquel en donde no se hizo. (Garza, 2016)

El seguimiento y la valoración, del 2012 al 2015, a siete programas educativos que se ofertaban en la DES: se encontró que hubo menor abandono escolar en cinco de los programas educativos en donde se promovió la resiliencia, que en dos en donde no se promovió (UAMCEH, 2014; UAMCEH, 2015).

El seguimiento y la valoración, del 2007 al 2018, a dos administraciones de la DES; se encontró que hubo menor abandono escolar en la administración -2007-2014- en donde se promovió la resiliencia, que en la administración -2014-2018- en donde no se promovió (UAMCEH, 2018).

En el seguimiento y valoración de la promoción de la resiliencia en la FDCSV: mediante un curso-taller, en el 2018 se promovió la resiliencia a dos grupos de estudiantes de nuevo ingreso de un programa educativo de esta DES; en la evaluación, en enero del 2019, se encontró que del 100% de los estudiantes de nuevo ingreso que participaron en el curso-taller, el 95.4 % continuaban sus estudios en la DES (FDCSV, 2019).

Conclusiones

Con base en lo expuesto, se desprende que promover la resiliencia en las universidades públicas, como la UAT, tiende a disminuir el abandono escolar durante la trayectoria escolar, principalmente en el primer año; también que es pertinente: realizar estudios sobre perfil de ingreso, factores de riesgo y de protección, así como, de trayectorias escolares; asesorar y capacitar a los directivos y docentes para que promuevan la resiliencia en su plantel educativo; promover la resiliencia en los estudiantes, sobre todo los de primer ingreso y/o en situación de vulnerabilidad, así como a sus padres; privilegiar planes, programas y proyectos para construir resiliencia.

Estrategias metacognitivas para favorecer la comprensión lectora en textos expositivos y argumentativos

Yesica Daniela García García
Eleuterio Zúñiga Reyes

Introducción

El tema de comprensión lectora es sin duda un tema de investigación continua pues a lo largo de los años en nuestro país se siguen presentando deficiencias en lenguaje y comunicación siendo este un campo básico para el desarrollo de aprendizajes de los estudiantes. Por tal motivo el árbol del problema -figura 1- hace una representación gráfica de la problemática encontrada en el objeto de estudio. De esta manera el tronco del árbol es el bajo rendimiento de la comprensión lectora en los alumnos del Colegio Nacional de Educación Profesional Técnica -CONALEP-.

Las raíces -causas- de la problemática se deben en un primer momento al escaso hábito de lectura, que debe inculcarse en casa desde pequeños, al leer cuentos o dedicar cierto tiempo a la lectura en familia, esto podrá hacerse un hábito para el niño/a.

Como menciona Moreno (2001, p. 180), si se consideran las acciones como imitación, parece claro que si la madre y el padre son amantes de la lectura y leen habitualmente, lo más probable es que su hija/o mediante la imitación de las actitudes familiares las adopten como propias y también se interesen por la lectura.

Debido al bajo hábito lector surge el poco interés por la lectura, afectando por tanto la comprensión. Otra causa es el dominio deficiente de estrategias metacognitivas que permitan al estudiante estar conscientes de las acciones que realizan para facilitar su comprensión utilizando sus capacidades al momento de su implementación, esto aunado a la falta de estrategias para la lectura por parte de los docentes para despertar el interés de los estudiantes, y esta causa se debe quizá a la falta de capacitación docente, así como a la falta de continuidad de la materia, puesto que solo se imparte en primer semestre retomándose hasta sexto semestre para prepáralos para las evaluaciones de Planea, por tanto la falta de continuidad de la materia puede traer repercusiones.

Figura 1. Árbol del problema.

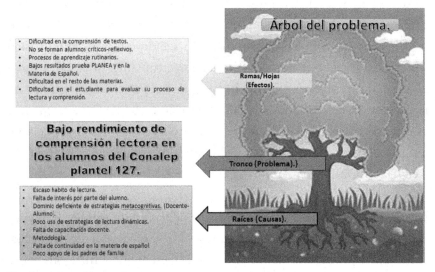

Fuente: elaboración propia.

La última raíz del árbol es referente a la falta de apoyo de los padres de familia, pues en este nivel se supone que los estudiantes ya son más conscientes, e independientes, y es poca la atención que los padres de familia enfocan en ellos por lo tanto es importante que se realicen actividades en las cuales los padres de familia se involucren, para favorecer el aprendizaje de sus hijos. Estas causas se reflejan en los efectos, por tanto las ramas del árbol del problema se representan como dificultades por parte del estudiante para comprender textos académicos, por lo que no se forman alumnos críticos reflexivos, sino que los estudiantes únicamente leen por leer, decodificando grafías, sin implementar estrategias metacognitivas que les permitan ser conscientes y reflexivos en las lecturas y que aporten a sus aprendizajes, es así como los procesos de aprendizaje se vuelven rutinarios y poco interesantes para los estudiantes.

El bajo rendimiento en comprensión lectora se hace notable en los resultados de PLANEA 2016 del CONALEP 127, presentando un nivel bajo en Lenguaje y Comunicación, ubicándose con un 43.1 % en el Nivel I, 19.6 % en el nivel II, 30.7% en el nivel III y un 6.5% en el nivel IV. Por otra parte, los resultados arrojados en el 2017 en el nivel I se ubican un 39 %, en el II el 31%, nivel III con un 25% y en el IV el 6% de los alumnos.

En ambos resultados de la prueba PLANEA podemos apreciar que la mayoría de los alumnos se encuentran en el primer nivel para la elaboración de escritos y comprensión en diferentes tipos de texto y traen como consecuencia el bajo rendimiento en la comprensión lectora. Estas deficiencias en el campo de comunicación traerán como efecto dificultad en el resto de las materias, puesto que la lectura es parte del aprendizaje, por tanto, los estudiantes difícilmente podrán evaluar por cuenta propia su proceso lector, es decir, identificar su dificultad en la lectura, trazar algunas estrategias y evaluar su implementación y resultados a lo largo de las acciones que realizan al leer.

Los programas dedican poco tiempo de estudio a las materias básicas, como español, por lo que los estudiantes a lo largo de su transcurso educativo carecen en su mayoría de hábitos y estrategias en la lectura, trayendo como consecuencia dificultad para comprender textos.

De acuerdo con los resultados obtenidos en las evaluaciones se aprecia que no se está logrando lo establecido en los planes y programas de estudio porque incluso en las instituciones los docentes no se encuentran capacitados, la figura del docente es esencial en el aula de clases, ya que este debe motivar a los jóvenes a incluir el hábito lector y por lo tanto enseñarles diferentes estrategias de lectura que favorezcan el proceso de aprendizaje de sus estudiantes.

Pregunta y objetivo de investigación.

Pregunta de investigación: ¿la aplicación de estrategias metacognitivas favorece al proceso de comprensión lectora de los estudiantes de segundo semestre del Conalep 127?

Objetivo general: mejorar el nivel de comprensión lectora en textos argumentativos y expositivos de los alumnos que cursan el segundo semestre de la especialidad de Autotrónica y Contabilidad del CONALEP 127 por medio del diseño e implementación de estrategias didácticas metacognitivas.

Objetivos específicos.

★ Diseñar una intervención educativa de acuerdo con la enseñanza de estrategias metacognitivas.
★ Comprobar si el uso de estrategias metacognitivas favorece la comprensión lectora.

Sustento teórico y conceptos de la comprensión lectora: constructivismo.

El constructivismo, es una teoría basada en una enseñanza interactiva en donde el alumno es el actor principal, a su vez el docente es guía para lograr el aprendizaje en conjunto. Se considera compatible con la intervención ya que se pretende establecer una relación afectiva entre investigador y alumnos, en otras palabras, es un ambiente de aprendizaje en donde se espera que el estudiante tenga la confianza para interactuar con el docente, aclarar dudas, compartir sus conocimientos y cuestionar acerca de las estrategias que puede implementar en cada etapa para mejorar el proceso de comprensión lectora.

Ortiz (2015, p. 97) afirma lo siguiente:

> "Desde el constructivismo, se puede pensar en dicho proceso como una interacción dialéctica entre los conocimientos del docente y los del estudiante, que entran en discusión, oposición y diálogo, para llevar a una síntesis productiva y significativa: el aprendizaje. Sin embargo, hay que recordar que éste y la forma en que se realice, aun cuando sean constructivistas, están determinadas por un contexto específico que influye en ambos participantes: docente y estudiantes, debido a sus condiciones biológicas, psicológicas, sociales, económicas, culturales, incluso políticas e históricas"

Por tal motivo, se entiende que el constructivismo es un aspecto esencial para la enseñanza ya que demanda la relación entre el estudiante y el docente, lo cual conlleva a una interacción cercana con libertad para aprender recíprocamente. En el ámbito pedagógico el constructivismo hace referencia a la capacidad del alumno de aprender a aprender, para aplicar el conocimiento en la resolución de problemas. Pretende formar individuos con habilidades y capacidades que favorezcan a la sociedad por medio de la interacción con el entorno que lo rodea. Es importante mencionar que en el nivel medio superior los procesos de enseñanza se basan en competencias y trabajo colaborativo para la resolución de problemas.

Carretero (1999 citado en Conalep, 2017, p. 58) enfatiza:

> "El individuo, tanto en los aspectos cognitivos y sociales del comportamiento como en los afectivos, no es un mero producto del ambiente ni un simple resultado de sus

disposiciones internas, sino una construcción propia que se va produciendo día con día como resultado de la interacción entre esos dos factores. En consecuencia, según la posición del constructivismo, el conocimiento no es una copia fiel de la realidad, sino una construcción del ser humano. ¿Con qué instrumentos realiza la persona dicha construcción?, fundamentalmente con los esquemas que posee, es decir, con la que ya construyó en su relación con el medio que lo rodea".

Desde dicho enfoque el individuo construye su aprendizaje de manera individual, pero a su vez por medio de la interacción con las personas que rodean su entorno, a través de la socialización se va formando y mejorando sus procesos de aprendizaje dada la experiencia del día a día.

El lenguaje como parte de la lectura.

El lenguaje es sin duda un aspecto esencial para el ser humano, por medio de este se comunica con su propio entorno; en la familia, trabajo, escuela, reuniones etc. Es indispensable para la lectura y se presenta de manera oral y escrita. Gallego (1997 citado en Vivanco, 2015, p. 6) menciona lo siguiente:

"Una característica del lenguaje es que se manifiesta de forma escrita y oral; sin embargo, la última ocupa un lugar primordial para el desarrollo de diversas habilidades metalingüísticas y permite la interacción del niño con su medio favoreciendo la adquisición de aprendizajes más complejos".

Con respecto al lenguaje Hernández, (s/f) siguiendo la teoría de Vygotsky afirma que las palabras dan forma a ese sistema de signos que llamamos lenguaje, el cual lejos de ser estático y universal, es dinámico, cambiante y flexible. En el lenguaje se permite la codificación y decodificación de significados" (p. 6) El lenguaje es fundamental para el ser humano, debe ser cambiante conforme a la interpretación de los signos, esto se da de acuerdo con el desarrollo de vida, ya que conforme el ser humano crece va ampliando y cambiando su lenguaje de acuerdo con la socialización, puesto que va extendiendo su vocabulario y mejorando su proceso de interacción y comunicación.

El lenguaje escrito como parte de la lectura.

El lenguaje es indispensable para la lectura y su comprensión y se presenta de manera oral y escrita. Gallego (1997) menciona lo siguiente:

> "Una característica del lenguaje es que se manifiesta de forma escrita y oral; sin embargo, la última ocupa un lugar primordial para el desarrollo de diversas habilidades metalingüísticas y permite la interacción del niño con su medio favoreciendo la adquisición de aprendizajes más complejos (citado en Vivanco, 2015, p. 6)".

Ambos tipos de lenguaje son indispensables para la lectura, ya que tanto el oral como el escrito son aspectos fundamentales para que el individuo pueda llevar a cabo la lectura y activar distintas habilidades que conlleven a comprender el texto ya que al llegar a la adolescencia el estudiante es un ser más consciente de sí mismo, en donde ya es responsable de sus procesos de aprendizaje, es decir, inicia una nueva etapa de pensamiento como adulto.

Lectura y comprensión.

La lectura es un aspecto básico para el ser humano y para el aprendizaje, por medio de la lectura el estudiante adquiere nuevos aprendizajes, para ir más allá de lo que aprende en clase. La lectura es el proceso mediante el cual el lector complementa el conocimiento sobre algún tema en específico, y es por medio de ella que obtiene una interacción dado que al leer trata de comprender lo que el autor expresa a través del texto. Por lo tanto, López y Arciniegas, (2004, p. 4) plantean que:

"La función integral de la lectura en el proceso de aprender a aprender permite que el individuo, a través de ella, el desarrollo de procesos cognitivos y metacognitivos que lo lleven a un desempeño académico tal que promueva la construcción de conocimiento y de desarrollo científico para contribuir así a la transformación de la sociedad".

Como se menciona anteriormente la función integral permite al lector adquirir conocimientos después del proceso de lectura y se complementa con los conocimientos previos para la construcción de un nuevo conocimiento, de tal manera que estos influyen de manera personal y social. La lectura en la adolescencia ayuda a presentar un vocabulario más amplio y a desarrollar el pensamiento, de esta manera el estudiante puede activarse como critico reflexivo, es decir, ser capaz de tomar su propia postura del texto y aplicar los nuevos conocimientos al contexto o a la realidad. En otras palabras, la lectura involucra el comprender, aprender y por supuesto el aplicar los nuevos conocimientos a la vida real, implica reflexionar los nuevos aprendizajes. En el mismo orden de ideas Gómez (2014, citado en SEMS, s/f, p. 31) afirma lo siguiente:

"Leer no es simplemente descifrar o decodificar los signos gráficos de la escritura, sino que implica la capacidad para comprender, reflexionar, imaginar y adquirir nuevos conocimientos, pues la lectura nos da la posibilidad de profundizar en las ideas y desarrollar las propias, al tiempo que resulta una fuente de experiencias, emociones y afectos".

Tal y como menciona Vargas (1990, Citado en Aranibar, s/f, p.2)

"La comprensión lectora es más definida como 'lectura de comprensión' o lectura para el estudio' y tiene como elementos la aprehensión o captación de los datos, retención y evocación de ello, la elaboración o integración de los conceptos y criterios resultantes y la aplicación de estos a la aparición de nuevos problemas".

Se coincide con el autor en que la comprensión es entender los datos o información que el autor transmite al lector, para crear una nueva postura con los conocimientos previos y los nuevos aprendizajes.

Por su parte Paradiso (1988, Citado en Santiesteban & Velázquez, 2012, p.106) afirma que la comprensión es un proceso de decodificación, pero más aún, una construcción que realiza el lector. De esta manera al finalizar la lectura, la comprensión conlleva a un nuevo significado que construye el lector. Para alcanzar la comprensión se deberá realizar procesos como la planificación, supervisión y evaluación esto con el fin último de facilitar la comprensión y por tal motivo lograr una lectura exitosa. En este sentido, de acuerdo con Gagné (1985, Citado en Sánchez, 2013, pp. 43-44), se pueden identificar 4 grandes grupos de procesos que intervienen en la lectura: la decodificación[1], la comprensión litera[2], la comprensión inferencial[3] y el control de la comprensión; procesos, que a su vez contienen una serie de subprocesos".

En otras palabras, para lograr la comprensión el lector se enfrenta a estos cuatro procesos, es decir, al descifrar las palabras escritas, relacionar oraciones para interpretar un significado coherente por medio de la planificación de lectura, apoyándose en la aplicación y supervisión de estrategias para modificarlas, en caso de ser necesario, para que sea capaz de evaluar su proceso de lectura y su proceso de comprensión.

---

[1] La decodificación consiste en la aplicación eficiente del principio alfabético, explotando las regularidades entre las palabras y sus representaciones alfabéticas (Shankweiler et al., 1999 Citado en Muñoz y Schelstraete).

[2] Es el nivel inicial, aquí se estimula preferentemente a los sentidos. Es más receptivo respecto de la información que se lee y se desea aprender o estudiar. Supone predominantemente la presencia de los procesos de percepción, observación y de memoria para identificar, asociar u ordenar. Se logra una comprensión inicial más asociada con la retención y la memoria. (Sánchez, 2013).

[3] Requiere la participación de operaciones lógicas del pensamiento que conforman habilidades complejas; son las siguientes: Inferir, comparar o contrastar, categorizar o clasificar, describir, explicar, analizar, identificar causa efecto, interpretar, resumir, predecir, estimar, generalizar, resolver problemas.(Sánchez, 2013).

Estrategias de aprendizaje.

Las estrategias son una herramienta que facilitan a cumplir los objetivos, a través de estas se pueden organizar las actividades necesarias, además de los tiempos para su ejecución por tal motivo facilitan las tareas. De acuerdo con Solé (1992, citado en Asencio, 2017. p. 26), las estrategias tienen como fin regular de alguna forma la actividad en la que una persona pretende alcanzar un objetivo. Es importante aplicarlas durante el proceso para facilitar las actividades y alcanzar los objetivos establecidos.

Las estrategias de aprendizaje son indispensables para alcanzar los objetivos, de esta manera Castellanos (2000) afirma que son herramientas que utiliza el alumno consciente y reflexivamente, que le permiten enfrentar con éxito la apropiación de nuevos saberes y de un aprendizaje permanente (Citado en Zilberstein y Olmedo, 2014, p. 46).

Cuando el estudiante es capaz de seleccionar y evaluar las estrategias de acuerdo con el objetivo que se pretende alcanzar, desde el inicio tiene claras las actividades que va a realizar y el tiempo en el que lo va a hacer, para saber si se está más cerca del objetivo o si es necesario implementar otras que lo favorezcan.

Estrategias cognitivas y metacognitivas.

Estos dos tipos de estrategias; cognitivas y metacognitivas facilitan la comprensión lectora y contribuyen a evaluar el proceso para mejorar la comprensión lectora.

Estrategias cognitivas.

Pérez (2015, p. 36) define que las estrategias cognitivas, son los procedimientos entendidos como las actividades mentales que permiten que se integre la nueva información con los conocimientos previos, permitiendo así la construcción de un aprendizaje significativo.

Dentro de las estrategias cognitivas podemos encontrar la estrategia del subrayado en la cual ubica el subrayado como estrategia cognitiva de procesamiento para la selección de ideas principales de un material de lectura (Beltrán, 1993, en Hernández et al, 2016, p.72). Otra de las estrategias es la paráfrasis, Romo (2007) menciona que:

"...es una operación intelectual que consiste en trasladar con nuestras propias palabras las ideas que ha expresado de manera oral o escrita otra persona, con el fin de sustituir la información a un lenguaje más personalizado y lograr una mejor comprensión" (Citado en Hernández et. Al, 2016, p. 80).

Dicha estrategia cognitiva es complementaria para los estudiantes de nivel medio superior y superior, ya que en ambos niveles trabajan la lectura para formar estudiantes reflexivos. Por lo tanto, al realizar actividades como el ensayo, dicha estrategia complementa su trabajo, ya que a través del parafraseo pueden interpretar las ideas del autor, en sus palabras y añadir sus conocimientos previos al tema, dando confianza y libertad a reflexionar y plasmar sus ideas.

Por otra parte, Pinzas (2006) hace referencia a algunas estrategias cognitivas como; la de Conectar continuamente lo que van leyendo con información previa, experiencias vividas o situaciones asociadas de su entorno. En el mismo sentido la estrategia cognitiva de anticipar contenidos sirve para que el estudiante realice una predicción del texto, otra de las estrategias es la de palabras desconocidas, la cual es una actividad mental en la que el estudiante va identificando las palabras desconocidas, con la intención de buscar su significado, de manera que se familiarice con las palabras dentro del texto.

Estrategias metacognitivas.

Las estrategias metacognitivas para Osses (2007) son el conjunto de acciones orientadas a conocer las propias operaciones y procesos mentales –qué–, saber utilizarlas –cómo– y saber readaptarlas y/o cambiarlas cuando así lo requieran las metas propuestas (Citado en Osses y Jaramillo, 2008, p. 193), ayudan para que el sujeto llegue a su objetivo, basándose en aquellas acciones en las que el sujeto está consciente de cómo utilizarlas y como modificarlas en caso de ser necesario. A su vez, Ríos (1999, citado en Casanova, Parra y Molina, S/F, p. 5) plantea tres dimensiones que incluye la metacognición de las cuales afirma lo siguiente: i) planificación o anticipación de las consecuencias de las acciones, comprensión y definición del problema, precisión de reglas y condiciones y definición de un plan de acción; ii) supervisión o determinación de la efectividad de las estrategias de solución, descubrimiento de errores y reorientación de acciones; y iii) evaluación o establecimiento de la correspondencia entre los objetivos propuestos y los resultados alcanzados, decisión sobre la mejor solución y apreciación de la validez y pertinencia de las estrategias aplicadas. Por tal motivo, de acuerdo con Nisbet y Shucksmith (2017, p. 11):

"Las actividades de planeación o planificación son aquellas que tienen que ver con el establecimiento de un plan de acción e incluyen: la identificación o determinación de la meta de aprendizaje (definida externa o internamente), la predicción de resultados, la selección y programación de estrategias. Estas actividades se realizan antes de enfrentar alguna acción de aprendizaje o solución de problemas. La planeación, por su parte, tiene tres finalidades: facilitar la ejecución de la tarea, incrementar la probabilidad de dar cumplimiento al objetivo de aprendizaje, y generar un producto o una ejecución de calidad".

Durante este proceso el lector debe analizar o escanear el texto previamente antes de la lectura, para posteriormente poder escribir un plan de las acciones que deberá realizar a lo largo de la lectura, es decir, seleccionar que tipo de estrategias va a elegir, para lograr alcanzar los objetivos propuestos, es a través de este aspecto que el estudiante puede activar sus conocimientos previos para familiarizarse con la lectura y facilitar lograr la comprensión del texto. Continuando con la segunda dimensión relacionada a la etapa de supervisión, es el proceso en el que el lector analiza sus actividades y comprensión o sea mira al pasado y al futuro de la lectura, es decir, lo que ya se hizo y lo que falta por hacer, ante esta etapa Nisbet y Shucksmith (2017, p. 11) afirman que:

> "La supervisión también está relacionada con el chequeo de errores y obstáculos que pueda tener la ejecución del plan y de las estrategias de aprendizaje seleccionadas; así como en la posible reprogramación cuando se considere necesario. El acto de supervisión consiste en "mirar hacia atrás" -teniendo en cuenta las acciones realizadas y las condiciones bajo las cuales fueron hechas-, y "mirar hacia adelante" -considerando los pasos o acciones que aún no se han ejecutado-, al tiempo que atiende lo que está haciendo en el momento".

El siguiente aspecto trata de la evaluación (Díaz-Barriga, F y Hernández, G. 2002) mencionan que la evaluación se refiere a que:

> "Las actividades de revisión o evaluación son aquellas en las que se estiman los resultados de las acciones estratégicas y los procesos empleados en relación con ciertos criterios de eficiencia y efectividad, los cuales, por su parte, son relativos al cumplimiento del plan y al logro de las metas. Estas actividades, por lo general, se realizan durante o después de la ejecución de la tarea" (Citado en Nisbet y Shucksmith, 2017, p.11).

Esta etapa es indispensable, en la lectura ya que es por medio de la evaluación que el estudiante reflexiona, para conocer si logro los objetivos establecidos al inicio de la lectura, además de ser más consciente de las actividades que puso en marcha y sobre todo autoevaluar su propia comprensión. Por tal motivo Pinzas (2006) establece diferentes estrategias metacognitivas, en las que podemos encontrar; el monitoreo de la comprensión, dicha estrategia consiste en tener en claro las acciones que se realizan en la lectura y estar conscientes si estas están siendo útiles para la comprensión. Así mismo la reparación o recuperación de la comprensión perdida, sin duda es una actividad mental que debe identificar el lector, es decir, darse cuenta de que no está entendiendo y es a través de dicho ejercicio que puede volver a leer, quizá subrayar lo que no entiende o buscar la ayuda con su profesor/compañero.

Por último, una estrategia interesante es la del diario metacognitivo en la cual el estudiante lleva un registro continuo de la clase y las actividades que va realizando, a través del cual plasma como aprende y que descubrió a lo largo de la clase. Las estrategias metacognitivas mencionadas anteriormente sirven para activar el aprendizaje mental de los estudiantes.

Comprensión literal e inferencial como apoyo a la metacognición.

Existen dos tipos de comprensión dentro de la metacognición las cuales se clasifican en Comprensión literal e inferencial. La literal se entiende como aquella comprensión memorística, para identificar aspectos del texto, de esta manera la observación permite lograr comprender el texto. Sánchez (2013, p. 35) afirma que el nivel literal:

"Es el nivel inicial, aquí se estimula preferentemente a los sentidos. Es más receptivo respecto de la información que se lee y se desea aprender o estudiar. Supone predominantemente la presencia de los procesos de percepción, observación y de memoria para identificar, asociar u ordenar. Se logra una comprensión inicial más asociada con la retención y la memoria".

En el caso del nivel medio superior y superior supone el hecho de hacer un escaneo al texto para identificar la información clave que los llevara a lograr la comprensión del texto. En cuanto a textos expositivos el nivel de comprensión literal se puede definir a través de preguntas específicas del texto, donde el estudiante responde literalmente en base al texto. Pinzas (2006, p. 16) afirma que:

"En el nivel Medio Superior, para lograr una buena comprensión literal es muy importante la capacidad de localizar velozmente la información que se pide, saber dónde buscarla utilizando el índice, anticipar si es información que está al inicio, al medio o al final de la lectura, entre otros".

Se puede decir que en la actualidad la mayoría de los estudiantes utiliza este tipo de comprensión, ya que muchos solo se quedan literalmente con lo que el autor dice, sin agregar experiencias previas relacionadas a la lectura, evitando ir más allá de la comprensión literal. Por otra parte la comprensión inferencial, es todo lo contrario a la literal, puesto que en este tipo de comprensión se debe activar la habilidad del pensamiento para relacionar, comparar o clasificar las partes del el texto, de manera que permita lograr sacar conclusiones de lo leído.

Por su parte Sánchez (2013, p. 36) establece que la comprensión inferencial requiere la participación de operaciones lógicas del pensamiento que conforman habilidades complejas; son las siguientes: Inferir, comparar o contrastar, categorizar o clasificar, describir, explicar, analizar, identificar causa efecto, interpretar, resumir, predecir, estimar, generalizar, resolver problemas. Para llegar a este nivel de comprensión es necesario desarrollar en un primer momento la comprensión literal, es decir, memorizar el texto para posteriormente alcanzar el nivel inferencial, en donde el lector relacione el texto para establecer sus propias conclusiones.

Para Flavell (1976, p. 906), la metacognición se define como pensar sobre el pensamiento, es decir, el proceso de metacognición se lleva a cabo cuando el lector en este caso el estudiante es reflexivo sobre su propio pensamiento, por medio del proceso de metacognición los estudiantes tienen la capacidad de aprender estando conscientes de su pensamiento acerca de la lectura, puesto que al realizar una lectura podrán activar sus capacidades durante el proceso, para ser conscientes de las actividades que conlleva su aprendizaje de comprensión lectora.

Carretero (2001, Citado en Osses y Jaramillo, 2008, p. 191) por su parte se refiere a la metacognición como el conocimiento que las personas construyen respecto del propio funcionamiento cognitivo. Un ejemplo de este tipo de conocimiento sería saber que la organización de la información en un esquema favorece su recuperación posterior. Por otra, asimila la metacognición a operaciones cognitivas relacionadas con los procesos de supervisión y de regulación que las personas ejercen sobre su propia actividad cognitiva cuando se enfrentan a una tarea. Por ejemplo, para favorecer el aprendizaje del contenido de un texto, un alumno selecciona como estrategia la organización de su contenido en un esquema y evalúa el resultado obtenido. Es decir, la metacognición permite al estudiante ser consciente de su aprendizaje durante la lectura, el saber qué y el saber cómo, además le permite planificar, supervisar y evaluar el proceso para realizar cambios en caso de ser necesarios para alcanzar los objetivos de lectura. Desarrollar el aspecto metacognitivo favorece al ser humano a estar consciente del proceso que realiza, a ser más hábil y reflexivo.

Relacionando el aspecto metacognitivo, Magno (2010) concluye que los factores de la metacognición están significativamente relacionados con los factores del pensamiento crítico, es decir, personas con mayor desarrollo de habilidades metacognitivas presentan también mayor desarrollo de su pensamiento crítico (Citado en Huertas, Vega y Galindo, 2014, p. 60). De esta manera es importante activar la habilidad metacognitiva del estudiante para formar personas críticas, que vayan más allá de lo que leen o aquello que aprenden en las instituciones educativas, es decir, formar alumnos que tomen su propia postura, capaces de reflexionar y solucionar problemas en la vida diaria.

Metodología.

Dicha intervención es mixta mediante un enfoque cuantitativo con un diseño pretest y postest con un grupo experimental y un grupo control, mientras que las estrategias de intervención son más cualitativas. La población la conforman el grupo control y experimental inscritos en el segundo semestre. 23 estudiantes del grupo control -Contabilidad- y 18 estudiantes del grupo experimental -Autotrónica- sumando así 41 estudiantes.

Diseño de la Intervención.

Para el diseño de la intervención en un primer momento se realizó un estado del arte de la comprensión lectora y de con qué tipo de estrategias se ha atendido. Posteriormente se ha definido el nivel en el cual se pretendía intervenir y se solicitó la autorización del director del Conalep 127, para implementar el proyecto, una vez autorizado se realizó un diagnóstico en2 grupos de la institución para delimitar la problemática del plantel. Por último, se seleccionó la población -Grupo control y experimental-.

Una vez definida la población, y autorizado el acceso al plantel se aplicó el cuestionario de sondeo para conocer los intereses y hábitos de lectura de los estudiantes, el cual consta de 15 preguntas, de acuerdo a los resultados se procedió a diseñar el pre-test y post-test así como posteriormente al diseño de la intervención, que consta de 12 sesiones de las cuales 3 de ellas se toman para la aplicación del cuestionario sondeo, pre-test, pos-test, y 9 consisten en la enseñanza de diferentes estrategias metacognitivas, para mejorar la comprensión lectora. Cada una de ellas se diseñó tomando en cuenta a Ríos (1999) conforme a las tres dimensiones que incluyen la metacognición; planificación, supervisión y evaluación. Cada sesión consta de 50 minutos para la aplicación de estrategias metacognitivas de comprensión lectora a través de la enseñanza directiva (Pinzas (2006) en la cual el papel del docente es esencial, pues conlleva un acompañamiento constante con los estudiantes, de tal manera que se ofrece la explicación y el moldeamiento de las estrategias para lograr su aprendizaje. Es también el docente quien planea y selecciona los materiales para los estudiantes, su rol principal es brindar motivación y acompañamiento a los estudiantes para lograr mejorar la comprensión lectora del grupo.

Análisis de los resultados.

Para el proyecto de intervención "Estrategias metacognitivas para favorecer la comprensión lectora de los estudiantes de segundo semestre del Conalep" se aplica un cuestionario de sondeo con la intención de tener en cuenta el interés de lectura de la población a intervenir. A través de la siguiente tabla podemos evidenciar que el grupo control cuenta con un mayor número de estudiantes con un total de 23 estudiantes y el grupo experimental, se encuentra conformado por 18 estudiantes.

0.- Especialidad.

	Opciones de Respuesta	Frecuencia	Porcentaje	Porcentaje valido	Porcentaje acumulado
Válido	Contabilidad	23	56.1	56.1	56.1
	Autotrónica	18	43.9	43.9	100.0
	Total	41	100.0	100.0	

Fuente: elaboración propia.

A continuación, presentamos los resultados de cada ítem.

1.- ¿Qué te gusta leer?

	Opciones de Respuesta	Frecuencia	Porcentaje	Porcentaje valido	Porcentaje acumulado
Válido	Cuentos	20	48.8	48.8	48.8
	Comics	10	24.4	24.4	73.2
	Periódicos	6	14.6	14.6	87.8
	Revistas	5	12.2	12.2	100.0
	Total	41	100.0	100.0	

Fuente: elaboración propia.

Se encontró que a la mayoría les gusta leer cuentos, en segundo término, comics, posteriormente periódicos y por ultimo revistas.

2.- ¿Cuánto tiempo dedicas a la lectura?

	Opciones de Respuesta	Frecuencia	Porcentaje	Porcentaje valido	Porcentaje acumulado
Válido	15 minutos	17	41.5	41.5	41.5
	30 minutos	15	36.6	36.6	78.0
	1 hora	9	22.0	22.0	100.0
	Total	41	100.0	100.0	

Fuente: elaboración propia.

Un dato relevante es, que los estudiantes dedican muy poco tiempo a la lectura, ya que solo 9 de los 41 estudiantes el máximo tiempo que dedican a la lectura es de una hora.

3.- ¿En qué sitio te gusta leer?

	Opciones de Respuesta	Frecuencia	Porcentaje	Porcentaje valido	Porcentaje acumulado
Válido	Sala	12	29.3	29.3	29.3
	Biblioteca	1	2.4	2.4	31.7
	Habitación	27	65.9	65.9	97.6
	Parque	1	2.4	2.4	100.0
	Total	41	100.0	100.0	

Fuente: elaboración propia.

Por lo general los estudiantes no acuden a la biblioteca, acostumbran a leer en su habitación o en la sala, es decir, prefieren leer en casa.

4.- ¿Qué forma de lectura utilizas?

	Opciones de Respuesta	Frecuencia	Porcentaje	Porcentaje valido	Porcentaje acumulado
Válido	Silenciosa	37	90.2	90.2	90.2
	Voz alta	4	9.8	9.8	100.0
	Total	41	100.0	100.0	

Fuente: elaboración propia.

El 90% de la población prefiere leer de manera silenciosa.

5.- ¿Prefieres leer?

	Opciones de Respuesta	Frecuencia	Porcentaje	Porcentaje valido	Porcentaje acumulado
Válido	Solo (a)	34	82.9	82.9	82.9
	Acompañado (a)	7	17.1	17.1	100.0
	Total	41	100.0	100.0	

Fuente: elaboración propia.

El 88.9 % de los estudiantes prefieren leer de manera individual.

6.- ¿Cuántos libros has leído en los últimos meses?

	Opciones de Respuesta	Frecuencia	Porcentaje	Porcentaje valido	Porcentaje acumulado
Válido	1.00	11	26.8	26.8	26.8
	2 a 4	15	36.6	36.6	63.4
	5 o más	9	22.0	22.0	85.4
	Ninguno	6	14.6	14.6	100.0
	Total	41	100.0	100.0	

Fuente: elaboración propia.

En su mayoría 36.6 % dijeron que de 2 a 4 libros, posteriormente22.0 % 5 o más y el 14. 6 ninguno.

7.- ¿Mientras lees realizas anotaciones?

	Opciones de Respuesta	Frecuencia	Porcentaje	Porcentaje valido	Porcentaje acumulado
Válido	Sí	5	12.2	12.2	12.2
	No	36	87.8	87.8	100.0
	Total	41	100.0	100.0	

Fuente: elaboración propia.

Los resultados evidencian que 87.7 % no realizan anotaciones mientras leen, siendo solo un 12.2 % quienes lo hacen.

8.- ¿Qué te gusta hacer después de leer?

	Opciones de Respuesta	Frecuencia	Porcentaje	Porcentaje valido	Porcentaje acumulado
Válido	Comentar	16	39.0	39.0	39.0
	Dibujar	17	41.5	41.5	80.5
	Otra	8	19.5	19.5	100.0
	Total	41	100.0	100.0	

Fuente: elaboración propia.

Acerca de lo que les gusta hacer a los estudiantes después de leer lo más común es dibujar (41.5 %) y comentar 39.0%, y el 19.5otra actividad.

9.- ¿Cuántas veces acudes a la biblioteca durante el mes?

	Opciones de Respuesta	Frecuencia	Porcentaje	Porcentaje valido	Porcentaje acumulado
Válido	1.00	9	22.0	22.0	22.0
	2 o 3	5	12.2	12.2	34.1
	4 o más	3	7.3	7.3	41.5
	Ninguna	24	58.5	58.5	100.0
	Total	41	100.0	100.0	

Fuente: elaboración propia.

El 58.5% no acude alguna vez a la biblioteca durante el mes, siendo solo el 41.5% los que hacen uso de ella.

10.- ¿En caso de acudir a la biblioteca cuantas horas pasas en tu visita?

	Opciones de Respuesta	Frecuencia	Porcentaje	Porcentaje valido	Porcentaje acumulado
Válido	15 minutos	9	22.0	22.0	22.0
	30 minutos	6	14.6	14.6	36.6
	45 minutos o mas	2	4.9	4.9	41.5
	.00	24	58.5	58.5	100.0
	Total	41	100.0	100.0	

Fuente: elaboración propia.

En su mayoría (58.5%) no invierten tiempo en la biblioteca ya que la mayoría de los estudiantes no realizan ninguna visita y los que acuden, pasan aproximadamente un tiempo de entre 15 y 30 minutos.

11.- ¿Al iniciar la lectura te propones un objetivo de lectura?

	Opciones de Respuesta	Frecuencia	Porcentaje	Porcentaje valido	Porcentaje acumulado
Válido	Sí	17	41.5	41.5	41.5
	No	24	58.5	58.5	100.0
	Total	41	100.0	100.0	

Fuente: elaboración propia.

Sin duda un aspecto importante es que en este nivel educativo los estudiantes (58.5%) no establecen por lo general un objetivo de lectura, siendo un 41.5 % quienes si lo hacen.

12.- ¿Dedicas tiempo de lectura fuera del horario de clase?

	Opciones de Respuesta	Frecuencia	Porcentaje	Porcentaje valido	Porcentaje acumulado
Válido	Sí	25	61.0	61.0	61.0
	No	16	39.0	39.0	100.0
	Total	41	100.0	100.0	

Fuente: elaboración propia.

Los resultados muestran que el 61 % de los estudiantes dijeron que, si leen después de clase, por otra parte, el 39 % dijo no hacerlo.

13.- ¿Cuántos libros tienes en casa?

Opciones de Respuesta		Frecuencia	Porcentaje	Porcentaje valido	Porcentaje acumulado
Válido	1 a 4	19	46.3	46.3	46.3
	5 a 9	8	19.5	19.5	65.9
	10 o más	7	17.1	17.1	82.9
	Ninguno	7	17.1	17.1	100.0
	Total	41	100.0	100.0	

Fuente: elaboración propia.

La mayoría de los estudiantes si cuentan con libros en casa, aunque existen otros que no, quienes dicen tener están en un número promedio de 1 a 10 libros.

14.- ¿Tu familia acostumbra a leer?

Opciones de Respuesta		Frecuencia	Porcentaje	Porcentaje valido	Porcentaje acumulado
Válido	Sí	13	31.7	31.7	31.7
	No	28	68.3	68.3	100.0
	Total	41	100.0	100.0	

Fuente: elaboración propia.

A pesar de contar con libros en casa encontramos que la mayoría de las familias de los alumnos 68.3 % no acostumbran a leer, un 31.7% dijeron lo contrario.

15.- ¿Te consideras un buen lector?

Opciones de Respuesta		Frecuencia	Porcentaje	Porcentaje valido	Porcentaje acumulado
Válido	Sí	19	46.3	46.3	46.3
	No	22	53.7	53.7	100.0
	Total	41	100.0	100.0	

Fuente: elaboración propia.

En su mayoría dijeron que no, es decir, 22 estudiantes respondieron que no eran buenos lectores, por otra parte 19 de ellos afirmaron que en cuanto a su consideración si lo eran.

Conclusiones.

Este avance de investigación nos permitió corroborar que en la educación media superior de México aún se presentan resultados insuficientes en cuanto a comprensión lectora, lo cual es una problemática grave ya que el campo de lenguaje y comunicación es un aspecto fundamental para el aprendizaje en el resto de las materias y de la vida futura de los alumnos. Lo mencionado se puede comprobar en algunas pruebas estandarizadas, y es debido a estos resultados que surge el interés por realizar una intervención didáctica que mejore el proceso de comprensión lectora de la población a intervenir en el Conalep 127. Una vez terminada la revisión de literatura se procedió a diseñar y aplicar un cuestionario el cual clasificamos como de sondeo, que nos permite conocer el gusto de lectura de los estudiantes, la forma en que leen, si acostumbran a leer fuera de clases, entre otros. En los resultados encontramos que a la mayoría de los estudiantes les gusta leer cuentos, además de dedicar muy poco tiempo a la lectura, así mismo no acostumbran a asistir a la biblioteca, normalmente cuando leen lo hacen en silencio. Además no realizan anotaciones ni mucho menos se plantea un objetivo de lectura, tienen escasos libros en casa y su familia no acostumbra a leer.

Al realizar el seguimiento del sondeo para este proceso de investigación/ intervención, pudimos corroborar que es importante activar la habilidad metacognitiva del estudiante para formar personas críticas, que vayan más allá de lo que leen o aquello que aprenden en las instituciones educativas, es decir, formar alumnos que tomen su propia postura, capaces de reflexionar y solucionar problemas en la vida diaria.

Debido a la interpretación de resultados en el programa estadístico SPSS así como los resultados de la prueba planea, se realizó el diseño de estrategias metacognitivas de intervención didáctica de: predicción y comparación final de un texto expositivo y argumentativo, conocimientos previos, objetivo de lectura, recuperación de la comprensión, solo por mencionar algunas, de las cuales se derivan actividades y productos para mejorar la comprensión lectora de los estudiantes, dado que de acuerdo a diferentes investigaciones al aplicar estrategias metacognitivas se favorece la comprensión lectora. Con la puesta en marcha de la intervención se espera mejorar los resultados de comprensión lectora de los estudiantes del Conalep 127, los cuales reportaremos en otro momento.

Modelos y estrategias que utilizan los docentes

Rogelio Castillo Walle
Daniel Cantú Cervantes
Daniel Desiderio Borrego Gómez

Introducción

De manera contemporánea, la enseñanza de las ciencias sociales en las instituciones educativas de educación superior en México se encontraba basada en un modelo pedagógico tradicionalista, que comprendía la idea esencial de considerar al alumno como un repositorio de conocimientos que el docente a viva voz depositaba por medio de su extensiva cátedra frente a grupo. Las ciencias sociales en particular, es una rama de la ciencia muy importante y trascendente para comprender la realidad social y sus fenómenos que impactan y se transforman con cotidianeidad en todas las esferas humanas, ya sea políticas, culturales y económicas; esto con el fin de desarrollar una rama que pretendiera el estudio de un conocimiento indispensable para resolver los problemas fundamentales del mundo: los problemas sociales. Entender la didáctica del proceso educativo que aborda los escenarios de estudio de las ciencias sociales, sigue siendo imperativo para la comunidad científica, especialmente para instituciones formadoras de docentes, como es la Unidad Académica de Ciencias, Educación y Humanidades perteneciente a la Universidad Autónoma de Tamaulipas -UAT- (Pagés, 2000; González, 2010).

Estrategias para la enseñanza de las ciencias sociales

Autores como Antúnez (1999) y Estepa (2009), indican que la didáctica en la impartición de catedra de las ciencias sociales, cobra labilidad por el hecho de que su enseñanza varía mucho según la formación profesional de los docentes, su experiencia en la práctica docente, las características de los alumnos y las características histórico-sociales del contexto, además del grado de resistencia de los maestros por dejar un esquema de instrucción tradicionalista. Otro de los puntos que impactan en el contexto cultural del estudio de las ciencias sociales, como explica Porlán (1993) y Pagés (2012), es que parte de la comunidad científica y la sociedad, sigue visualizando distante las ciencias sociológicas de las ciencias duras, consolidando creencias epistemológicas que las visualizan como distintas formas de conocimiento, y aportando opiniones para estimar y desestimar unas sobre otras.

Sin embargo, Ávila, Rivero y Domínguez (2010); Del Pilar y Mejía (2012) y Gutiérrez, Buitrago y Arana (2012), señalan que sigue siendo imperativo atender bajo estudio, los efectos de una sociedad cambiante con un rigor que permita llevar a cabo estas tareas reflexivas en contextos formales pedagógicos y de investigación, como lo son los espacios formativos universitarios. Todo esto pues es vital que se aborden los estudios sociales con enfoque multidisciplinario con vínculos estrechos con las ciencias históricas, geográficas y geopolíticas, económicas, psicológicas y antropológicas.

El Modelo Educativo vigente de la Universidad Autónoma de Tamaulipas, pone en énfasis la práctica de una enseñanza innovadora, flexible y centrado en el alumno y en el aprendizaje, la formación crítica, reflexiva y autónoma de los estudiantes; por lo que dejando atrás un modelo tradicionalista, se enfoca una perspectiva constructivista, por descubrimiento, colaborativa y autónoma, que prioriza como explican Serrano y Pons (2011); Martínez y Quiroz (2012), en la idea de que el conocimiento no es el resultado de una mera copia de la realidad preexistente, sino de un proceso dinámico e interactivo a través del cual la información externa es interpretada y reinterpretada por la mente de los actores educativos dentro y fuera de clase. En este proceso, el alumno, va construyendo progresivamente modelos y mapas mentales mnémicos explicativos con ayuda del razonamiento, y cada vez más complejos basados mediante enlaces que unen el conocimiento previo con el nuevo para que los información que se almacena tenga sentido. De esta manera, el docente pasa de ser "fuente de conocimiento" a facilitador o guía del alumno que funge como centro del aprendizaje.

Santiesteban (1997); Pagés, Estepa y Travé (2000); Estepa, Friera y Piñeiro (2001) y Muñoz, Crespí y Angrehs (2011), afirman que la didáctica de las ciencias sociales, ha vertido sus esfuerzos en encontrar formas para abordar un objeto de estudio muy complejo; por este motivo, se han sugerido algunos escenarios reflexivos para emprender una comprensión con fines heurísticos sobre el tema social, por ejemplo, se ha seguido la idea de abordar las ciencias sociales desde el punto de vista axiológico con vistas hacia la construcción de una educación para la democracia y la construcción de valores para fomentar la armonía social. Por otro lado, también se han propuesto concepciones didácticas de estudio para la construcción de concepciones de identidad nacional y aprendizaje del patrimonio histórico, social y cultural. También se ha sugerido abordar el tema, mediante el análisis social presente en las tecnologías virtuales, con miras hacia una reflexión sobre los efectos de la globalización, la formación de la ciudadanía y el género.

Mardones (2001) y Flores (2014), indican que el abordaje didáctico sobre la enseñanza de las ciencias sociales debe virar sobre perceptivas epistemológicas de la falsabilidad de la ciencia, donde los estudiantes deben poseer habilidades para realizar estudios sociohistóricos, antropológicos y psicológicos que les permitan la generación de contextos de estudio para implementar tareas cualitativas de índole hermenéutica, de fenomenológica, de dialéctica, filosófica, entre otras, para lograr acercarse lo más a una mejor comprensión de los fenómenos complejos sociales y ofrecer alternativas heurísticas. Un problema exógeno sobre el abordaje de las ciencias sociales en la Escuela, como explica Pagés (1994), han sido las concepciones dominantes en cada momento histórico; esto quiere decir, que los intereses sociales de la minoría se han impuesto sobre la Escuela a fin de construir ideologías sociales convenientes para las nuevas generaciones, y por este motivo, el estudio de las ciencias sociales ha tenido muchas transformaciones.

Según Zabalza (2003) y Perrenoud (2004), existen diez competencias docentes no imbricadas para la impartición adecuada en materias curriculares como las ciencias sociales: a) planificación del proceso de enseñanza y aprendizaje a través de diseño de situaciones y de secuencias didácticas para dentro y fuera del aula, seguidamente; b) seleccionan los contenidos; c) ofrecimiento de informaciones y explicaciones; d) manejar las nuevas tecnologías de la información; e) diseñar la metodología y organizar actividades; f) comunicarse con los estudiantes de manera adecuada por múltiples canales comunicativos, g) tutorizar a los alumnos, h) evaluar; i) reflexionar e investigar sobre el proceso de enseñanza de manera formativa, y, j) identificarse con la institución y trabajar en equipo. Además, de esto, se sugiere que el docente, alumnos y padres de familia se impliquen en la gestión escolar y organicen su propia formación continua.

La disciplina de las ciencias sociales se ha logrado entender como una asignatura teórico-práctica para facilitar el estudio factico de los fenómenos sociales con fines heurísticos y de investigación (Martín, 2004). En este sentido, Gutiérrez, Buitrago y Arana (2012), indican que la enseñanza de las ciencias sociales debe estar basada en el diálogo y la reflexión de los alumnos acompañados por los docentes para desarrollar el pensamiento crítico con contexto axiológico. Se propone partir de experiencias o situaciones actuales y reales del estudiante en su vida familiar o comunitaria, en las que se identifiquen problemas o dificultades, para que logre su comprensión y búsqueda de soluciones viables, mediante la formulación de hipótesis de solución y su comprobación, sin respuestas prefabricadas ni definitivas con explicaciones que interpreten significados de lo sucedido y de las razones por las que ha sucedido.

Los estudios sociales en clase pueden abordarse con el fin de enseñar a problematizar a los estudiantes, al introducir los temas en forma de dilemas formulados como preguntas, investigando las dimensiones interpretativas que los componen, así como sus vínculos interdisciplinarios, y ofrecer a los alumnos, diferentes visiones de conjunto sobre el problema, contextualizándolo en un marco histórico y social lo más amplio posible (Pagés, 2012). Al respecto, Fuster (2015), señala que se vuelve necesario realizar reflexiones profundas sobre las posturas respecto a los temas tratados, evitando dejar fuera a diversos contextos exógenos de estudio susceptibles de involucrarse.

Metodología

El presente estudio tuvo la finalidad de aportar al entendimiento de la enseñanza de las ciencias sociales y su relación con los modelos pedagógicos; definiendo como objetivo general el describir los modelos y estrategias de enseñanza de las ciencias sociales que sustentan la práctica del docente de la Universidad Autónoma de Tamaulipas en el periodo escolar 2017. Las interrogantes que orientaron esta investigación fueron: ¿cuáles son los modelos pedagógicos que sustentan la enseñanza de las ciencias sociales del docente universitario en una universidad pública?, ¿cuáles son los modelos y estrategias de enseñanza, los ambientes y medios de aprendizaje y la práctica docente que utiliza el profesor de las ciencias sociales de la Universidad Autónoma de Tamaulipas?. Estas interrogantes dieron pie a la construcción de los siguientes objetivos: describir y explicar los modelos pedagógicos que sustentan la enseñanza de las ciencias sociales del docente universitario en una universidad pública, así como los modelos y estrategias de enseñanza, los ambientes y medios de aprendizaje y la práctica docente que utiliza el profesor de las ciencias sociales de la Universidad Autónoma de Tamaulipas. Y los objetivos específicos: aportar al entendimiento de la enseñanza de las ciencias sociales y su relación con los modelos pedagógicos; identificar y explicar los modelos pedagógicos que subyacen en la enseñanza de las ciencias sociales y describir y explicar las estrategias de enseñanza de las ciencias sociales que utiliza el docente universitario.

A partir de las interrogantes y objetivos planteados, surgió la hipótesis de investigación direccional: "en la enseñanza de las ciencias sociales coexisten diferentes modelos pedagógicos de formación profesional tradicionales, conductuales, constructivistas y por competencias, que son asumidos por los docentes de la Universidad Autónoma de Tamaulipas, y materializados en modelos de enseñanza, ambientes y medios de aprendizaje, así como prácticas docentes diversos para la formación de los profesores las ciencias sociales".

Se procedió a realizar una investigación cuantitativa con alcance descriptivo explicativo, y diseño no experimental y transeccional, ya que no hubo manipulación de variables y la información se obtuvo a través de un instrumento estructurado, que se aplicó en un sólo momento. Las preguntas propuestas fueron respondidas con base en los indicadores sugeridos por Lladó et al. (2013) que reúne las siguientes variables de estudio: los modelos de enseñanza y los medios y ambientes de enseñanza y aprendizaje, y la práctica docente misma.

Los ambientes y medios de aprendizaje se refieren a los ambientes o entornos físicos y psicológicos de interactividad regulada en donde confluyen personas con propósitos educativos, un espacio educativo que expresa y comunica el proyecto pedagógico, como un compromiso de participación del entorno sociocultural al que pertenece. La calidad del ambiente es trascendental, ya que es un medio de aprendizaje, que debe favorecer y promover el desarrollo de las competencias (Abad, 2006; Herrera, 2006; Laguna, 2013). Por otro lado, la práctica docente, definida como el conjunto de estrategias y acciones empleadas por el profesor en el proceso de enseñanza aprendizaje. Una actividad dinámica, reflexiva, que comprende la intervención pedagógica ocurrida antes y después de los procesos de interacción entre maestro y alumnos, siendo determinantes en la forma como los alumnos aprenden una disciplina en un momento particular y que trascienden en el ámbito de la interacción maestro-alumno en el aula (Ejea, 2007; García, 2011).

Se administró un cuestionario (Llado et al. 2013), a una muestra de 37 de un total de 39 profesores, que representan el 94%. Estos docentes participan en las licenciaturas del área de las ciencias sociales en los programas de: Licenciatura en Historia (LH), Licenciatura en Sociología (LS) y Licenciatura en Ciencias de la Educación con opción en Ciencias Sociales (LCECS) de la UAT. Estos datos se desglosan a continuación en la Tabla 1.

Resultados.

A continuación, se presentan los resultados encontrados.

Tabla 1. Docentes del área de ciencias sociales que participaron en la investigación.

	Frecuencia	Porcentaje	Porcentaje válido	Porcentaje acumulado
LCECS	21	56.8	56.8	56.8
LH	10	27.0	27.0	83.8
LS	6	16.2	16.2	100.0
Total	37	100.0	100.0	

Fuente: Elaboración propia.

Más de la mitad de los docentes encuestados pertenece a la LCECS con 56.8 %, seguido de los docentes de la LH con 27 %, y los docentes de la LS con 16.2 %, este último identificado como el grupo con menor intervención en la encuesta respecto de sus pares. El grado de participación de los docentes en la encuesta coincide con la matrícula registrada en cada programa educativo, donde la LCECS es la carrera con mayor matrícula, mientras que la LS y la LH, son las carreras con menor matrícula registrada en la UAMCEH.

Poco más de la mitad de los docentes encuestados del área de las ciencias sociales cuenta con alguna certificación nacional -Tabla 2-. El 38 % de los docentes están reconocidos por el Programa para el Desarrollo Profesional Docente -PRODEP-, programa que busca profesionalizar a los PTC para que alcancen las capacidades de investigación-docencia, desarrollo tecnológico e innovación y con responsabilidad social, se articulen y consoliden en cuerpos académicos capaces de transformar su entorno.

El 14 % de los docentes están adscritos al Sistema Nacional de Investigadores -SIN-, sistema que tiene por objeto la formación y consolidación de investigadores del más alto nivel como un elemento fundamental para incrementar la cultura, productividad, competitividad y el bienestar social.

Tabla 2. Certificaciones académicas.

Certificaciones	Frecuencia	Porcentaje	Porcentaje válido	Porcentaje acumulado
Ninguno	18	48.6	48.6	48.6
PRODEP	14	37.8	37.8	86.5
SNI	5	13.5	13.5	100.0
Total	37	100.0	100.0	

Fuente: Elaboración propia.

La técnica utilizada para esta investigación fue la encuesta como estrategia de investigación (Inche et al. 2003), donde se lleva a cabo un procedimiento estandarizado para recabar información -oral o escrita- de una muestra de sujetos para llevar a cabo un análisis de respuestas a una serie de preguntas, con el fin de que tales puedan compararse de manera estructurada y agrupadas, cuantificarse para posteriormente examinar las relaciones entre ellas. Se utilizaron los programas informáticos SPSS y Microsoft Excel para llevar a cabo el análisis cuantitativo y descriptivo de los resultados encontrados.

En la variable modelos de enseñanza se consideraron los indicadores: grado de importancia y aplicación que le asigna y desarrolla el docente a la formulación de objetivos de aprendizaje, atribución de objetivos de aprendizaje que orientan la formación profesional docente para con sus estudiantes, las estrategias didáctico-formativas presentes en su enseñanza y que propician el aprendizaje centrado en el estudiante, la satisfacción docente en cuanto a las características de enseñanza-aprendizaje del modelo académico de la UAT y sus necesidades docentes.

En la variable ambientes y medios de aprendizaje se integró el indicador: grado de aplicación de mecanismos que favorecen ambientes y medios de aprendizaje en los estudiantes. Por último, en la variable práctica docente se incorporaron los indicadores: la aplicación de la forma de enseñanza que caracteriza mayormente a su práctica docente, los elementos básicos de la planeación de clase y aquellos elementos que considera esenciales para la selección de los contenidos de la clase, propósitos u objetivos de la clase.

Las principales formas de presentar los elementos que integran el programa de estudios de la asignatura, organizar al grupo durante la clase, distribuir el tiempo para eficientar las actividades de la clase, acciones que desarrolla para demostrar el dominio del conocimiento de la asignatura y que favorecen el diálogo entre alumno-alumno.

Las estrategias didácticas que desarrolla durante la clase, el uso recursos didácticos que promueve y los mecanismos de evaluación que aplica en los procesos de enseñanza-aprendizaje (Lladó et al. 2013).

Como parte de los resultados se encontró que casi la mayoría de los docentes de las ciencias sociales, 86.5 % consideran de gran importancia la definición y formulación de objetivos de aprendizaje en la planeación e impartición del curso (Tabla 3), los objetivos se orientan a la formación de un alumno que analiza y utiliza la información que se le proporciona con sentido reflexivo y crítico para explorar nuevos hechos; se auto valora y acepta tal cual es, trabaja a su propio ritmo y es capaz de aplicar su creatividad ante los problemas que se le presente; trabaja en equipo, elabora y participa colectivamente en planes y proyectos de trabajo.

Tabla 3. Grado de importancia que le asigna en la formulación de objetivos de aprendizaje

	Frecuencia	Porcentaje	Porcentaje válido	Porcentaje acumulado
Poco	5	13.5	13.5	13.5
Mucho	32	86.5	86.5	100.0
Total	37	100	100.0	

Fuente: Elaboración propia.

Casi todos los docentes de ciencias sociales, 97.3 % consideran de gran importancia los objetivos de aprendizajes como un elemento orientador de la formación profesional docente (Tabla 4), desarrollando la capacidad reflexiva y crítica para inferir e interpretar información que le permitan interactuar socialmente con los problemas de su profesión, asumiendo la responsabilidad personal hacia el trabajo y progresa con base en sus características personales, así como la capacidad de resolver problemas propios de su profesión e interactuar socialmente.

Tabla 4. Grado de importancia que le atribuye a los objetivos de aprendizaje que orientan la formación profesional docente para con sus estudiantes.

	Frecuencia	Porcentaje	Porcentaje válido	Porcentaje acumulado
Poco	1	2.7	2.7	2.7
Mucho	36	97.3	97.3	100.0
Total	37	100.0	100.0	

Fuente: Elaboración propia.

Más de la mitad de los docentes de las ciencias sociales, 59.5 % considera indispensables las estrategias didáctico-formativas que aplican los procesos de enseñanza-aprendizaje centrado en el estudiante (Tabla 5), propiciando la participación de los alumnos para exponer razones, hipótesis, opiniones, explicaciones de un hecho, relacionando los conocimientos previos de los estudiantes con información nueva que le proporciona en su docencia; la discusión interactiva y guiada de determinados temas para compartir entre los estudiantes conocimientos y experiencias previas sobre las temáticas que se abordan, relacionando en cada nueva experiencia de aprendizaje con un conjunto de conocimientos y experiencias análogas que ayudan a comprenderlos.

Este grupo de docentes de las ciencias sociales, elaboran y orientan las actividades de enseñanza-aprendizaje alrededor de problemas holísticos y relevantes, implicando que los estudiantes realicen una fuerte cantidad de actividad cognitiva, así como la adquisición de conocimientos, habilidades y actitudes orientadas al logro de un producto concreto; mediante la lectura de textos se busca que el estudiante reconozca lo que es importante y a qué aspectos hay que dedicarle un mayor esfuerzo constructivo; por medio de las representaciones gráficas de los contenidos de las asignaturas se pretende que el alumno aprenda los significados de esos contenidos y luego profundice tanto como el alumno lo desee; y mediante el uso de las representaciones gráficas de los contenidos temáticos se busca establecer un enlace más claro entre los conocimientos previos y lo nuevo por aprender.

Tabla 5. Grado de aplicación de estrategias didáctico-formativas que se encuentran presentes en su enseñanza y que propician el aprendizaje centrado en el estudiante.

	Frecuencia	Porcentaje	Porcentaje válido	Porcentaje acumulado
Necesarias	15	40.5	40.5	40.5
Indispensables	22	59.5	59.5	100.0
Total	37	100.0	100.0	

Fuente: Elaboración propia.

Casi todos los docentes de las ciencias sociales, 89.1 % afirman que están entre satisfechos y medianamente satisfechos con las características de enseñanza-aprendizaje predominantes en el Modelo Educativo de la UAT y sus necesidades docentes (Tabla 6), modelo que privilegia los conocimientos disciplinares, situaciones sociales relevantes transmisión de conocimientos, adaptación de los conocimientos al nivel de los alumnos para que, después del curso, los puedan aplicar a futuro conocimientos, creación de situaciones didácticas que enfrentan a los estudiantes a tareas auténticas en contextos reales, lecciones enfocadas en el aprendizaje de teorías y métodos, énfasis en ejercicios de comprensión, aplicación y repaso del contenido curricular.

Tabla 6. Grado de satisfacción docente en cuanto a las características de enseñanza-aprendizaje predominantes en el modelo académico de la UAT y sus necesidades docentes.

	Frecuencia	Porcentaje	Porcentaje válido	Porcentaje acumulado
Nada Satisfecho	4	10.8	10.8	10.8
Medianamente Satisfecho	17	45.9	45.9	56.8
Satisfecho	16	43.2	43.2	100.0
Total	37	100.0	100.0	

Fuente: Elaboración propia.

La mayoría de los docentes de las ciencias sociales, 86.5% consideran que en su ejercicio docente poco aplican mecanismos que favorezcan ambientes y medios de aprendizaje en los estudiantes (Tabla 7), predominando así un ambiente y medio educativo en el que, por un lado, las metas de los alumnos son compartidas, el logro de los objetivos depende del trabajo, capacidad y esfuerzo de cada quien, se trabaja para maximizar el aprendizaje de todos, es importante la adquisición de valores y habilidades sociales, el control de emociones e impulsos, el intercambio de puntos de vista; y por otro lado, existe un ambiente donde las metas de los alumnos son independientes entre sí, los estudiantes piensan que alcanzarán sus metas si los otros no alcanzan las suyas, son percibidos como rivales y competidores más que como compañeros, son comparados y ordenados entre sí, lo que importa es el logro y el desarrollo personal, sin tomar en cuenta el de los demás. Poco más de la mitad de los docentes de las ciencias sociales, 54.1 % reconoce que su forma de enseñanza se orienta más hacia la construcción del conocimiento, otro grupo de docentes, 32.4 % manifiesta que su práctica docente promueve más actividades para el trabajo colaborativo de grupo, mientras que una minoría de profesores, 13.5 % considera que su estrategia de enseñanza está orientada a fortalecer el sentido de la autoestima y el comportamiento de los alumnos (Tabla 7). Esta práctica educativa predominante en los docentes de las ciencias sociales coincide con el modelo pedagógico constructivista. El docente orienta su enseñanza hacia la construcción del conocimiento, el aprendizaje significativo y colaborativo, reflexiona su propia práctica docente y acompaña a los estudiantes en la identificación de problemas que se transformen en retos cada vez más complejos. El conocimiento según Serrano y Pons (2011), no es el resultado de una mera copia de la realidad preexistente, sino de un proceso dinámico e interactivo.

Tabla 7. Forma de enseñanza que caracteriza mayormente a su práctica docente.

	Frecuencia	Porcentaje	Porcentaje válido	Porcentaje acumulado
Hacia la construcción del conocimiento	20	54.1	54.1	54.1
Hacia el sentido de la autoestima	5	13.5	13.5	67.6
A través de grupos colaborativos	12	32.4	32.4	100.0
Total	37	100.0	100.0	

Fuente: Elaboración propia.

En cuanto a la planeación de la clase, los docentes de las ciencias sociales destacan como principales (Tabla 8) la resolución de problemas para el aprendizaje, 35.1 %, el diseño de objetivos para el aprendizaje, 29.7 %, la integración de las ideas hacia el aprendizaje, 27 %. Solo el 5.4 % de los docentes contemplan en su planeación actividades que fomenten las características personales del alumno en el aprendizaje. La resolución de problemas para el aprendizaje es una característica propia del modelo pedagógico por competencias. La formación basada en competencias según Tobón (2010), no puede referirse a la competitividad de quien sólo se forma competentemente para tener mayor poder o dominar sobre los otros, sino formarse competentemente para hacer el bien de manera cooperativa. Siguiendo a Ávila, López y Fernández (2007), formar en competencias es formar en y para la acción, en la toma de decisiones para convertir el saber sabio en saber práctico.

Tabla 8. Elementos básicos de la planeación de clase que considera como principales.

	Frecuencia	Porcentaje	Porcentaje válido	Porcentaje acumulado
No respondió	1	2.7	2.7	2.7
El diseño de objetivos para el aprendizaje	11	29.7	29.7	32.4
Las actividades que fomenten las características personales en el aprendizaje	2	5.4	5.4	37.8
La integración de las ideas hacia el aprendizaje	10	27.0	27.0	64.9
La resolución de problemas para el aprendizaje	13	35.1	35.1	100.0
Total	37	100.0	100.0	

Fuente: Elaboración propia.

Más de la mitad de los docentes de ciencias sociales, 62.2 % considera para la selección de los contenidos (Tabla 9) y subsecuentemente para la modificación del plan de clase las ideas de los alumnos al inicio, durante y final de la clase. Otro grupo de profesores, 32.4 % reconocen que consideran las ideas de los alumnos, al inicio o final de la clase para modificar su plan de clase o bien al finalizar del curso como un referente para modificar el programa de estudios y mejorarlo en su próxima impartición de curso. El contenido debe dar seguimiento al desarrollo de qué aprenden los alumnos y cómo lo aprenden, sin que, a razón de ello, el profesor pase a un segundo lugar, muy al contrario -competencias-. Las competencias requieren de una selección de contenidos de clase que potencie el desarrollo de las competencias tanto a nivel individual como colectivo, sin que ello conlleve a forzar a los sujetos a realizar o asumir tareas para las que no estén apto; el desarrollo de las competencias sólo será posible en tanto los docentes conozcan y desarrollen los estilos de aprendizaje de sus alumnos (García, 2011).

Tabla 9. Elementos que considera esenciales para la selección de los contenidos de la clase.

	Frecuencia	Porcentaje	Porcentaje válido	Porcentaje acumulado
No respondió	2	5.4	5.4	5.4
Las ideas de los alumnos al final del curso para modificar el programa	7	18.9	18.9	24.3
Las ideas de los alumnos al iniciar la clase para modificar la clase	2	5.4	5.4	29.7
Las ideas de los alumnos al final de la clase para modificar el plan de clase	3	8.1	8.1	37.8
Las ideas de los alumnos al inicio, durante y final de la clase para modificar el plan de clase	23	62.2	62.2	100.0
Total	37	100.0	100.0	

Fuente: Elaboración propia.

Los elementos que más destacan como esenciales para la selección de propósitos u objetivos de la clase de los docentes de ciencias sociales (Tabla 10), es el logro de los objetivos basado en el desarrollo de procesos activos, 40.5% y el logro de los objetivos basado en el desarrollo de habilidades sociales, 35.1 %.

El logro de los objetivos basados en el desarrollo de los procesos activos y el desarrollo de las habilidades sociales, son rasgos de los modelos pedagógicos constructivistas y por competencias. Los docentes priorizan en la selección de propósitos u objetivos de la clase, el aprendizaje autónomo, lo que permite al estudiante aprender haciendo -aprendizaje activo-, ser gestor de su propio conocimiento y de los aprendizajes significativos logrados.

Tabla 10. Elementos que considera esenciales para la selección de propósitos u objetivos de la clase.

	Frecuencia	Porcentaje	Porcentaje válido	Porcentaje acumulado
El logro de los objetivos basado en conductas observables	3	8.1	8.1	8.1
El logro de los objetivos basado en la responsabilidad personal	6	16.2	16.2	24.3
El logro de los objetivos basado en el desarrollo de procesos activos	15	40.5	40.5	64.9
El logro de los objetivos basados en el desarrollo de habilidades sociales	13	35.1	35.1	100.0
Total	37	100.0	100.0	

Fuente: Elaboración propia.

La principal forma de presentar los elementos que integran el programa de estudio de la asignatura de los docentes de ciencias sociales (Tabla 11) es presentar el programa para que los estudiantes analicen y reflexionen el mismo.

Otros grupos representativos expresan que su intención al presentar el programa de estudios es para hacerles de su conocimiento, 24.3 % y para ponerles a consideración y participación grupal de los alumnos, 24.3% Solo el 16.2 % de los profesores presenta el programa de estudios a los estudiantes para su comprensión y posible reformulación en caso de requerir modificaciones.

Tabla 11. Principales formas de presentar los elementos que integran el programa de estudios de la asignatura.

	Frecuencia	Porcentaje	Porcentaje válido	Porcentaje acumulado
Presentando a los alumnos el programa de estudios para su conocimiento	9	24.3	24.3	24.3
Presentando a los alumnos el programa de estudios para su comprensión y posible reformulación	6	16.2	16.2	40.5
Presentando a los alumnos el programa de estudios para su análisis y reflexión	13	35.1	35.1	75.7
Presentando el programa de estudios a la consideración y participación grupal de los alumnos	9	24.3	24.3	100.0
Total	37	100.0	100.0	

Fuente: Elaboración propia

Más de la mitad de los docentes de las ciencias sociales, 62.2 % destacan como principal forma de organizar al grupo durante la clase es la conformación de grupos para el trabajo colaborativo (Tabla 12).

Otros grupos de docentes representativos señalan que organiza al grupo de estudiantes hacia acciones netamente académicos, 24.3 % y hacia acciones que promueven la capacidad para recoger, integrar y recordar información, 13.5 %.

Tabla 12. Principales formas de organizar al grupo durante la clase.

	Frecuencia	Porcentaje	Porcentaje válido	Porcentaje acumulado
Hacia acciones netamente académicas	9	24.3	24.3	24.3
Hacia acciones que promueven la capacidad para recoger, integrar y recordar información	5	13.5	13.5	37.8
Hacia la conformación de grupos para el trabajo colaborativo	23	62.2	62.2	100.0
Total	37	100.0	100.0	

Fuente: Elaboración propia.

Poco más de la mitad de los docentes de las ciencias sociales, 54.1 % destacan que la principal forma de distribución del tiempo para eficientar las actividades de la clase es planificando manera flexible las actividades de la clase para el trabajo grupal (Tabla 13).

Otros grupos de profesores con menor representación optan por una planificación de las actividades de la clase de acuerdo con la programación establecida, 32.4 %, y otros por una planeación de actividades basado en acciones eficaces al logro de actitudes propositivas de los alumnos, 10.8 %. Solo el 2.7 % de los docentes considera en la programación de cantidades acciones dosificadas del tiempo para actividades de investigación.

Tabla 13. Principales formas de distribución del tiempo para hacer eficiente las actividades de la clase.

	Frecuencia	Porcentaje	Porcentaje válido	Porcentaje acumulado
Planificando de acuerdo con la programación establecida	12	32.4	32.4	32.4
Planificando acciones eficaces al logro de actitudes propositivas de los alumnos	4	10.8	10.8	43.2
Planificando acciones dosificadas del tiempo para actividades de investigación	1	2.7	2.7	45.9
Planificando de manera flexible las actividades para el trabajo grupal	20	54.1	54.1	100.0
Total	37	100.0	100.0	

Fuente: Elaboración propia.

Entre las principales acciones que predomina en los docentes de ciencias sociales (Tabla 14) son las prácticas colaborativas, 35.1 %, seguido de la aplicación del conocimiento teórico en el desarrollo práctico colaborativo, 29.7 %, y mediante la formación de conceptos, interpretación de datos y aplicación de principios, 27 %.

Tabla 14. Principales acciones que desarrolla para demostrar el dominio del conocimiento de la asignatura.

	Frecuencia	Porcentaje	Porcentaje válido	Porcentaje acumulado
Mediante la presentación practica estructurada y guiada e independiente	3	8.1	8.1	8.1
Mediante acciones colaborativas y compartidas entre docentes y alumnos	13	35.1	35.1	43.2
Mediante la formación de conceptos, interpretación de datos y aplicación de principios	10	27.0	27.0	70.3
La aplicación del conocimiento teórico en el desarrollo práctico colaborativo	11	29.7	29.7	100.0
Total	37	100.0	100.0	

Fuente: Elaboración propia.

Casi todos los docentes de las ciencias sociales, 91.8 % reconocen que desarrollan como principales estrategias didácticas durante la clase actividades que inducen a la reflexión analítica y al trabajo colaborativo en equipo (Tabla 15). El 8.2 % de los profesores expresan que sus estrategias didácticas son más inducidas a las actividades individuales expositivas y retroalimentadas, así como actividades que propicien el desarrollo individual autónomo. Las actividades que inducen la reflexión analítica y el trabajo colaborativo en equipos son rasgos propios del modelo pedagógico constructivista.

Tabla 15. Principales estrategias didácticas que desarrolla durante la clase.

	Frecuencia	Porcentaje	Porcentaje válido	Porcentaje acumulado
Actividades expositivas y retroalimentadas (Individuales)	2	5.4	5.4	5.4
Actividades que propicien el desarrollo autónomo (personal)	1	2.7	2.7	8.1

Actividades que inducen a la reflexión (análisis)	18	48.6	48.6	56.8
Actividades que inducen al trabajo colaborativo (equipos)	16	43.2	43.2	100.0
Total	37	100.0	100.0	

Fuente: Elaboración propia.

Entre los principales recursos didácticos utilizados por los docentes de las ciencias sociales (Tabla 16) destacan el uso de herramientas didácticas que promueven la indagación del alumno 32.4 % y de recursos didácticos para el desarrollo de la creatividad del alumno 27 %. La indagación científica como herramienta didáctica que predomina en la enseñanza de las ciencias sociales es un enfoque asumido que reside en la corriente del modelo pedagógico constructivista. En la indagación guiada según Latorre (2015), cada individuo tiene construye su propio conocimiento, sin indagación no hay construcción de conocimiento.

Tabla 16. Principales recursos didácticos que promueve en los procesos de enseñanza-aprendizaje.

	Frecuencia	Porcentaje	Porcentaje válido	Porcentaje acumulado
No respondió	1	2.7	2.7	2.7
Uso de herramientas para exploración y exposición de tareas	5	13.5	13.5	16.2
Uso de herramientas didácticas que promuevan la creatividad autorrealización del alumno	10	27.0	27.0	43.2
Uso de herramientas didácticas que promueven la indagación del alumno	12	32.4	32.4	75.7
Uso de las herramientas didácticas que están a la disposición para el trabajo grupal	9	24.3	24.3	100.0
Total	37	100.0	100.0	

Fuente: Elaboración propia.

Los docentes de las ciencias sociales, 43.2 % incorporan en sus estrategias de evaluación la aplicación de mecanismos de autoevaluación permanente del trabajo grupal colaborativo (Tabla 17). Otros grupos con menor representación destacan más la evaluación individual de los alumnos en los procesos de enseñanza-aprendizaje 29.7 %.

Tabla 17. Principales mecanismos de evaluación en los procesos de enseñanza-aprendizaje en los alumnos.

	Frecuencia	Porcentaje	Porcentaje válido	Porcentaje acumulado
No respondió	1	2.7	2.7	2.7
Evaluación individual	11	29.7	29.7	32.4
Autoevaluación permanente individual	3	8.1	8.1	40.5
Autoevaluación permanente en los procesos de indagación e investigación	6	16.2	16.2	56.8
Autoevaluación permanente del trabajo grupal colaborativo	16	43.2	43.2	100.0
Total	37	100.0	100.0	

Fuente: Elaboración propia.

Los docentes de las ciencias sociales aplican principalmente una evaluación que valora más los ejercicios de indagación científica 29.7 %, así como ejercicios que desarrollen la creatividad y el autoconocimiento del alumno 27 % (Tabla 18). Otros grupos de profesores orientan la evaluación a la asignación de tareas y examen 21.6 % y en la participación en problemas de tipo social 21.6 %.

Tabla 18. Principales mecanismos de evaluación que aplica en su proceso de enseñanza-aprendizaje.

	Frecuencia	Porcentaje	Porcentaje válido	Porcentaje acumulado
Mediante la asignación de tareas y examen	8	21,6	21,6	21,6
Mediante ejercicios que desarrollen la creatividad y el autoconocimiento del alumno	10	27,0	27,0	48,6
Mediante ejercicios de indagación científica	11	29,7	29,7	78,4
Mediante la participación en problemas de tipo social	8	21,6	21,6	100,0
Total	37	100,0	100,0	

Fuente: Elaboración propia.

Discusión y conclusiones

De los resultados expuestos, se puede concluir, que los profesores de las ciencias sociales de la Universidad Autónoma de Tamaulipas fundamentan teórica y metodológicamente sus modelos y estrategias de enseñanza principalmente en los modelos pedagógicos constructivistas y por competencias, destacando principalmente los siguientes aspectos: primeramente, asumen que la enseñanza no es una simple transmisión de conocimientos sino una tarea de organización de métodos de apoyo y situaciones de aprendizaje que permiten a los alumnos construir su propio saber, la capacidad de trabajo en equipo y la capacidad para la solución creativa de los problemas a su vez que estos problemas se transforman en retos cada vez más complejos. Por otra parte, atribuyen a los objetivos de aprendizajes como un elemento orientador de la formación profesional docente que pretende preparar a los estudiantes para la actividad del campo profesional y contribuir en la sociedad con responsabilidad y capacidad para aplicar los saberes propios de su profesión y de su disciplina en la resolución de problemas y la transformación social.

También, plantean problemas holísticos y relevantes, implicando que los estudiantes realicen una fuerte cantidad de actividad cognitiva, así como la adquisición de conocimientos, habilidades y actitudes orientadas al logro de un producto concreto. Asumen como indispensables la aplicación de métodos y estrategias de enseñanza que privilegian un aprendizaje centrado en el estudiante, la aplicación estrategias didácticas innovadoras propio de la enseñanza de las ciencias sociales. Orientan su enseñanza hacia la construcción del conocimiento, el aprendizaje significativo y colaborativo, reflexionando su propia práctica docente y acompañando a los estudiantes en la resolución de problemas para el aprendizaje y la identificación de problemas que se transformen en retos cada vez más complejos. Crean ambientes y medios de aprendizaje para que cada individuo logre su desarrollo intelectual de acuerdo con las necesidades y condiciones particulares apoyándose en la experiencia previa y el aprendizaje significativo. Presentan los elementos que integran el programa de estudio, privilegian el análisis, la reflexión y comprensión para someter el programa a consideración de los estudiantes y hacer la reformulación y los ajustes correspondientes.

Priorizan en la selección de propósitos u objetivos de la clase, el aprendizaje autónomo, lo que permite al estudiante aprender haciendo -aprendizaje activo-, ser gestor de su propio conocimiento y de los aprendizajes significativos logrados. Ajustan los contenidos a las modificaciones sucesivas de las estructuras cognoscitivas y modifican el plan de clase con la participación de los alumnos al inicio, durante y final de la clase y del curso. Fomentan el trabajo colaborativo, las interacciones y acciones mediatizadas de cooperación como principal forma de organizar al grupo durante la clase como una estrategia para eficientar las actividades para que los estudiantes construyan colectivamente nuevo conocimiento por medio de la experiencia de trabajar juntos. Promueven la indagación científica como una herramienta didáctica esencial para la construcción del conocimiento. Instrumentan prácticas de una evaluación integral, continua, formativa y que valora el aprendizaje no solo individual sino también grupal, colaborativo y cooperativo. Lo que resulta relevante y oportuno en las aulas universitarias dado que logra que los estudiantes aprendan y generen conocimiento sobre aspectos no solo de la disciplina que estudian, sino que también se da un gran aprendizaje humano, ayuda a desarrollar el pensamiento crítico reflexivo en los estudiantes, mejorar las relaciones interpersonales (Scagnoli, 2005; Maldonado, 2007).

El presente estudio coindice con otras investigaciones que han puesto en evidencia que en la didáctica de las ciencias sociales el aprendizaje tradicional conductual no favorece la capacidad de adquirir aprendizajes significativos, imposibilita conectar el contenido con la realidad del alumnado (Fuster, 2015); es necesario sensibilizar a los maestros y alumnos hacia el uso de nuevas estrategias didácticas (Martínez, 2004), instrumentar estrategias didácticas innovadoras, dirigidas a hacer pensar al alumnado y a predisponerles y enseñarles para intervenir en contextos sociales (Pagés, 2009), intentar otras prácticas que le permitan al docente de las ciencias sociales explorar su ejercicio pedagógico (Martínez y Quiroz, 2012), involucrar a los estudiantes diseñando sus rutas de aprendizaje y comprometiéndoles en el proceso (Gargallo et al., 2015), así como llevar a cabo una transformación en las estrategias didácticas con la finalidad de desarrollar habilidades y aptitudes que permitan una mayor apertura en la relación pedagógica y también incorporar otros enfoques de enseñanza (Flores, 2014).

Es preciso profundizar en el tema de investigación explorando otras vertientes, con objetos de estudio más específicos y experimentando otras metodologías como es el caso de la investigación cualitativa o la aplicación del método mixto, estudios comparativos, causales, poniendo énfasis en otros contextos, categorías, dimensiones y variables como la reforma educativa, los perfiles idóneos para la didáctica de las ciencias sociales, los aprendizajes logrados en pruebas nacionales e internacionales en relación a asignaturas de las ciencias sociales, la formación integral de los estudiantes y desarrollo profesional de los egresados de programas vinculados a la enseñanza de las ciencias sociales.

Principios básicos y estrategias para memorizar

Daniel Cantú Cervantes
Ennio Héctor Carro Pérez
Ma. Del Rosario Contreras Villarreal

Introducción

Autores como Matlin (2005); Sousa (2014); Roy y Tonegawa (2017) y Ozawa y Johansen (2018), señalan que aún permanece el debate sobre si las imágenes son la base de la memoria episódica y semántica declarativa y no declarativa, o lo es el lenguaje que codifica las imágenes en el cerebro para poder recuperarlas y trabajar con ellas. Sin embargo, esta aparente controversia no llega muy lejos, ya que no se trata de elegir una opción u otra, sino más bien de una complementación, es decir, si bien las imágenes son los objetos de conocimiento más primitivos que existen, pues la percepción visual es dominante y antecede al lenguaje que llega después para estructurar el razonamiento y refuerza la comprensión de lo que vemos, de tal manera que viene a ser parte fundamental del pensamiento en el proceso de codificación de imágenes durante la reminiscencia.

Cuando usted evoca una letra, por ejemplo la letra "p", la visualiza desde la materia prima de su memoria, y comprende mediante imagen y lenguaje sus componentes unidos, trazos, dirección y tamaño apropiado para su aplicación o uso. Sin embargo, con un lenguaje consolidado, las letras pasan a un nivel inconsciente en el pensamiento que ahora se enfoca en el significado de las frases y palabras con fines creativos y de planificación para entablar una conversación. Las palabras o frases también trabajan con imágenes mentales asociativas que son susceptibles de guardarse, por ejemplo, imagine que usted escucha o pronuncia la palabra "excepción" sin un contexto aparente; entonces, visualiza cómo de una secuencia de objetos en su mente, se desprende uno que rompe la secuencia y se sale del contexto, por poner un ejemplo. Existen otras palabras con más carga de significado que no tienen una simple asociación visual sino más bien múltiple, por ejemplo, la palabra "libertad"; ésta palabra exige muchas escenas que se han asociado al hecho de ser libre, de manera que se vuelve más difícil definir de pronto su concepto (Citri y Malenka, 2007; Damasio, 2010; Cuetos, 2015).

Cuando le preguntamos a nuestros alumnos sobre qué entienden por "libertad", puede que nos digan una rápida aproximación derivada de una escena donde ellos le han asociado al significado, por ejemplo, el recuerdo de una escena en una película donde un preso sale de la cárcel y se le oye decir "¡al fin, soy libre!", el alumno puede manejar mediante el razonamiento esta escena mental con el lenguaje, darle forma y decir: "la libertad es el hecho de no estar aprisionado". Esta escena también se puede asociar con experiencias vividas; por ejemplo: el alumno puede rememorar haberse quedado sin recreo en la escuela primaria o secundaria por algún motivo, y tras percibir mucho tiempo transcurrido recuerda al término de las clases salir y sentir la plenitud de "sentirse libre", o también puede ser al terminar un trabajo o proyecto que demandó muchas horas o días de estudio, y al final, terminarlo y tener tiempo y espacio para atender los asuntos personales con mayor comodidad y percibir el hecho como "libertad" (Álvarez, Morales y Ortega, 2014; Wiegert, Pulin, Gee y Oertner, 2018).

Si la materia prima de la memoria son imágenes, ¿qué pasa con la memoria en los ciegos?; sucede que los ciegos que perdieron su vista en la infancia o adolescencia, con los años van perdiendo las imágenes que almacenaron alguna vez del mundo, de manera que con el tiempo las aprecian poco a poco con distorsión en la mente. Esto en parte se deriva del proceso de semantización mnémica que tiende a estrechar los recuerdos para conservar su esencia, pero además, la falta de reconsolidación de dichos datos visuales genera que al evocarse los recuerdos y las imágenes ya no se perciban, y el recuerdo se reinventa con probabilidades de una modificación distorsionada (Logatt y Castro, 2011; Manes y Niro, 2014). ¿Qué sucede entonces con los ciegos congénitos?; pues aprecian el mundo más con el sentido auditivo que se vuelve más agudo ante la carencia visual al tiempo que aumentan las probabilidades de un mejor olfato, de esta manera, almacenan aromas, sonidos y conversaciones con mayor precisión y sueñan o tienen actividad onírica con este tipo de información. Muchas personas suelen creer que los ciegos perciben una total oscuridad, pero el hecho es que realmente no es así, ya que su sistema visual interno al carecer de imágenes representativas del mundo, crea las suyas generando destellos coloridos a sus propias creaciones, algo parecido a lo que conocemos como *fosfenos*; por ejemplo, un ciego congénito puede escuchar el nombre de alguien conocido y ver mentalmente un fosfeno característico, por lo que si la experiencia con el sujeto cambia la perspectiva emocional que tiene de él, el fosfeno destellante que el ciego ve, también cambia. Expresar toda esta imaginería hasta cierto punto vendría a ser un tanto inefable, pero el hecho de que los ciegos congénitos vean todo el tiempo fosfenos brinda evidencia de la necesidad de imágenes para el cerebro ante los procesos asociativos de la memoria (Fernández, Ochaita y Rosa, 1988; Brady, Konkle, Álvarez y Oliva, 2008; Rolls, Grabenhorst y Deco, 2010).

Un reciente estudio interesante respecto a las imágenes mentales y los fosfenos fue el experimento de Jiang, Stocco, Losey, Abernethy, Prat y Rao (2018), donde mediante electroencefalogramas -EEG- y estimulación magnética transcraneal -TMS-, conectaron a cinco grupos de tres personas en cuartos separados frente a pantallas mientras resolvían un juego simple parecido al "Tetris" sin poder hablar entre ellos. El estudio partió de lo siguiente: las ondas cerebrales funcionan a niveles de hertzios -Hz-, por lo que la corteza al detectar una frecuencia visual externa en determinado grado de Hz, tiende a imitarla para adaptarse a su movimiento. De esta manera el EEG captó rápidamente los cambios de Hz en los participantes a ver las imágenes. Por otra parte, la TMS induce actividad eléctrica específica, en este caso en la corteza occipital, encargada de las áreas visuales, provocando sensaciones de observar fosfenos de luz. Entonces los investigadores tenían la forma de detectar cambios eléctricos en la corteza y la manera de inducirlos en otros sujetos mediante señales visuales internas, en este caso como se ha dicho, a través de destellos. De las tres personas, dos frente a la pantalla tenían el papel de remitente viendo cómo las figuras descendían en el juego y debían decidir si girarlas o no para que pudiera encajar en la fila inferior, acción que debían de hacerle llegar al tercer participante que no veía la pantalla, pero era quien realizaba la acción de hacerla girar o no. Los remitentes cuando decidían si debía rotar las figuras, tenían la instrucción de ver a uno de los lados de la pantalla donde una imagen parpadeaba a 15 Hz y otra a 17, de manera que el EEG al captar la señal eléctrica, el TMS enviaba esta señal al área occipital del tercero y veía un fosfeno como pista para rotar, o para sencillamente no recibir impulso para no girarla. De esta manera, más del 80% de los participantes logró acertar mediante imágenes mentales enviadas de un cerebro a otro. Hasta este punto, el experimento permitió seguir instrucciones de sí o no mediante la actividad eléctrica, sin embargo, la compleja comunicación sináptica neural se da en un plano químico, lo que genera un enorme reto para las neurociencias respecto a la comunicación entre los pensamientos humanos sin el lenguaje.

La memoria declarativa y semántica se constituyen por medio de imágenes superpuestas apoyadas por una organización lingüística muchas veces jerárquica, donde los recuerdos visuales corren unos tras otros y nos dan un sentido de lógica, coherencia y por tanto creencia en lo que vemos, en lo que hemos vivido y experimentado. A todo esto, los educadores le conocen como conocimiento previo, aunque en realidad es solo una parte. Los recuerdos auditivos, táctiles y olfativos que son recuperables, se adhieren a imágenes con tinte emocional que pueden cambiar, modificándose o reemplazándose por otras de acuerdo con los eventos y experiencias vividas. Las personas muy sensibles a las emociones son más proclives a tener una mejor memoria, sin embargo, esto no significa que suelan grabar con exactitud la realidad, ya que su percepción de mundo a menudo se altera con significancia, pues el tinte emocional es muy alto (Fischer, Hallschmid, Elsner y Born, 2002; Crestani, Krueger, Barraga, Nakazawa, Nemes, Quillfeldt, Fray y Wiltgen, 2018).

Si a usted se le pidiera que recordara ahora a su padre, madre u otro familiar, recordaría de primera mano la última vez que los vio, recordando la percepción de su imagen, aunque inmediatamente después viene el intento de recuperar más escenas antiguas donde los vio, estuvo o convivió con ellos. Algunas personas suelen reconsolidar mucho determinada escena de algún elemento de información que siempre salta como primer recuerdo al evocarlo, a pesar de que ya es antigua; esta priorización sucede por el refuerzo continuo de un recuerdo que multiplica sus vínculos para llegar con mayor facilidad al consciente (Conway, 1990; Akhtar, Justice, Loveday y Conway, 2017).

Es común que las personas entiendan los procesos mnémicos y de razonamiento como uno solo, dado que ambos son muy estrechos entre sí; sin embargo, es necesario separar los dos conceptos, aunque parezcan una unidad dialéctica. Vamos a colocar un ejemplo: si usted recordara ahora un "sacapuntas" o "afilalápices", vería en su mente una imagen del objeto, generalmente de índole semántico, si es un objeto común en su vida diaria dado que ha visto e interactuado con muchos de estos objetos; o bien de tipo episódico, recordando la última vez que lo usó, o bien alguna escena donde vio o interactuó con el objeto de manera que varias veces reconsolidó evocando este recuerdo por otras circunstancias. Hasta ahora solo se ha tratado de recordar el objeto, sin embargo, generalmente es rememorado por la acción del pensamiento que lo precisó. Cuando esto sucede, la evocación de un objeto de significado a menudo posee un fin heurístico susceptible a razonarse de manera abstracta, de tal forma que el lenguaje y el razonamiento espacial descomponen la imagen en funciones y características, proveyéndole contextos de uso y aplicación para que el "sacapuntas" cumpla con un propósito (Matlin, 2005; Quian, Reddy, Kreiman, Koch y Fried, 2005).

Las memorias con excepción de la procedimental -aunque generalmente en el principio de su consolidación son episódicas y semánticas-, trabajan con imágenes, dado que es la manera más aproximada y primitiva de ver el mundo, y se tiñen con la percepción emocional para distinguir objetos y situaciones de significado aversivas, negativas, positivas, neutras o bien una mezcla de éstas en distintos grados, con fines adaptativos. La memoria primeramente trabaja con datos episódicos de tiempo y lugar que después semantiza. La transposición de imágenes en la memoria da lugar a la semantización porque son muchos los datos episódicos que deben grabarse, por lo que una vasta información podría transponerse generando ambigüedad y confusión, por lo tanto, el neocórtex prioriza en la conservación de la esencia de los objetos de significado (Manning, Sperling, Sharan, Rosenberg y Kahana, 2012; Elwardm y Vargha-Khadem, 2018).

Una obra pionera en el estudio de la memoria y las variables psicosociales que la afectan, que ilustra en buena medida la importancia que tienen los contextos de asociación, las emociones y otras variables psicosociales en la consolidación de los recuerdos y la reproducción precisa de la información, es el trabajo realizado por el psicólogo británico Frederic Bartlett, durante el primer tercio del siglo XX (1995/1932).

Estrategias y principios mnémicos

Se presenta a continuación, un compendio de diecisiete estrategias y principios básicos para memorizar que puede resultar de significativa relevancia para el estudiante como para el profesor. Algunas de estas estrategias trabajan sobre la base de la materia prima mnémica visual, otras priorizan en la exposición repetitiva de información y en la agrupación para lograr fines de vinculación para recuperar el recuerdo. Adicionalmente, es preciso considerar que existen variables como la presión arterial, la glucosa, el colesterol, los niveles de ansiedad, incrementar el ejercicio físico, la interacción social, y el desafío intelectual, que pueden incidir sobre las estrategias mnémicas que se describen a continuación, por lo que se recomienda tenerlas presentes (Téllez, 2003; Mesones, 2012).

Una primera estrategia para memorizar conocida para poder recordar mejor información episódica específica, es la **asociación de datos en entornos visuales bien consolidados**. Esta técnica es efectiva, por ejemplo, cuando se requiere aprender una serie de palabras sin sentido y en secuencia. Supongamos que usted pretende memorizar estas palabras en orden: **lentes, escoba, candado, luna, escalera, salsa picante, árbol y pintura**. En esta estrategia se requiere que usted recuerde un pasillo o calle muy bien de manera que no precise recordar las casas o los detalles del camino, trayecto, o también pueden ser empleados los recuerdos de otros espacios como los interiores de la casa familiar, un jardín o una travesía usada por mucho tiempo, como la que iba de la escuela o el trabajo a la casa. Generalmente, las personas utilizan el recuerdo de las casas de la calle de su cuadra o manzana donde vivieron de pequeños porque fueron bien consolidadas. Entonces, de esta manera, se empiezan a asociar las palabras con el orden de las casas, por ejemplo. Vamos a ilustrar esta estrategia con un ejemplo sencillo: "recuerdo que la casa donde viví de pequeño era la séptima de la cuadra, así que empiezo a asociar las palabras desde la primera casa hasta que se terminan, es decir, en la primera casa de la esquina que es de Don Leandro, me imagino a Leandro con unos enormes **lentes** negros. En la segunda cuyo propietario era "Don Chilo, me imagino a este señor barriendo con una **escoba** grande y roja la banqueta de su casa. En la tercera que pertenece a Imelda, me imagino la casa cerrada con un gran **candado** gris brillante que sujeta una cadena; en la siguiente casa donde vivía Iván, hay una enorme **luna** con cráteres que descendió del cielo y por tanto brilla mucho, cubriendo la superficie de la parte de enfrente del solar. En la quinta casa que está sola pues nadie nunca vivió ahí de manera establecida, hay una **escalera** recargada en la pared para reparar el techo. En la sexta casa de Berna hay un enorme molcajete de **salsa picante** justo en la banqueta enfrente de su casa, que por algún motivo alguien dejó allí. En la séptima casa en la cual vivimos, hay un **árbol** grande que da sombra hasta media calle, y en la octava casa que es de "Juana", están **pintando** el portón de un azul metálico brillante. Solo basta con repetir unas pocas veces la secuencia asociativa de las cosas con sus agregados detalles que dan riqueza al recuerdo, para evocar en orden cada palabra recordando los objetos situados en cada sitio (Lipina y Sigman, 2011; Sigman, 2015).

De manera coloquial, el concepto **memorización** entre el magisterio ha sido utilizado como un término para referirse al hecho de retener objetos de significado por los alumnos repitiendo acciones para lograrlo, por ejemplo, iterando la pronunciación de una palabra con su definición, una lista de cosas, las tablas de multiplicar, el dictado con las observaciones que dejó el profesor de tarea e incluso otros datos precisos que pueden venir en los exámenes. Esta "memorización mecánica" ha sido despreciada por los modelos educativos recientes, evidenciando un carente conocimiento del sistema mnémico humano para retener información, ¿qué quiere decir esto?, que la retención mnémica con iteración es propicia para la memoria ya que se recuerda mejor aquella información a la cual se está más expuesto cotidianamente. ¿Por qué mejor no optar por otro medio y seguir despreciando la memorización mecánica?, porque el cerebro razona con base en lo que sabe, y lo que sabe son sus recuerdos del mundo, por tanto, entre mayor materia para el razonamiento halla, más contenido se tendrá a la mano para enfrentar temas reflexivos sobre lo que se sabe en clase. Entonces, ¿esto quiere decir que debemos memorizarlo todo de forma mecánica?; no, solamente aquel tipo de información vital y esencial que se precisa retener con una especificidad puntual (Damasio, 2006; LeDoux, 2012; Poo et al. 2016; Ripoli, 2017; Miyashita, Kikuchi, Horiuchi y Saitoe, 2018; Ozawa y Johansen, 2018).

La **asociación emocional intencional** es otra técnica para memorizar, y se refiere al acto de vincular valores morales y emociones pico a objetos y cosas del mundo que no tengan vida o sean abstractos. Es preciso acotar que esta estrategia se facilita para personas que sean muy sensibles a las emociones y tomen un papel no fingido para establecer las asociaciones, pero también posean un sentido consiente y reflexivo sobre la técnica; por ejemplo, el alumno que desee recordar los símbolos químicos de algunos elementos de la tabla periódica puede imaginarlos y asociarlos de la siguiente manera:" el Hierro -Fe- es el elemento que más gordo me cae, porque es fastidioso y lo odio". "El Cobre -Cu- es el que más envidioso de todos los elementos, y siempre quiere tener las propiedades de los demás, por esto me cae mal". "El Yodo -I- es el más sensible de todos, y es muy llorón, no aguanta nada, por todo se entristece y le tengo lastima". Para recordar un poco mejor las oraciones comentadas, se puede imaginar que se encuentra por la calle a los elementos químicos caminando, y de pronto se esconde del "Cobre" que lo mira con envidia porque no puede ser como usted. También imagine como tuvo una reunión ayer con el "Hierro" que hizo comentarios para nada agradables confirmando lo gordo que le cae. También pueden utilizarse asociaciones con emociones agradables para memorizar los objetos y sus cualidades, un caso puede ser los deportes preferidos por los estudiantes, de manera que continuando con nuestro ejemplo: "El Hierro -Fe- es fuerte como el futbol americano, y el Cobre -Cu- puede ser dúctil o flexible como la gimnasia artística". Estos son solo algunos ejemplos que el alumno puede emplear para mejorar y asociar emociones con los objetos de significado, aprovechando el mismo trayecto que utiliza el cerebro para memorizar. Como se ha comentado, el **egocentrismo** perceptivo en la adultez se ha considerado como un buen escenario para la interiorización del aprendizaje, ya que la estructura cognoscitiva de los conocimientos, actitudes y habilidades del "yo" se encuentran en engramas -redes neuronales que guardan los recuerdos- muy interconectados entre sí (McKay, Matthew-Oh y Disterhoft, 2013; Kim y Kaang, 2017; Kitamura et al., 2017; Rashid et al. 2018).

Otra técnica mnémica son las clásicas **siglas con sentido sintáctico,** y precisan tenerlo, pues depende de este sentido la esencia de la estrategia.

El clásico truco se utiliza a menudo para memorizar varias secuencias conceptuales puntuales difíciles de retener, por ejemplo, si se requiere aprenderse en orden las siguientes capas desde la piel hasta el cerebro: **epidermis, dermis, hipodermis, aponeurosis, periostio, hueso, duramadre, aracnoides y piamadre;** se puede utilizar la siguiente sigla: "EDHIAPHUDAPI" con su pronunciación: "ediapudapi". Si bien de pronto, la sigla parezca enorme y sin sentido, la iteración de las palabras con la asociación a la sigla bastarán para que el razonamiento haga su parte a partir de la pista mnémica; es decir, la técnica apoya la conexión de los engramas para encontrar lo estudiado. Se recomienda anotar a mano estas pistas en una libreta u hoja de estudio (Matlin, 2005; López, Jústiz, y Cuenca, 2013).

Otra estrategia que utilizan los estudiantes es la **historia inventada.** En ella se entrelazan los conceptos a aprender en el cuento, a fin de generar una historia divertida y/o apasionada para asociar objetos de significado. El detalle con esta técnica es que no prioriza en el establecimiento de un orden secuencial por un motivo mnémico fundamental: el cerebro tiende a guardar de primera mano la esencia del "cuento" más que su orden cronológico de los hechos, lo que impacta en el recuerdo de las cosas tales y como se formularon; es decir, el alumno recordará los conceptos con la historia, pero puede que olvide la secuencia jerárquica precisa de su orden de aparición. Claro que esto puede solucionarse con el repaso constante de la historia, aunque se precisará de un mayor tiempo (López et al. 2013; Brady et al. 2008; Rolls et al. 2010).

Otra técnica es **platicar** o **enseñar** lo aprendido. El que más aprende en clase es el profesor, ya que debe manejar la información para ser explicada a sus alumnos y comprender con un grado de profundidad los temas para enfrentar las dudas que se susciten. La referencia al expresar información comprende mecanismos que no se encuentran meramente presentes en la codificación o en la comprensión de un tema u objetos de significado. La explicación de un asunto aprendido si bien mejora la comprensión, también brinda una generación de repasos atentos sobre los datos para consolidarlos o fortalecerlos con el uso (Schacter, 2003; Gómez, 2007; Sigman, 2015).

Otra estrategia clásica es aprovechar las **bondades de los sentidos especiales** además de la vista, como lo son el tacto, la audición y el olfato. ¿Qué se puede hacer al respecto?, se puede escribir a mano lo aprendido para repasarlo después, grabarse en audio con el uso del smartphone o grabadora portátil y escuchar inmediatamente y después las propias grabaciones sobre el contenido a aprender. Además, se puede estudiar con una vela aromática, o con otro objeto con perfume, y llevar el perfume o la vela con aroma al lugar donde se pretende recordar lo aprendido. La información odorífica se asociará con las redes engrama del recuerdo facilitando más vías sensoriales especiales para su reminiscencia. Es evidente tomar en cuenta, que esta técnica funciona, siempre y cuando se le permita a la persona llevar objetos aromáticos al examen, por poner un ejemplo (Crossman y Neary, 2007; Álvarez et al. 2014; Alarcón et al. 2018).

Una recomendación básica para mejorar la consolidación y reminiscencia de la memoria es el reposo mental y el **dormir bien**. Desafortunadamente en la actualidad los jóvenes suelen desvelarse con sus dispositivos móviles o con otras distracciones digitales como la televisión o pasando el tiempo en la computadora, de tal forma, que tienen poco reposo mental durante todo el día, afectando a la atención, de manera que no hay un descanso como tal. Las desveladas afectan la consolidación y recuperación mnémica, además de generar un desajuste de los procesos de mantenimiento glial glía –células ayudantes esenciales de las neuronas– en su función reparadora del sistema nervioso central, que incluso puede provocar con el tiempo neoplasias o trastornos nerviosos, cuando es excesivo el hábito de trasnocharse y no descansar correctamente. Hoy en día existen muchos métodos, terapias y técnicas que pueden ayudar de manera significativa a reposar y conciliar el sueño en caso de que este sea el problema; si el problema radica en un repertorio de conductas inadecuadas, será necesario aprender nuevas comportamientos que beneficien el reposo (Baddeley, 2016; Bear et al. 2016; Braidot, 2016; Felten y O'Banion, 2017).

Otra técnica mnémica para recordar mejor es la elaboración de las clásicas **pistas sobre lo estudiado**. En la Escuela, a menudo se relaciona esta estrategia con la realización de "acordeones" o notas pequeñas con pistas que contienen las respuestas hipotetizadas sobre los exámenes. Esta técnica ha sido de manera contemporánea vetada y castigada, sin embargo, la evaluación educativa no tiene como fin la calificación conductual ni la aprobación del alumno, sino más bien que los estudiantes mejoren sus aprendizajes. Los "acordeones" permiten a los discentes recordar con facilidad lo estudiado con miras a consolidarlo a largo plazo, que es lo que se pretende. La **toma de notas** es una técnica clásica para memorizar no solamente durante un examen, también en otras circunstancias de la vida cotidiana. Esta estrategia es muy sólida cuando el apunte de las notas se revisa periódicamente. Los apuntes deben hacerse con letra clara y aunque solo ofrecen pistas para consolidar y evocar los enlaces a los engramas mnémicos, estas pistas deben ser colocadas de manera que no haya duda después sobre lo que se escribió (Howard-Jones, 2010; Lipina y Sigman, 2011; Garrido, 2014; Fuster, 2015).

Estudiar lo que le interesa es otra de las estrategias para memorizar, consolidar y evocar con significativa rapidez. Esto sucede porque disponemos de reflejos y emociones que nos permiten adaptarnos a entornos y situaciones benéficas y confortables para nosotros, y alejarnos de situaciones desagradables, de tal manera que cuando el estímulo percibido es preferido y causa una recompensa límbica conforme la experiencia del sujeto, las redes engrama se disparan con mayor rapidez. El mayor problema de esta estrategia acontece cuando no se tiene vocación o gusto por la carrera profesional que se lleva a cabo o el tema estudiado, provocando así un mayores problemas mnémicos respecto a la retención de conocimientos (Logatt y Castro, 2011; Manes y Niro, 2014; Cheikhi et al. 2018; Abdou et al. 2018).

¿Existe una mejor hora para memorizar?, autores, como Battro, Fischer y Léna (2008) y Sundem (2015) afirman que aproximadamente alrededor de las diez de la mañana el cerebro se encuentra en su mejor punto de descanso -a menos que se haya desvelado- para enfrentar las labores cognitivas de mayor peso y complejidad. Con el paso de las horas hacia la tarde, la memoria de trabajo va prescindiendo de un eficaz desempeño de los recursos atencionales dependiendo de cuánto esfuerzo cognitivo se realice durante el día; es por esto que en circunstancias diarias de alta demanda cognitiva, se evidencia un mayor agotamiento mental cuanto más está avanzado el día. Por estos motivos, las asignaturas más difíciles en la escuela o los temas más complejos en las materias deben verse con los alumnos alrededor de las diez de la mañana todos los días; sin embargo, esta recomendación puede presentar dificultades cuando existen turnos diferentes a los diurnos, por ejemplo, en educación secundaria, media superior o superior; en este sentido, la sugerencia puede adaptarse reservando los temas más complicados para los minutos iniciales y no para los finales de una sesión de enseñanza-aprendizaje.

Ser mayor que las distracciones es un principio básico para memorizar de manera adecuada, pero también es un reto significativo. La incapacidad para discriminar deseos e impulsos por distraerse divide la atención afectando la codificación mnémica. Se debe estar consciente que sin atención no hay memoria, por tanto, debemos hacer el esfuerzo para darnos el tiempo de prestar mayor atención para memorizar. Por otra parte, la **relajación** ha sido utilizada como una técnica base para el aprovechamiento de codificación de la memoria. Los métodos para relajación previos al estudio favorecen la mejora de la capacidad para el control de estrés y tensión que, si bien no afectan directamente la memoria, la dificultan de manera significativa (Montealegre, 2003; Schacter, Gilbert, Wegner y Nock, 2015; Braidot, 2016).

Otra herramienta para favorecer la memoria es el **material didáctico** en tu salón de clase, lugar de trabajo y hogar, por lo que es recomendable poseer materiales colocados para interactuar con ellos que estén a la vista en los lugares donde se suele estar durante el día. La iteración de la exposición forzada a la información que se pretende consolidar es una excelente herramienta para memorizar y recordar lo aprendido. Por otro lado, el **uso de rimas**, también se ha propuesto como una estrategia mnémica para potenciar la asociación lingüística y visual abstracta. La conformación de secuencias de significado y sonoras permite que la realización de rimas propicie una mejor retención de contenidos a base de pistas que puede después el razonamiento desglosar y trabajar (López et al. 2013; Manes y Niro, 2014).

Otra de las estrategias para memorizar es el aprovechamiento de las bondades de los efectos mnémicos de la **primacía** y el **efecto reciente**. El efecto primacía se refiere a la tendencia de recordar mejor los primeros elementos de una lista o secuencia, y el factor reciente a rememorar los elementos finales. Se ha sugerido, que el efecto de primacía se puede deber a que los primeros elementos de información a recordar son mejor codificados bajo la suposición de una memoria de trabajo descansada y vacía. Por otro lado, se cree que el efecto reciente se debe a que la información final de la lista aún se encuentra en la memoria de trabajo cuando se empieza la tarea para recordarla, por lo cual se vuelve más fácil tenerla en mente. El aprovechar los efectos primacía y reciente brindan beneficios cuando se colocan los elementos más importantes que se deseen recordar al principio y al final de la lista o secuencia (Schacter, 2003; Montealegre, 2003; Damasio, 2010; Campos, 2010)

La reflexión sobre lo que se lee y aprende a través de la elaboración de **preguntas** es una buena y clásica estrategia para memorizar. La realización de cuestiones tales como: ¿cuál es el significado de lo que acabo de leer?, ¿por qué es importante?, ¿cuál puede ser un ejemplo de determinado concepto que acabo de aprender?, permiten una atención sostenida con procesamiento de raciocinio reflexivo sobre el tema, no obstante, la técnica de preguntas por lo general aporta la consolidación de datos semantizados con mayor facilidad que los episódicos. En el contexto de la reminiscencia mnémica de la generación de preguntas, existe una estrategia elaborada para memorizar conocida como el **método PQ4R** que significa: "revisión previa, preguntar, leer, reflexionar, recitar y revisar", lo que engloba algunas de las estrategias ya anteriormente vistas. Sin embargo, este método precisa de disciplina y constancia para completarlo. La etapa de la revisión previa comprende la investigación somera y anticipada sobre los objetos de conocimiento a comprender, para dar paso a la elaboración de preguntas.

En la etapa de la lectura se seleccionan las ideas principales y se realizan subrayados del texto -en caso de serlo- e incluso pueden elaborarse resúmenes. La reflexión implica la realización de una comparación por medio de la elaboración de ejemplos e incluso de mapas conceptuales o mentales, para pasar a la recitación, donde se intenta recordar la información aprendida, intentando dar respuesta a las nuevas interrogantes que puedan surgir con la segunda. Por último se implementa la revisión, mediante la realización de un recuento de lo más relevante desde el principio (López et al. 2013; Howard-Jones, 2014; Calixto, 2017; Quian, 2018).

Conclusiones

En virtud de lo expuesto podemos determinar que la memorización de información es un proceso fundamental en toda situación de enseñanza-aprendizaje en la Escuela, por lo que los actores involucrados deben procurar las mejores condiciones para su ocurrencia, en este sentido las condiciones previas al estudio de temas como el descanso físico, las actitudes y emociones de los alumnos son variables que pueden eficientar o dificultar el guardado de información, así como las estrategias de enseñanza que ocupen los docentes, sin embargo, el tener las mejores condiciones no solo involucran a profesores y alumnos, también depende de los gestores y administradores de la educación, las autoridades, y en el caso de los niveles educativos básicos, los padres de familia.

Es necesario que los investigadores en el campo de la educación continúen desarrollando estrategias a la par de los neurólogos y psicólogos para extender lazos colaborativos con el fin de desentrañar aspectos que posibiliten una mejor comprensión del sistema mnémico humano. El vasto y empecinado interés de los educadores en estudiar el cerebro, posee una premisa etiológica lacónica pero fundamental: "absolutamente todo el proceso de aprendizaje se da en el cerebro".

El emprendimiento en la universidad desde la perspectiva de los docentes

Anabell Echavarría Sánchez
Guadalupe Agustín González García
Abigail Hernández Rodríguez
José Guadalupe De la Cruz Borrego

Introducción

Dada la necesidad de encontrar opciones de empleo para los jóvenes universitarios, las instituciones de educación superior se han dado a la tarea de buscar alternativas dentro del mercado de trabajo. Estas últimas apuntan hacia la orientación al emprendimiento de los estudiantes. La Universidad Autónoma de Tamaulipas y específicamente la Facultad de Comercio y Administración Victoria (FCAV), han venido realizando esfuerzos a través del tiempo en su labor de impulsar el potencial de emprendimiento de los estudiantes. Por lo anterior, en este documento el tema propuesto se desarrolla de la siguiente manera: a) se elabora un marco teórico en donde se presentan los fundamentos del emprendimiento, en él, se destacan aspectos tales como el papel del emprendedor como impulsor del crecimiento, entre otros; b) se presenta el método de investigación, que es cualitativo y cuyo instrumento son entrevistas semiestructuradas dirigidas a los docentes; c) Se exhibe la historia del emprendimiento en la FCAV, con énfasis en las dos últimas décadas, secciones que fueron elaboradas con los resultado de la pesquisa llevada a cabo a través de la aplicación de entrevistas a los docentes, por lo que esta sección presenta la perspectiva de los docentes entrevistados; d) Se plantean los resultados y discusión también con la apreciación de los docentes de la FCAV y finalmente; e) Se presentan las conclusiones.

En 1919, inicia operaciones en los Estados Unidos la organización no lucrativa Junior Achievement, dedicada a la generación del "Espíritu Emprendedor" en niños y jóvenes desde primaria hasta universidad. En México una filial de la misma organización introduce sus programas en 1974, mientras que en la Universidad Autónoma de Yucatán esto ocurre en 1997, Chaves, Cantón, Luit y García (2017). En 1997 se inicia la construcción del modelo de emprendedores de la Universidad Autónoma de Yucatán -UADY-, así como en diversas instituciones educativas y de gobierno en el estado de Yucatán (Chaves et al, 2017)

En México, cada dependencia de educación superior cuenta con un modelo con características propias, es en las dependencias orientadas a los negocios en donde se debe considerar la cultura emprendedora como parte de la formación de sus estudiantes. Tal es el caso de la Facultad de Comercio y Administración Victoria -FCAV-, que pertenece a la Universidad Autónoma de Tamaulipas -UAT-, y cuyo caso se expone en este documento.

Concepto de emprendimiento

El origen del concepto se encuentra en Richard Cantillón, lo concretó Jean-Baptiste Say y luego Stuart MIll detectó el valor diferencial de la actividad económica en la fuerza social de un individuo con una idea -que- vale por noventa y nueve con un solo interés (Mill 1848, en Nuñez y Nuñez, 2016). Nuñez y Nuñez (2016) señalaron que los primeros en poner el acento del crecimiento en la actuación del empresario fueron Schumpeter (1912 y 1943) y Knight (1921). Por su parte, Kirzner (1979 y 1997) explicó el emprendimiento como el proceso en el que el emprendedor aprovecha una oportunidad de beneficio no descubierta.

Además, estos autores (Nuñez y Nuñez, 2016), comentan que Shumpeter en sus obras de la Teoría del Desarrollo Económico (1912) y Capitalismo, Socialismo y Democracia (1943), fue el primero en ponderar el papel del emprendedor como impulsor del crecimiento. Emprendedor no es solo el individuo que trabaja por cuenta propia. Shumpeter incluye también a quienes, trabajando en una empresa, realizan nuevas combinaciones innovadoras. Joseph Schumpeter, en 1942, considera la innovación como el establecimiento de una nueva función de producción, sugiere que invenciones e innovaciones son la clave del crecimiento económico y quienes implementan ese cambio de manera práctica son los emprendedores (Chaves et al, 2017).

El eje central del panorama Shumpeteriano alude a la figura del empresario emprendedor distinguido por ostentar capacidades innatas para asumir riesgos, aprovechar contextos ignorados por otros, introducir nueva tecnología y crear oportunidades para la innovación (Landreth y Colander, 2006, en Canales, Román y Aldana, 2017). Knight (1921, en Nuñez y Nuñez, 2016), añade que el riesgo es una característica típica de la actividad empresarial, que usado con imaginación puede aprovechar la situación de incertidumbre para sacar partido de nuevas oportunidades de negocio.

Para Evans (1949), un emprendedor es aquel que organiza, administra y controla activamente los asuntos de las unidades que combinan los factores de producción para la oferta de bienes y servicios. Evans (1949), distinguía tres tipos de emprendedores: los que llevan la administración, quienes combinan los medios de producción con nuevas formas, esto es, los innovadores, el emprendedor dinámico, y; el que controla activa o directamente.

Un emprendedor es el sujeto que posee la facultad para incidir sobre la conformación de los procesos denominados *destrucción creativa* y ciclo de negocios, ambos indispensables en la dinámica y evolución de las sociedades (Yoguel, Barletta y Pereira, 2013, en Canales et al, 2017).

De acuerdo con Evans (1949), el crecimiento o desarrollo de la economía está relacionado a las actividades del emprendedor innovador. Él es el que introduce nuevas formas de hacer las cosas que ya se hacían, así como las nuevas. El emprendedor innovador opera en medio de la novedad: el crecimiento en el tamaño del negocio, la producción de nuevos bienes y servicios, etc.

Evans (1949) apuntaba que, los emprendedores operan como organizadores de nuevas corporaciones llevando sus actividades con un ritmo cíclico paralelo al ciclo de negocios. Además, señalaba que las fuerzas de motivación de los emprendedores son: la seguridad para el emprendedor administrador; la aventura para el innovador, y; el poder para el controlador. Los emprendedores de los tipos innovador y controlador son difíciles de estudiar, debido que ambos tienen un amplio rango en sus operaciones y la unicidad de muchas de sus decisiones.

El emprendedor administrador, trata de conservar las ganancias alcanzadas por otros, sin embargo, podría esperarse que actúe de manera más predecible, Evans (1949).

Hirsrich et al, (2013 en Canales et al, 2017), señalan que el emprendimiento configura un proceso creativo que implica riesgos financieros, físicos y sociales. La motivación hacia la actividad emprendedora radica en obtener recompensas monetarias, satisfacción personal e independencia económica. Lograr estos resultados requiere ostentar tres tipos de habilidades: técnicas, manejo de negocios y personales.

Las técnicas se refieren a las habilidades de comunicación oral y escrita, así como a la destreza para organizar recursos, construir redes personales y monitorear los sucesos del medio ambiente con el fin de detectar oportunidades de empresa. Las capacidades para el manejo de negocios describen la planeación, el alcance de las metas propuestas, así como la práctica para negociar y solucionar conflictos. Las habilidades personales subrayan la disciplina, la no aversión al riesgo, la perseverancia y la capacidad de liderazgo.

Shapero (1984, en Canales et al, 2017), segmenta el emprendimiento en tres fases: a) desplazamiento, que contempla eventos positivos -deseo de realización, logro de objetivos personales y profesionales) y eventos negativos (desempleo, frustración, necesidad de sobrevivir-, que inciden sobre las personas hacia el emprendimiento; b) deseo de percepción, estímulo a las habilidades empresariales que convierten a los sujetos en emprendedores potenciales, y; 3) acción o percepción de factibilidad, se caracteriza por la audacia del emprendedor para obtener los recursos necesarios enfocados al nacimiento de su empresa.

De acuerdo con Nuñez y Nuñez (2016), fue Kirzner (1979) quien estudió el papel del emprendedor en el crecimiento, al presentarlo como un individuo con competencias específicas, como la habilidad de manejarse en la situación de incertidumbre y la capacidad para abordarla. Lo definió como el individuo que es capaz de estar alerta para ver esa oportunidad de beneficio no descubierta hasta ahora. Un emprendedor es alguien que se da cuenta de algo antes que nadie en un ambiente de incertidumbre y desequilibrio.

Método

En este documento se presentan los resultados de la investigación realizada en el semestre agosto - diciembre de 2018, en la FCAV cuando se llevaron a cabo entrevistas a los docentes por parte de los alumnos de la cátedra de Microeconomía, a quienes se les agradece su participación y apoyo. En la clase de Microeconomía, se organizaron siete equipos de trabajo de alumnos, con cinco integrantes cada uno. A cada uno de los equipos se les pidió que entrevistaran, de manera aleatoria, a uno de los docentes de la Facultad.

Como resultado, este estudio presenta la apreciación de siete docentes de la Facultad. Participaron tres docentes de la carrera de Licenciado en Contaduría Pública, dos docentes de la carrera de Licenciado en

Tecnologías de la Información y dos docentes de la carrera de Licenciado en Administración.

El enfoque de este estudio es de tipo cualitativo, el cual se combina con la investigación documental. El instrumento de investigación para la elaboración de este documento fue la entrevista. Las entrevistas realizadas por los alumnos fueron semi estructuradas.

Justificación

Hacia fines del Siglo XX, el crecimiento económico y el empleo, estuvieron asociados a la gran empresa, las cuales constituían el trabajo ideal para los egresados de las universidades, Sin embargo, a partir de la década de los 80´s del siglo pasado, la generación de los nuevos empleos se empezaba a concentrar en la empresas nuevas y pequeñas (Alemany *et al*, 2011).

En la actualidad se manifiesta un renovado interés por el estudio del emprendimiento; enmarcado como vía para subsanar las ineficiencias presentadas en el mercado de trabajo, delimitadas por la exigua oferta de puestos laborales y la elevada demanda de fuentes de empleo (Abdala 2004, en Canales *et al*, 2017). En virtud de las consideraciones observadas, surgen las preguntas de investigación planteadas en este estudio:

Pregunta general: ¿cuál es la apreciación de los docentes de la Facultad respecto a la orientación al emprendimiento?

Preguntas específicas: ¿cómo ha evolucionado el potencial de emprendimiento en la Facultad a través del tiempo?, y ¿cuáles son las estrategias seguidas por la Facultad para impulsar el emprendimiento?

Objetivo general: identificar el punto de vista de los docentes respecto a la orientación al emprendimiento dirigido a los estudiantes en la Facultad.

Objetivos específicos: analizar la evolución del emprendimiento a través del tiempo en la Facultad, y conocer cuáles son las estrategias seguidas por la Facultad para impulsar el emprendimiento.

Historia del emprendimiento en la FCAV

En los años ochenta, dos décadas antes de terminar el siglo XX, se daba la instrucción académica según la carrera, pero los egresados llegaban a formar parte de una cifra más de las estadísticas laborales de la localidad. No existían mecanismos para hacer que al alumno se le despertara el interés y la curiosidad de emprender su propio negocio, a pesar de ser una escuela de negocios. En la década de los 90´s no existía orientación hacia el emprendimiento en la Facultad. Había inquietud por el emprendimiento, pero no de manera sistemática. El emprendimiento era arcaico y rudimentario, se necesitaba ser muy ingenioso para solucionar problemas, dada la falta de financiamiento. Eran pocas las personas que veían oportunidades de negocio o quien decidía emprender algo, decidía por algo que ya estaba establecido. Desde 2004, a nivel nacional se creó el fondo de apoyo a las micro, pequeñas y medianas empresas conocido como Fondo Pyme. Hacia fines del año de 2012, se creó el Instituto Nacional del Emprendedor como un órgano administrativo desconcentrado de la Secretaría de Economía, encargado de fomentar e impulsar la cultura emprendedora. A partir de ese año, se hizo énfasis en la necesidad de que la población pudiera poner su propio negocio. Después surgió la idea de incluir a las instituciones formadoras, con materias sobre emprendedores.

El emprendimiento en la UAT

Para la Universidad Autónoma de Tamaulipas, un emprendedor es aquél individuo que es capaz de llevar adelante un proyecto que es rechazado por la mayoría. Interpreta las características reales del entorno a pesar de que no se den acordes a su competencia. Lucha ante el inconveniente que se le atraviesa a su estrategia y no le teme al fracaso. Además, es capaz de crear un grupo con motivación que le da la estructura requerida. Los docentes entrevistados de la Facultad están de acuerdo en que hace tres o cuatro décadas no había, en la Facultad de Comercio y Administración Victoria, especialización hacia el emprendimiento, no había materias de emprendimiento en los programas de estudio, ni materias enfocadas a la innovación. Sólo existía y existe en la actualidad una materia llamada "Evaluación de proyectos de inversión". Respecto a los apoyos financieros, sí existían, sólo que no eran tan constantes como ahora (CienciaUAT, 2006).

Cultura emprendedora

A través del tiempo, la FCAV ha venido propiciando el desarrollo de una cultura emprendedora, debido a que las posibilidades de empleo de los estudiantes han venido decreciendo. Con lo anterior, se pretende motivar a los estudiantes a crear empleos y propiciar el desarrollo económico de la región. Emprender es la habilidad con que cuentan las personas que son capaces de proyectar ideas innovadoras y hacerlas posibles con sus actos, la cultura emprendedora está ligada con la innovación, por lo que conlleva a crear o transformar un producto o servicio en algo más atractivo y con mayores ventajas de competitividad, aunque también la cultura emprendedora no sólo se basa en el crear e innovar, sino también en planificar y gestionar proyectos con el fin de alcanzar objetivos (Hernández y Arano, 2015).

Por su parte, el espíritu emprendedor significa hacer referencia a dos tipos de capacidades, unas genéricas y válidas para todo el conjunto de la sociedad o del colectivo estudiantil, en nuestro caso y otras más específicas, vinculadas al desarrollo profesional como empresario o empresaria y que se apoyan en las primeras (Alemany y Álvarez, 2011, en Hernández y Arano, 2015).

¿Qué ha pasado en la FCAV en las últimas dos décadas?

Distintas dependencias de la UAT están a favor del emprendimiento, porque incluyen en su currículo, materias afines, talleres y certámenes para evaluar el aspecto del emprendimiento y de alguna manera ayudar en el fondeo de recursos.

Hace dos décadas, iniciaron en la facultad actividades de creatividad, con las cuales se motivaba a los estudiantes a realizar actividades con ideas innovadoras. Hace unos veinte años aproximadamente inició el *"Concurso de Creatividad Académica de la Informática"*, con el modelo del constructivismo, en donde surgió el tema de emprendedores. En la opinión de los docentes, el emprendimiento y el liderazgo van de la mano.

A partir de 2005, en la Facultad se han venido realizando concursos de emprendedores. El concurso anual de emprendedores inició para la carrera de LA, después se amplió para la carrera de CP y finalmente para la carrera de LI.

Formalización del área de emprendedores

Los programas de emprendimiento dieron inicio en la Facultad hace 20 años, hoy en día, en todos los programas de estudio de la Facultad hay materias para los emprendedores. En la Carrera de Licenciado en Tecnologías de la Información se ofrece la materia de Emprendedores en el octavo semestre. El alumno, con sus materias va conociendo lo que puede hacer desde el punto de vista administrativo, de contabilidad, de finanzas, además, los talleres extracurriculares le ayudan a formar la idea del emprendimiento. La Dependencia, proporciona al alumno los conocimientos, las herramientas, los fundamentos, los cuales deben compensarse con las ideas innatas del alumno. Desde 2005 se cuenta con un programa establecido de emprendedores en la Facultad.

Club y Taller de emprendedores

Actualmente, la Facultad se dio a la tarea de formar un Club de Emprendedores, en el cual los alumnos se ven favorecidos con actividades tales como: el poder participar en el Taller de Emprendedores; así como, asistir a cursos, conferencias y/o congresos. Además, la Dependencia promueve la actividad emprendedora entre los estudiantes, vía puesta de un mercado, para que los alumnos expongan sus productos a la venta. La periodicidad del mercado es semestral.

Resultados y Discusión

Para la UAT, los emprendedores por lo general buscan oportunidades, son creativos e innovadores, valoran la eficiencia y la calidad, confían en sí mismos y les motivan los propios logros. Suelen ser organizados y planificadores, valientes, calculan riesgos y son sobre todo persistentes y resistentes al fracaso (CienciaUAT, 2006).

Concepto de emprendedor para los docentes de la Facultad

Los docentes entrevistados de la FCAV están de acuerdo en que un emprendedor es una persona que se arriesga, persigue sus sueños y un estatus de vida mejor, de alguna forma rompe con los esquemas tradicionales y trata de generar algo más para su país, más empleo, más producción, algo distinto a lo que se hace normalmente. Emprendedor es el que lleva a cabo una idea, un sueño, lo gestiona, lo consolida y a mediano y largo plazo puede contribuir a la producción nacional y mejorar su nivel de vida. Es alguien que asume riesgos importantes aún con escases de recursos en un mercado limitado. Es alguien que tiene la iniciativa de realizar algo y que ese algo lleva una recompensa al final. Es una persona innovadora y dinámica que desea establecer nuevas sinergias del concepto emprendedor. Emprendedor es el que inicia un sueño en forma de negocio. Emprender es tener la visión de ver la oportunidad de una nueva actividad y tener la capacidad de realizarla. Emprendedor es aquella persona que desarrolla sus proyectos con base a su capacidad e inteligencia.

Actividades de emprendimiento

Existe un programa de emprendedores en la Universidad y existe un programa formal en la Facultad. Para la UAT, es indispensable impulsar iniciativas que permitan cambiar la mentalidad del alumno y migrar de una concepción tradicional del empleo hacia una transformación radical en la perspectiva laboral orientada a la creación de empresas (CienciaUAT, 2006). Todos los programas de estudios de la Dependencia contienen la materia de emprendedores.

Hoy en día la Dependencia celebra competencias de emprendedores una vez al año. Los alumnos que resultan ganadores pasan a certámenes regionales y nacionales. Los alumnos de la Facultad, con sus ideas y su participación, ya obtuvieron el tercer lugar a nivel nacional. Sin embargo, hay instituciones que nos llevan una ventaja significativa en este tema, por ejemplo, el Instituto Tecnológico y de Estudios Superiores de Monterrey, la Universidad de Nuevo León y la Universidad de Yucatán, por mencionar algunas.

La Facultad lleva a cabo ferias de emprendedores, donde los alumnos presentan sus proyectos, ha habido proyectos de informática que han sido incubados por alguno de los jueces, dueños de empresas locales que convirtieron los proyectos de los alumnos en empresas locales. Una de las empresas formadas fue a concursar a Silicon Valley y regresó con logros satisfactorios. Actualmente, la dependencia combina las actividades de emprendimiento como las que se desarrollan en el Taller de Emprendedores, con conferencias, cursos o pláticas sobre el tema, en donde participan los alumnos de todas las carreras. El Taller de Emprendedores sirve como un primer contacto del alumno con el emprendimiento y en él se le instruye al alumno desde cómo desarrollar o plasmar su idea de negocio. En el año de 2017 participaron 60 alumnos en el Taller y/o Club de emprendedores, en el 2018 ya fueron poco más de 150 los alumnos participantes.

Todas las carreras de la Facultad llevan las materias de Emprendedores y Plan de Negocios. Las asignaturas que le ayudarán al alumno a formar sus habilidades de negocio y que tienen que ver con el emprendimiento y el desarrollo de proyectos son: mercadotecnia, recursos humanos, finanzas, costos, presupuestos, evaluación de proyectos, entre otras. En la materia de evaluación de proyectos de inversión se realizan cuatro tipos de estudios: el primero es el de mercado, donde se analiza la aceptación de producto en una región o segmento específico, se acota o limita a quién va dirigido el producto, se ve si es factible, si existen las condiciones, el tiempo, el precio, si hay oferta, si hay demanda. El estudio brindará pauta sobre su aceptación, si hay mercado, si hay demanda insatisfecha. Si el negocio se va a poner en un cierto lugar, si éste va a ser fijo o móvil, habrá requisitos qué atender. Después viene el estudio económico y financiero, que definirá cuál será el monto original de la inversión, en cuánto tiempo se va a recuperar la inversión, qué tasa de rendimiento va a generar, si se va a necesitar financiamiento o no.

Conclusiones

En esta investigación hemos tenido la oportunidad de conocer el punto de vista de los docentes respecto a la orientación al emprendimiento dirigido a los estudiantes en la Facultad de Comercio y Administración Victoria. La apreciación de los docentes respecto al concepto de emprendimiento se perfila acorde con el marco teórico planteado en este documento.

De acuerdo con la opinión de los docentes de la FCAV, el impulso al emprendimiento por parte de los estudiantes se dio a partir del año 2005, las actividades relacionadas con el desarrollo del potencial de emprendimiento de los alumnos han tenido que ver con el fortalecimiento de sus habilidades. Una de las estrategias de la FCAV para orientar a los estudiantes hacia la actividad emprendedora incluye el programa de emprendedores que se desarrolla de manera optativa para los estudiantes interesados de cada uno de los programas de estudios ofrecidos en la Facultad. Otra de las estrategias la constituyen las disciplinas interrelacionadas que ofrece la FCAV dentro de cada programa de estudios y que fortalecen el proceso de enseñanza aprendizaje. Los eventos de soporte y difusión tales como los foros, las ferias y los congresos, se cuentan como estrategias adicionales, así como los servicios de apoyo en los que se concentran los cursos y las asesorías.

Las estrategias y actividades realizadas en la FCAV en virtud del emprendimiento permiten fomentar la cultura emprendedora entre los estudiantes universitarios, así como el desarrollo de competencias requeridas por los estudiantes para desempeñarse como emprendedores. El impulso de la actividad emprendedora por parte de la FCAV nos lleva primero, a la formación de jóvenes emprendedores, los cuales posteriormente conseguirán realizar cambios en la actividad económica de nuestra ciudad, de nuestra región y de nuestro país.

Percepciones sobre la calidad de los servicios educativos

Beatris Báez Hernández
Natsumi del Rocío Noriega Naranjo

Introducción

Las características políticas, económicas y sociales actuales demandan mayores exigencias de aquellos especialistas que diseñan y planifican las actividades de formación educativa. Por este motivo, en los últimos años ha cobrado relevancia que las Instituciones de Educación Superior se sometan a evaluaciones por parte de organismos externos para validar la pertinencia y calidad de los programas que ofertan, dichas evaluaciones –acreditaciones o certificaciones–, sin duda constituyen un importante referente del estado que guardan los servicios educativos que se brindan a los estudiantes (Reyes y Reyes, 2012).

La Universidad Autónoma de Tamaulipas es una universidad pública estatal que imparte educación para formar técnicos, artistas y profesionales útiles a la sociedad; organizar y realizar investigación científica para solucionar los problemas del entorno; preservar y difundir la cultura, las ciencias y las manifestaciones artísticas y orientar íntegramente las funciones universitarias para forjar una sociedad con conciencia humanista, esfuerzo solidario, sentido de pertenencia e identidad nacional, tal como se encuentra señalado en la misión institucional. De tal forma que la institución ha marcado directrices en torno al cumplimiento de indicadores académicos y a la evaluación como elemento importante de la dinámica institucional.

En el Plan de Desarrollo Institucional de la Universidad Autónoma de Tamaulipas -PDI UAT 2018-2021- se retoma el interés por el tema educativo a través de sus ejes de acción específicamente el objetivo estratégico 5.3, consolidar la oferta educativa de pregrado dictaminada favorablemente por su calidad y el objetivo estratégico 5.4, que señala como prioritario fortalecer la formación de profesionales competitivos en el ámbito nacional e internacional lo que muestra una preocupación genuina por la calidad de los programas educativos no sólo en el contexto nacional sino internacional.

De igual forma se señala que se continuará con los procesos de evaluación y acreditación de los programas educativos por los organismos externos, buscando alcanzar el 95% de programas educativos de buena calidad. Además de que se instrumentará un mecanismo de seguimiento de las observaciones que permita mantener las acreditaciones y el nivel de calidad.

La Unidad Académica Multidisciplinaria de Ciencias, Educación y Humanidades -UAMCEH -siguiendo las políticas institucionales ha realizado importantes esfuerzos para estar acorde a los requerimientos actuales. Ejemplo de ello, en 2011, cuatro de sus Programas Educativos: Licenciatura en Ciencias de la Educación con opción en Ciencias Sociales, Licenciatura en Ciencias de la Educación con opción en Administración y Planeación Educativa, Licenciatura en Ciencias de la Educación con opción en Químico Biológicas y Licenciatura en Ciencias de la Educación con opción en Tecnología Educativa, lograron la acreditación por parte de los Comités para la evaluación de los programas de Pedagogía y Educación -CEPPE-, y en 2014 se encaminaron esfuerzos para la integración de los autoestudios para acreditar por los Comités Interinstitucionales para la Evaluación de Educación Superior -CIEES- el programa educativo de Licenciado en Lingüística Aplicada, así como el de la Licenciatura en Sociología, sometiéndolos a evaluación en 2015 y logrando resultados satisfactorios que le otorgaron el nivel 1 -nivel óptimo otorgado a los programas que se consideran de buena calidad- en cada uno de ellos. Además, el Programa Educativo de Licenciado en Lingüística Aplicada fue sometido en 2019 a evaluación nuevamente por parte de la Asociación para la Acreditación y Certificación en Ciencias Sociales A.C. -ACCECISO-, obteniendo de igual forma resultado favorable corroborando y asegurando su calidad.

En este sentido se entiende que la función de los organismos evaluadores externos resulta valiosa en virtud que de ahí se reciben el conjunto de recomendaciones puntuales para el mejoramiento de los programas educativos y que a través de los informes de evaluación los directivos reciben retroalimentación en torno a los programas, funciones, servicios y proyectos académicos que se imparten en sus instituciones educativas. También es importante recalcar que la Unidad Académica de 2007 a la fecha ha certificado sus actividades y procesos bajo la Norma ISO 9001:2008 y posteriormente bajo la Norma ISO 9001:2015, lo que de alguna forma permite constatar el interés que se tiene por la calidad de los servicios que se brindan en la institución educativa.

Impartir educación para formar técnicos, artistas y profesionales útiles a la sociedad; organizar y realizar investigación científica para solucionar los problemas del entorno; preservar y difundir la cultura, las ciencias y las manifestaciones artísticas y orientar íntegramente las funciones universitarias para forjar una sociedad con conciencia humanista, esfuerzo solidario, sentido de pertenencia e identidad nacional, tal como se encuentra señalado en la misión institucional, constituye la misión principal y razón de ser de la Universidad Autónoma de Tamaulipas; a su vez la visión para 2021 contempla que la Universidad será una universidad incluyente, equitativa y socialmente responsable, protagonista con el desarrollo socioeconómico y ambiental del estado, dirigida hacia la internacionalización, comprometida con sus trabajadores y el futuro profesional de sus estudiantes en condiciones de igualdad, que genere y transfiera conocimiento innovador, la cultura, técnicas y tecnologías útiles a la sociedad bajo un enfoque de sustentabilidad.

Por lo anterior se infiere que la institución será sensible a los cambios del entorno, además que tiene una perspectiva internacional y promueve la sociedad del conocimiento y centrará su atención en un alto grado de pertinencia en sus programas y acciones porque prevé que existirá una mayor congruencia entre lo que hace la universidad y lo que la sociedad espera de ella. En este sentido, vuelve a figurar que la calidad de los programas ofertados es una de las preocupaciones centrales de la institución formativa. Además, posiciona a la Universidad Autónoma de Tamaulipas como una institución de larga tradición académica y con suficiencia para atender las demandas formativas del contexto, tal como se aprecia en documentos rectores. En ese tenor, resulta legítimo cuestionarse qué tan satisfechos se sienten los estudiantes con los servicios académicos y administrativos que reciben, tal como lo señala Hill et al, (1995 en Correa y Miranda, 2011), dado que otra manera de retroalimentar a las instituciones sobre la idoneidad de sus servicios es a través de las impresiones de sus principales clientes, los estudiantes, quienes reciben los procesos formativos y son la razón de ser de las instituciones educativas.

El estudiante, percibe la calidad del servicio educativo recibido en torno a las necesidades de su rol estudiantil y a la interacción con su entorno académico (Reyes y Reyes, 2012), en virtud de lo anterior resulta imprescindible cuestionarse ¿cómo consideran los estudiantes los servicios educativos que reciben?, ¿cuál es el grado de satisfacción respecto a los servicios que se les brindan?, ¿qué situaciones o factores determinan el apego de los estudiantes con la institución? Las preguntas planteadas resultan indispensables para conocer las percepciones que tienen los estudiantes sobre la calidad de los servicios educativos de la UAMCEH.

Para tal fin, se recurre primero a hacer una revisión de la literatura existente sobre el campo, a través del uso de base de datos como ElSEVIER y EBSCO y a la búsqueda de artículos en otras fuentes validadas, haciendo uso de combinaciones con palabras claves sobre el tema en cuestión, que permita ir clarificando sobre el particular. El propósito de la revisión es identificar los principales aportes teóricos y estudios realizados para conocer las percepciones de los estudiantes sobre la calidad de los servicios brindados, caracterizar el tipo de trabajos realizados y avanzar en el entendimiento de la problemática planteada.

Conceptualización del tema "La percepción de los estudiantes sobre la calidad del servicio educativo".

La calidad de la educación es definida por Cheng y Cheung (1997, en Muhammad, 2010) como un conjunto de elementos que involucran las acciones de entrada, proceso y salida de la actividad formativa-educativa. Es importante destacar que desde que el estudiante se inscribe a una institución educativa recibe servicios tanto educativos como administrativos y por tanto es necesario conocer su percepción sobre los mismos.

La calidad del servicio recibido se puede definir como un juicio global o actitud referida a la superioridad del servicio (Parasuraman et al, 1988; en Correa y Miranda, 2011). Por tanto, alude a los atributos de suficiencia y eficiencia con los que se realiza una actividad; si la actividad medular de las instituciones educativas es brindar educación con pertinencia a las necesidades del contexto, ello implica un estudio minucioso de la manera en que se realiza para valorarla. La calidad de la educación ha sido estudiada desde diferentes perspectivas, por ejemplo: Adams (1993, en Muhammad, 2010) ha considerado la reputación de la institución, los recursos con los que cuenta, los insumos para la realización de la actividad educativa, y los procesos realizados; A su vez Santos (2007, en Muhammad, 2010) se enfoca en los resultados de las pruebas realizadas, características del estudiante -situaciones personales, familiares- y, los maestros; lo anterior ilustra que los teóricos si bien presentan algunas similitudes también muestran divergencias en torno a un término por demás polisémico "calidad" y respecto a las dimensiones que incluye o debería considerar.

Temas relacionados que han sido estudiados

Entre las líneas exploradas en investigaciones revisadas se encuentran: los factores que determinan la concepción de calidad educativa que tienen los usuarios, los pensamientos, percepciones y opiniones de los docentes universitarios a propósito de la gestión de la calidad, la evaluación institucional, las dimensiones de la calidad en servicios y la satisfacción de los clientes en una IES -Institución de Educación Superior-, la calidad de la formación del profesorado en tres universidades públicas, la calidad de la Educación Superior, el análisis de las características del servicio prestado en un departamento universitario, el análisis de la calidad del ambiente escolar desde la percepción de diferentes actores y medición de la percepción de la calidad desde la perspectiva de los alumnos y PTC -Profesores de Tiempo completo-, entre otros (Kantorova, 2009).

Aspectos metodológicos para investigar el tema

Primero se afinó el tema considerando las interrogantes que fueron planteadas en un primer momento, con la intención de proceder a una revisión más focalizada, dando como resultado de la búsqueda, catorce fuentes, consideradas confiables para llevar a cabo la revisión de la literatura. La revisión de los estudios que se han realizado sobre la calidad de la educación ha permitido ir reconociendo el campo, a través de las visiones de cada uno de los autores que se han interesado en indagar percepciones de los principales informantes, que pueden aportar información valiosa para el mejoramiento de los servicios educativos brindados.

Dentro de la literatura revisada se encuentran: artículos teóricos, metodológicos y empíricos, cada uno de ellos ha sido significativo al momento de dimensionar el tipo de trabajo que se desea realizar, profundizar en la metodología y los tipos de diseño susceptibles de utilizar para conocer las percepciones de los estudiantes sobre los servicios educativos que reciben. Cabe destacar que dentro de los materiales seleccionados se presenta la siguiente clasificación: tres estudios mixtos; cinco estudios cuantitativos descriptivos; dos estudios empíricos; uno de corte metodológico; dos cuantitativo correlacional y una revisión de literatura, que se consideró incluir dado que es un material de referencia, respecto al tema de interés.

En cuanto a las percepciones de los actores, al momento de llevar a cabo el estudio se encontró que de las diez fuentes consultadas: seis son los trabajos que ubican dentro de su análisis la percepción del estudiante como principal y único informante para valorar la calidad de la educación y de los servicios recibidos; dos estudios centran la atención en recuperar las percepciones tanto de docentes como de alumnos, al incluirlos a ambos como clientes; y uno de los trabajos únicamente se centra en recoger la percepción de los docentes.

Mancebón *et al,* (2007) desarrolla un estudio mixto que permite valorar la calidad diferencial neta de distintas muestras de centros educativos públicos y privados, asociando la idea de calidad educativa a diferentes dimensiones del output escolar –resultados académicos principalmente, pero también tasas de abandono escolar, tasas de graduación o de continuación de los estudios, acceso a estudios superiores o incluso salarios obtenidos en el mercado de trabajo– lo que permite sistematizar la información para un análisis de la calidad percibida por los estudiantes en los centros públicos y privados de enseñanza secundaria. Es un estudio desde la perspectiva de la Economía de la Educación, donde 15,857 estudiantes de los centros públicos y privados de enseñanza secundaria participaron contestando un cuestionario que consta de 54 ítems organizados en bloques; al momento de analizarse arrojaron como resultados que la dimensión mejor valorada a nivel nacional es "Contenido y Cumplimiento de la Docencia" y la peor es "Metodología Docente".

En otro estudio, Oloskoaga *et al,* (2012), a través de su propuesta metodológica brindan una panorámica sobre cómo reunir y ordenar la evidencia empírica existente sobre las opiniones y actitudes de los académicos frente a la introducción, en sus instituciones, de la lógica, los principios y las herramientas de la gestión de la calidad. Carrión (1987) a su vez presenta una propuesta metodológica para evaluar las instituciones de educación superior partiendo de la clarificación de conceptos y de la interrelación de indicadores, además de dar pauta para instrumentos de medida para llevar a cabo la valoración.

De igual forma Chua (2004), clarifica el hecho de que los padres, los estudiantes, los profesores y los empleadores entienden el concepto de calidad en lo que respecta a la educación superior de diferentes maneras; por otro lado, Kantorova (2009), plantea que sobre percepción de la calidad aparecerán variantes que obedecerán a las características particulares del grupo encuestado, dependiendo del conjunto de creencias que posee el grupo de informantes sobre el tema investigado.

En su estudio, Ratoder, A. et al (2015) utilizaron un instrumento para examinar las percepciones que tienen 448 estudiantes encuestados acerca de la calidad de los servicios de una institución de Educación Superior Privada; consideraron nueve variables para determinar la percepción sobre calidad de los estudiantes -de la institución, del personal académico, del personal administrativo, de las instalaciones universitarias, de la infraestructura académica, de los servicios universitarios, de los programas de estudio, del desarrollo personal-.

Ellis y Ochieng (2016) se enfocaron en analizar la percepción de los estudiantes, egresados y empleadores sobre la calidad de la educación ofrecida en dos ingenierías. Elaboraron un cuestionario con preguntas enfocadas a cada grupo de análisis. En el caso de estudiantes y graduados elaboraron una escala para medir la percepción sobre el programa de estudio, los recursos a su disposición y el potencial de empleabilidad; para el caso de los empleadores el cuestionario se enfocó en su percepción sobre el desempeño de los egresados en el trabajo, así como comentarios y sugerencias sobre la evaluación de los graduados. En los resultados encontrados por el estudio, destacan diferentes percepciones sobre calidad entre los estudiantes y los egresados, mismos que los investigadores explican por una perspectiva más reflexiva por parte de los egresados, enriquecida por sus experiencias en el mercado laboral y conocimiento directo de las demandas de la industria.

Ginns *et al,* (2007), adaptaron el Cuestionario sobre Experiencias de Curso de Estudiantes -SCEQ Student Course Experience Questionnaire- donde a través de una escala los estudiantes describen su percepción sobre los docentes, sus clases y el personal de la escuela en dimensiones tales como la buena enseñanza, el establecimiento de metas y estándares claros, evaluación correcta, carga de trabajo apropiada, desarrollo de habilidades y satisfacción general sobre su carrera.

Rodríguez-Garcés *et al,* (2018) utilizaron los datos de la Primera Encuesta de Desarrollo Humano en Niños, Niñas y Adolescentes realizada en 2017 en Chile para analizar la percepción de los estudiantes del aula, escuela y familia a la que pertenecen, como nuevos indicadores de la calidad educativa. El cuestionario se aplicó a 3073 jóvenes entre 12 y 17 años como entrevista cara a cara asistida por computadora, con once dimensiones; de éstas, se analizaron para el estudio tres dimensiones: Percepción de la educación y satisfacción escolar, evaluación de la experiencia familiar y satisfacción con vínculos significativos.

En los catorce estudios consultados aparecen metodologías y diseños diversos resultantes también del tipo de estudio realizado, que son valiosos, aunque todavía insuficientes en el proceso de acercamiento al tema de interés aunque no por ello deja de ser útil en la medida que posibilitan contar con un marco de referencia. Eberle *et al,* (2009) han centrado su investigación en la identificación de los atributos y, por ende, de las dimensiones de la calidad relacionadas a los servicios prestados por considerar que pueden ayudar a la Institución a priorizar acciones, considerando la percepción de los alumnos. Al respecto con un diseño cualitativo y cuantitativo se han planteado como propósito identificar y evaluar la percepción de los clientes -alumnos- sobre los servicios prestados en una IES, a través de una encuesta estructurada, por el método *survey*, con una muestra de 521 alumnos, considerando un intervalo de confianza de 97% y un error máximo asociado de 3%, de forma estratificada, clasificándose la población en subconjuntos en relación con las áreas de conocimiento y a los respectivos cursos. En este trabajo se presentan seis dimensiones claramente identificadas de la calidad que pueden ser consideradas como un modelo de evaluación.

En el trabajo sobre evaluación de la calidad de la formación de docentes, desarrollado por Muhammad (2010), se plantea evaluar la calidad de la formación del profesorado en 3 universidades públicas, y se aplicó un instrumento a 350 estudiantes matriculados, que al ser analizados sugiere la revisión de planes de estudio, la actualización de los recursos académicos, uso de un enfoque centrado en el estudiante y el énfasis en la formación del profesorado para la mejora de la calidad.

Correa y Miranda (2011), a su vez señalan la ausencia de mecanismos externos de vigilancia y certificación y a través del instrumento utilizado logran analizar las características del servicio prestado en la secretaría de un departamento universitario. Se destaca que la investigación futura debería centrarse en depurar, analizar y validar las características psicométricas -validez y capacidad discriminativa- de la escala DUAQUAL y para ello destaca que sería conveniente implantarla en un mayor número de servicios e, incluso, en otras universidades.

En el trabajo de Reyes y Reyes (2012), sobre percepción de la calidad del servicio educativo universitario, realizaron la medición de la percepción de la calidad desde la perspectiva de los alumnos y profesores de tiempo completo; el propósito principal de esta investigación es analizar las dimensiones de la percepción de alumnos y profesores de la calidad del servicio educativo en la Universidad desde la perspectiva cualitativa. Es un trabajo muy completo que aporta un modelo en lo teórico al adaptar la escala *servqual* y *servqualing* a la medición de la percepción de la calidad del servicio educativo universitario. Por tanto, susceptible de ser implementado para el desarrollo de otros proyectos de investigación.

Cabe destacar que, de los catorce estudios analizados, se aprecia que se utilizan más diseños cuantitativos y se proponen instrumentos muy acordes a cada tipo de estudio, tal es el caso de Melchor y Bravo (2012) que propone el uso de SERVQUAL Y 5QS como modelos para medir la calidad de servicio brindado en las Instituciones Educativas y considera que a la vez constituye una manera de explorar los factores que más impactan en la satisfacción del estudiante. Necesario será indagar más sobre los marcos explicativos de cada modelo y los diferentes enfoques.

Reyes y Reyes (2012) y Melchor y Bravo (2012), proponen la utilización de Modelo de la escala *servqual* y *servqualing* a la medición de la percepción de la calidad del servicio educativo o del enfoque 5QS y constituyen un importante aporte para el tipo de trabajo que se puede realizar sobre este tema. Las poblaciones objeto de estudio han sido los estudiantes y grupos de profesores, dado que son los principales clientes y receptores del servicio que brindan las instituciones educativas, en cada estudio analizado las muestras han quedado claramente especificadas y determinadas bajo el método científico y de la estadística descriptiva, los trabajos muestran sustento metodológico, a la vez que proveen y explican el tipo de muestra seleccionada así como determinan el margen de error en cada una de ellas.

Los instrumentos propuestos generalmente vienen divididos en dimensiones o aspectos a considerar que permiten valorar la calidad de los servicios educativos recibidos, tal es el caso de Kantorova (2009), que plantea su instrumento con la siguiente distribución de ítems por dimensión: nueve ítems sobre la relación con la escuela y motivación para estudiar, once sobre calidad y competencias docentes, ocho sobre reglas y disciplina en el aula, ocho sobre cohesión social, trece sobre condiciones generales del aula. La distribución anterior es una buena propuesta que de alguna manera engloba los datos que interesa recuperar para su posterior análisis. De igual forma Melchor y Bravo (2012), consideran las dimensiones SERVQUAL y una adaptación de la propuesta del 2007 de Zineldin, para valorar la calidad de la educación con las siguientes distribuciones por dimensión: seis ítems sobre calidad del programa educativo, nueve ítems sobre calidad de los procesos, ocho ítems sobre calidad de la infraestructura, cuatro ítems para calidad de la interacción y de la comunicación y tres ítems para la calidad del ambiente. Lo anterior aporta la idea que, al indagar en las percepciones de los estudiantes, será propicia la adaptación del modelo que mejor corresponda a las interrogantes planteadas y las dos propuestas anteriores constituyen un buen ejemplo de ello. Las percepciones sobre la calidad de la educación en cada estudio presentaron resultados distintos, dado que las dimensiones o aspectos valorados no eran uniformes, lo anterior denota que, dependiendo del grupo de informantes considerados, las condiciones del contexto y del tipo de instrumento, serán las apreciaciones que se puedan obtener, y todas ellas constituyen un referente para futuros estudios e investigaciones. Al igual que cada investigación dejará tareas pendientes, vacíos y nuevas interrogantes, susceptibles de una profunda revisión y futuras investigaciones.

Consideraciones finales

La presente revisión de literatura sobre estudios relacionados con la percepción de los estudiantes sobre la calidad del servicio educativo en Educación Superior ha permitido avanzar en el entendimiento del tema. Se puede considerar que el punto de partida para los estudios sobre percepción de la calidad, es la conceptualización del término calidad ya que como ha quedado asentado dependiendo de ésta se pueden empezar a definir las dimensiones que se analizarán de la misma; también es importante establecer claramente quiénes son los actores de los que se interesa recoger la percepción para que a través de una metodología de trabajo a seguir se pueda obtener información útil que sirva a las instituciones de educación superior en la mejora continua de sus servicios educativos.

Lo analizado constituye un primer acercamiento a la búsqueda de información que pueda proveer respuestas a las interrogantes planteadas respecto a ¿cómo consideran los estudiantes los servicios educativos que reciben? ¿Cuál es el grado de satisfacción respecto a los servicios que se les brindan?, ¿qué situaciones o factores determinan el apego de los estudiantes con la institución? En relación con lo anterior, los estudios revisados son un importante marco explicativo que pueden servir a la persona interesada en el tema como insumo para llevar a cabo la investigación, tomando como referencia la metodología, y el tipo de instrumentos que permiten valorar la calidad de la educación y las dimensiones que pueden considerarse en el estudio. Indagar sobre los estudios que se han realizado sobre la calidad de los servicios brindados en instituciones educativas ha permitido ir reconociendo el campo, a través de las visiones de cada uno de los autores, que se han interesado en investigar percepciones de los principales informantes "los estudiantes", información que de manera adicional a los procesos de acreditación y certificación que viven las instituciones, pueda aportar datos para el mejoramiento de los servicios educativos brindados. La revisión ha permitido reconocer quiénes son los teóricos base a los que se puede recurrir para seguir profundizando en el tema, así como sus principales aportaciones al campo de estudio. Como tareas pendientes el identificar una teoría o conjunto de teorías que permitan sustentar el trabajo de investigación.

La honestidad académica desde la perspectiva de los estudiantes universitarios

Rocío Díaz Alaffita

Introducción

Fue a mediados de la década de los ochenta cuando comenzó a considerarse la falta de honestidad académica en entornos universitarios como un problema. Este estudio se relaciona con investigaciones afines realizadas por Hirsch y Peréz (2006) bajo un enfoque cuantitativo realizado a 1086 estudiantes de los 40 programas de posgrado de la Universidad Autónoma de México centrado en la ética profesional; y en la Universidad Autónoma de Tamaulipas -UAT- por Amaro, Espinoza y Díaz (2012). Una de las mayores dificultades de la no honestidad académica se presenta en la frecuencia en que incurren los estudiantes universitarios en estas acciones en las Instituciones de Educación Superior, estás están vinculadas a la propia naturaleza del concepto y su definición, por lo que se considera necesario precisar el concepto de Honestidad académica con el fin de brindar una apreciación más completa al momento de abordar esta temática.

De hecho, una de las consecuencias de no contar con un concepto amplio de este término ocasiona ambigüedad en su aplicación, es decir un estudiante puede percibir un comportamiento aceptable y para otro estudiante puede no ser así, por lo que existen dilemas éticos para evaluar entre conductas académicas honestas y conductas académicas deshonestas. Este estudio describe las valoraciones emitidas por 32 estudiantes de la Carrera de Ciencias de la Educación sobre las prácticas no honestas dentro de su contexto escolar, analizando cuatro factores específicos que intervienen en esta problemática, a) las prácticas consideradas no honestas para los estudiantes, b) el valor moral de cada una de ellas, c) la frecuencia con que se presentan este tipo de prácticas dentro del contexto escolar de los encuestados, y d) las estrategias adecuadas para disminuir la no honestidad académica. La información obtenida invita a la reflexión acerca del fenómeno que nos ocupa y, al mismo tiempo, pretende que los directivos tomen decisiones para la puesta en marcha de estrategias de intervención encaminadas a prevenir la no honestidad académica a fin de mejorar los procesos de enseñanza-aprendizaje.

Contexto

Esta investigación se llevó a cabo en el periodo comprendido del octavo semestre de la carrera de Licenciado en Ciencias de la educación, en 2018 dentro del Plan de estudios Millenium III, en la Unidad Académica Multidisciplinaria de Ciencias, Educación y Humanidades -UAMCEH-, la cual inició sus actividades en septiembre de 1971 como Facultad de Ciencias de la Educación y surgió como parte de una estrategia de la Universidad Autónoma de Tamaulipas -UAT-.

Es importante mencionar que la institución educativa actualmente enuncia en su Plan de Desarrollo Institucional 2018-2022, menciona como objetivo que "aspira a responder a las sensibilidades del entorno con el objeto de servir como instrumento en virtud de la inclusión, el bienestar, el desarrollo, la creatividad, la transmisión de valores, la transformación social, la igualdad de oportunidades y la protección medioambiental.

El Plan de Desarrollo Institucional de la Universidad Autónoma de Tamaulipas -PDI UAT-, declara su compromiso con el estudiantado como eje central del quehacer universitario que tiene como prioridades: el incremento al acceso a la universidad, especialmente de estudiantes provenientes de los hogares menos favorecidos; la formación sustentada en principios, valores y capacidades; el fortalecimiento de las políticas de género, la atención a grupos con necesidades especiales; la defensa de la inclusión social y el cuidado de un desarrollo sostenible y equilibrado" (PDI UAT, 2018, p.6).

La Universidad Autónoma de Tamaulipas tiene como Misión la formación de profesionistas con capacidad para competir en la sociedad del conocimiento, con un amplio sentido de pertenencia, con alta responsabilidad social y ambiental, que contribuya al desarrollo de Tamaulipas y de México, a través de la generación, transmisión y aplicación del conocimiento. La Unidad Académica Multidisciplinaria de Ciencias Educación y Humanidades menciona en su misión que es una dependencia de educación superior de la Universidad Autónoma de Tamaulipas, que forma profesionales y ciudadanos comprometidos con su entorno social, mediante la formación integral de los estudiantes, el compromiso de sus docentes, la impartición de catedra, la investigación y la extensión para solucionar problemas locales y regionales con sentido crítico y analítico. Es una dependencia con amplia oferta educativa que atiende necesidades del entorno social.

La visión Unidad Académica Multidisciplinaria de Ciencias Educación y Humanidades, para el 2022 se distingue por la calidad y el reconocimiento de sus programas educativos de Licenciatura y Posgrado, además de que están evaluados y acreditados por organismos reconocidos del ámbito nacional e internacional, incorporando las tecnologías aplicadas al aprendizaje y el conocimiento en la diversificación de sus modalidades educativas, garantizando un ambiente armónico para el desarrollo integral de los estudiantes. Además, posibilita que sus egresados se distingan por sus competencias, ética profesional y liderazgo en su entorno, para que se incorporen rápidamente a su campo profesional, contando con una planta docente calificada para impartir catedra y hacer investigación, contribuyendo en la solución de problemas y atención de las demandas sociales, asimismo promueve la internacionalización del conocimiento a través de políticas educativas públicas.

Concepto de honestidad

Tener el valor y tomar en cuenta la importancia de la honestidad en nuestros actos cotidianos es muy importante para poder realizarte como una mejor persona y por supuesto como un profesional excepcional. Relacionado con esta investigación, Hirsch y Pérez (2006) realizan un estudio con enfoque cuantitativo aplicado a 1086 estudiantes de los 40 programas de posgrado de la Universidad Autónoma de México sobre la honestidad académica, centrado en revisar los principios y reglas de la ética profesional, basado en un instrumento que contenía los cinco rasgos más importantes que caracterizan a un buen profesional (beneficencia, no maleficencia, autonomía, consentimiento informado y justicia. En relación con este rubro, Martínez (2006) alude a una ética que esté a la altura de la conciencia moral, ya que lo que se espera de los profesionales es que, presten un servicio de calidad a personas concretas, del modo más excelente posible, y quitar la idea de que por el solo hecho de ostentar un título ya se poseen las cualidades profesionales.

La formación de los estudiantes universitarios en ética profesional en se puede definir como la ciencia normativa que estudia los deberes y los derechos profesionales de cada profesión. Dejando claro que profesión es una actividad social cooperativa, cuya meta interna consiste en proporcionar a la sociedad un bien especifico e indispensable para su supervivencia como sociedad humana para la cual se precisa el concurso de la comunidad de profesionales que como tales se identifican ante la sociedad (Cortina, 2000). De acuerdo con Vaccarini Franco (2009), la honestidad es la mejor manera de inspirar confianza, para eso, es necesario decir siempre la verdad, no hacer trampas, ni inventar mentiras. En el contexto profesional y personal, la honestidad juega un papel muy importante, ya que este valor proporciona identificar a una persona tal como es, lo que llamamos comúnmente "un persona clara y transparente.

Según Cerezo (2006) plantea que los valores son los lentes a través de los cuales conocemos el mundo y habitamos en él. Por lo tanto, además de no existir una sociedad sin valores, lo importante es preguntarnos qué tipo de valores existen en cada sociedad y qué función cumplen. La sociedad en la que vivimos se basa principalmente en los valores que cada ser humano tiene y los que realiza, la personalidad de cada ser depende del valor que realices y su manera de ver el mundo. Es por eso ser que el ser "honesto" es un requisito para una persona que busca desea un respeto hacia sí mismo. Al enfocarnos al término central de esta ponencia, decimos que la deshonestidad es un antivalor, que nos refleja ausencia de respeto a la persona misma, y por supuesto a los demás; la deshonestidad busca la sombra, el encubrimiento, el ocultamiento, este término es un sinónimo de fraude académico. La deshonestidad contra académica se refiere a los actos o formas indebidas que utilizan los estudiantes para dar o recibir ayuda que no ha sido autorizada en sus tareas académicas con la intención de recibir crédito o cierta calificación por un trabajo ajeno. Dentro de las prácticas deshonestas más comunes de acuerdo con Comas y Sureda (2005), encontramos el "plagio", está práctica es de fácil acceso para los estudiantes, posiblemente debido al acceso a una cantidad infinita de información.

De acuerdo con Comas y Sureda (2005), la irrupción de las tecnologías de la información y la comunicación -TIC- ha provocado o facilitado importantes cambios, es el caso del llamado *ciberplagio académico*. Adoptar y presentar como propias ideas, teorías e hipótesis de otros no es algo nuevo, pero las tecnologías asociadas a la Sociedad de la Información facilitan enormemente esta práctica éticamente reprobable y académicamente incorrecta. Este fenómeno parece tan extendido entre los estudiantes que algunos autores hablan de la "Generación Copiar-y-Pegar" (Comas, Sureda y Urbina, 2005).

De acuerdo con Sureda, Comas y Morey (2009), los primeros trabajos de investigación relacionados con las prácticas académicas deshonestas como el plagio; fueron realizados en los campus norteamericanos por McCabe y Treviño (1993), mismas que se asociaron al boom tecnológico, ello con la entrada de los ordenadores personales e internet a las casas.

Lo cual permitió que los alumnos accedan de una manera rápida a diversos textos científicos y con ello la copia de estos para entregarlos como propios en las escuelas.

Dordoy (2002), analizó las causas del ciberplagio en lo estudiantes y fueron los siguientes: Obtener una buena calificación, por flojera al tener que dedicarle tiempo al estudio y a un trabajo de investigación, por la facilidad y comodidad del internet, por el desconocimiento de las normas básicas a seguir para la elaboración de un trabajo. De acuerdo con los resultados un gran porcentaje de estudiantes universitarios no le dan la suficiente importancia a esta problemática, por ello recurren frecuentemente a este tipo de prácticas, muchos de ellos por comodidad y flojera no le dedican el tiempo suficiente a sus tareas, sin contar que a una gran parte de ellos tampoco les gusta la investigación, debido a que cuentan con una barrera que bloquea su espíritu explorador e indagador, nos referimos al fácil acceso a la información; a través de las nuevas tecnologías.

Vaamonde y Omar (2008) comenta que existen principalmente cuatro tipos de actos fraudulentos en el ámbito universitario, las prácticas deshonestas en exámenes (el copiarse y/o "machetearse"), el plagio, las escusas falsas y la deshonestidad académica digital. En este sentido la deshonestidad académica constituye para las instituciones formadoras de profesionistas un grave problema ante la sociedad. Por lo que se requiere ser estudiada con mayor celeridad. La deshonestidad es un antivalor, este término hace alusión al engaño, a la trampa, al conflicto, no solo hacia uno mismo si no hacia los demás, por ser irrespetuosos, por no ser consecuente con nuestros actos, la conducta deshonesta deshumaniza a las personas, nos conlleva a violar los derechos de los demás, en el sentido ético se convierte en una persona sin valor. Según Amaro, et al (2012) son aquellas que hace de manera deliberada el estudiante en su proceso de aprendizaje, con el fin de lograr la aprobación o una nota mayor. Lo anterior desde su punto de vista, contraviene los principios éticos de la Institución y menoscaba su formación intelectual y moral.

Metodología

El estudio es de carácter cuantitativo, exploratorio y transversal; participaron estudiantes de octavo semestre de la carrera de Ciencias Sociales, ofertada por la Unidad Académica Multidisciplinaria de Ciencias, Educación y Humanidades, (UAMCEH), perteneciente a la Universidad Autónoma de Tamaulipas. De los estudiantes encuestado el 54.16 % sexo femenino y el 45.83% sexo masculino. Sus edades oscilan entre 21 a 25 años. Se utilizó como instrumento la encuesta, la cual consta de cuatro preguntas centrales, (Comas, 2008), a) ¿cuáles son las acciones que consideran deshonestas los estudiantes?, b) ¿qué naturaleza moral le asignan a cada una de ellas, c) ¿con qué frecuencia llevan a cabo estas acciones en su contexto escolar?, y d) ¿cuáles son las estrategias más aptas para erradicar esta problemática?

Resultados

La presentación de resultados consta de cuatro ámbitos de análisis, pertenecientes a la temática "aspectos sobre la no honestidad académica desde la perspectiva de estudiantes universitarios". a) Conductas consideradas no honestas por los estudiantes universitarios. Dentro de las acciones consideradas no honestas por parte de los estudiantes encuestados, un 100% determina que "copiar de un compañero/a durante un examen" y "utilizar acordeones o apoyos no permitidos en un examen" son las acciones con un alto nivel de deshonestidad desde el punto de vista de la muestra encuestada. Cabe mencionar que también cuenta con un grado elevado de deshonestidad.

Tabla 1. Conductas consideradas no honestas por los estudiantes de la muestra encuestada.

Conductas consideradas no honestas por los estudiantes de la muestra encuestada.	
determina que "copiar de un compañero/a durante un examen" y "utilizar acordeones o apoyos no permitidos en un examen" son las acciones con un alto nivel de deshonestidad.	100%
Considera que "falsear datos en trabajos académicos (por ejemplo: falsear datos para resolver un problema en un trabajo, inventar datos en una investigación, presentar datos de otros trabajos inventados, etc.)".	96%

Fuente: elaboración propia

b) La valoración moral sobre las conductas no honestas.

En esta sección se les brindó a los encuestados cuatro opciones de respuesta: "no es grave", "mínimamente grave", "medianamente grave" y "muy grave".

Tabla 2. Valoración moral sobre conductas no honestas.

La valoración moral sobre las conductas no honestas	
No es grave	Un 29% considera que "entregar un trabajo realizado por sí mismo/a que ya había sido entregado en cursos anteriores (para la misma u otra/s materia/s)" y "copiar y pegar fragmentos de diferentes fuentes de internet".
Mínimamente grave	Un 46% considera que "entregar un trabajo realizado por sí mismo/a que ya había sido entregado en cursos anteriores (para la misma u otra/s materia/s)" y "hacer un trabajo para otra persona (ya sea de su curso o de otro curso) son las conductas con un mínimo nivel de gravedad.
Medianamente grave	El 45% consideran que "copiar y pegar directamente un trabajo de internet" y "dejar copiar a un/a compañero/a en un examen" son conductas medianamente graves, pero analizando el porcentaje más bajo un 12% considera que "entregar un trabajo realizado por sí mismo/a que ya había sido entregado en cursos anteriores (para la misma u otras materias)" es una conducta medianamente grave.
Muy grave	Un 63% considera que "copiar de otros alumnos en exámenes de la universidad" y "presentar datos y resultados falseados en trabajos académicos" son las acciones que ocupan un mayor nivel de gravedad para estos estudiantes.

Fuente: elaboración propia.

c) Las prácticas no honestas observadas más frecuentes.

Dentro de este apartado el 54% de los estudiantes encuestados señalan que las conductas no honestas observadas dentro de su contexto escolar están "descargar un trabajo completo desde internet y entregarlo, sin cambios, como trabajo de una materia", "pagar a alguien para que haga un trabajo académico o comprarlo" y "entregar un trabajo realizado por otro/a alumno/a que ya había sido entregado en cursos anteriores -para la misma u otra/s materia/s-".

Tabla 3. Las prácticas no honestas más frecuentes

Las prácticas no honestas observadas más frecuentes	
Descargar un trabajo completo desde internet y entregarlo, sin cambios, como trabajo de una materia, pagar a alguien para que haga un trabajo académico o comprarlo y entregar un trabajo realizado por otro/a alumno/a que ya había sido entregado en cursos anteriores (para la misma u otra/s materia/s).	54%
Insertar en el apartado bibliográfico de un trabajo referencias que realmente no se han consultado es la conducta realizada esporádicamente	46%

Fuente: elaboración propia.

Entre las prácticas observadas esporádicamente se encontró con un 46% que "insertar en el apartado bibliográfico de un trabajo referencias que realmente no se han consultado" es la conducta realizada esporádicamente. En cambio, con un 25%, las conductas observadas con mayor frecuencia son "dejar que otro estudiante me copie durante un examen" y "utilizar acordeones o apoyos no permitidos en un examen".

d) ¿Cuáles son las estrategias más adecuadas para reducir las prácticas no honestas? Las estrategias que plantean los estudiantes universitarios encuestados se mencionan a continuación.

Tabla 4. Estrategias para reducir las practicas no honestas.

Acciones para reducir las practicas no honestas.	
Muy adecuada. Desarrollar cursos, seminarios, talleres dirigidos a los/as profesores/as para formarlos acerca de cómo implementar estrategias didácticas que reduzcan la probabilidad de que los estudiantes incurran en prácticas incorrectas".	58%
bastante adecuada. La estrategia de "desarrollar cursos, seminarios, talleres dirigidos a los/as estudiantes para formar al alumnado acerca de cómo realizar trabajos académicos", y en el rango de estrategia "adecuada"	25%
Adecuada. Se encuentra "utilizar programas informáticos de detección de plagio", "desarrollar campañas informativas y de sensibilización acerca de cómo desarrollar prácticas académicas correctas" y "desarrollar cursos, seminarios, talleres dirigidos a los/as estudiantes para formar al alumnado acerca de cómo realizar trabajos académicos".	46%
poco adecuada. Se encuentra la acción de "utilizar programas informáticos de detección de plagio", además de "Incluir en los reglamentos académicos normativas que sancionen este tipo de conductas	12%

Fuente: elaboración propia.

Los alumnos manifiestan que estas sanciones pudieran ir desde una amonestación verbal hasta la expulsión de la universidad, incluso a la retirada de un título o diploma ya entregado si se demuestra que el estudiante ha incurrido en una práctica no honesta tipificada como muy grave.

Conclusiones

Con lo expuesto anteriormente, podemos reconocer que los actos de no honestidad académica se presentan frecuentemente dentro del contexto escolar universitario. Las prácticas no honestas consideradas más relevantes se relacionan con el "plagio", debido a que un gran porcentaje estudiantil accede con facilidad a la información brindada en la red para realizar diversas tareas. Este tipo de práctica es para el estudiante una herramienta que le descarta cualquier tipo de esfuerzo a la hora de trabajar, pero en algunas ocasiones el estudiante tiene como percepción que "modificar o editar" alguna información extraída de la red, minimiza la no honestidad académica. Debido a que acciones relacionadas con el "plagio" son tan comunes dentro de los universitarios, se debe contar con estrategias adecuadas para reducir esta problemática, más allá de desarrollar cursos, talleres o seminarios, se debe implementar acciones por parte de las autoridades de la institución, por los docentes y por los alumnos, por cada uno de los agentes que participan en el proceso de enseñanza-aprendizaje, con el fin de tomar una sola perspectiva general.

Es necesario replantear las estrategias educativas en educación superior orientadas a la formación ética universitaria responsable en donde se describen estas formas de intervención mediante acciones de impacto en la sociedad y que puedan disminuir la tendencia a la *dessocialización* (Bauman, 2001); atender la *desresponsabilidad* sobre nuestras acciones hacia las personas, hacia las instituciones y hacia el mundo, promoviendo una cultura cívica de mínimos para la tolerancia entre las diversas formas de pensamiento entre los individuos (Hortal, 2002); atender la insostenibilidad sistémica en el planeta tierra (Vallaeys, 2014), y atender a disminuir las acciones de destrucción sistémica de las posibilidades de existencia en el mundo (Beck, 1988).

Es así que la formación en una cultura ética en la universidad debería de atender la dimensión de vincular el proceso de enseñanza-aprendizaje, entendiéndola como las actividades que realizan todos profesores y alumnos dentro del contexto, vinculándola con la sociedad, una vinculación entre el saber y su aplicación en un contexto determinado, sobre la relación entre la organización y la sociedad en la que opera, de forma tal que se establezcan vínculos efectivos que redunden en beneficios mutuos, tal como señalan Villegas & Castillo (2011). De acuerdo con Vallaeys (2014), a través de una política aplicable de calidad ética del desempeño de la comunidad universitaria a través de la gestión responsable de los impactos que genera en un contexto situado, en un diálogo participativo con el entorno para mejorar su calidad y promover un desarrollo humano sostenible. Se tiene entonces una concepción Universitaria diferente, toda vez que por su novedad puede ser interpretado de diversas maneras: (a) visión asociada al desarrollo de proyectos fuera del propio claustro universitario con un fin meramente asistencialista; (b) manifestación de la función de extensión que tradicionalmente se atribuye a las universidades; (c) expresión del cumplimiento de las disposiciones legales, y (d) a través del desarrollo de actividades recientemente incorporadas en la dinámica institucional como el servicio comunitario que deben realizar los estudiantes de las universidades Mexicanas.

Las instituciones de educación superior deben proporcionar a la sociedad profesionistas bien preparados con criterio, capaces de hacer un buen uso de su profesión y de participar libre y éticamente responsables, en todas las actividades de la convivencia social, se requiere presentar a los estudiantes la dimensión ética de la profesión y que esta sea racional y critica (Hortal, 2002), esta dimensión contribuye a la reflexión sistemática sobre los bienes y servicios que presta cada profesión a la sociedad, las obligaciones que esto conlleva y los principales dilemas y conflictos éticos que se producen en el campo laboral.

En función de la situación expuesta, las Instituciones de educación Superior deben promover la reflexión centrando el discurso y las prácticas en la formación ética de todas las personas que hacen vida en las universidades de forma tal que impacten la gestión, la actividad docente, la generación de conocimiento y desde allí sean fortalecidas y redimensionadas con el entorno y desarrollo local. En la Universidad se coinciden en señalar como elemento central de este concepto el tema de la ética; Larrán & Andrades Peña (2015), señala a fin de responder a un modelo de universidad fundamentado en principios y valores éticos, sociales y medioambientales, que asume el compromiso de impartirlos y defenderlos entre todos sus grupos de interés. Por su parte, Vallaeys (2014), menciona que la universidad debe asumir cada vez mejor su rol de formación superior integral con fines éticos, por lo que se recomienda atender como eje transversal en los planes de estudio la dimensión ética, pero no desde la abstracción teórica sino desde su aplicación cotidiana, además de establecer un observatorio ético formado por maestros y alumnos con trayectoria ética, capaces de atender los problemas de las acciones deshonestas que se puedan presentar al interior de las universidades.

EJE 2.- TECNOLOGÍAS

Un estudio del nivel de uso de las MiPyMES de comercio y servicios del centro de Tamaulipas

José Rafael Baca Pumarejo
Julio César Macías Villarreal
Vicente Villanueva Hernández
Héctor Gabino Aguirre Ramírez
José Iván Lara Treviño

Introducción

En el escenario internacional las MiPyMEs nacieron a consecuencia de la Segunda Guerra Mundial porque la mayor parte de las empresas de Europa fueron destruidas, y como estas debían recuperarse de una manera rápida, la solución a esta situación fue la creación de pequeñas y medianas empresas (Cervantes, 2010). Para ello, Europa Occidental con niveles altos de desempleo trabajó en el desarrollo de las pequeñas empresas como una estrategia para la creación de trabajos (Hull, 1998). Las MiPyMEs crecieron por la caída de las 500 grandes empresas en EEUU en los últimos 20 años, debido al gran tamaño de las empresas norteamericanas, perdieron espacio en un mercado internacional cada vez más competitivo, ante este escenario Japón bajo una nueva Filosofía de Juram y Deming de la Calidad Total y el Kaizen (Hill & Bradley, 1983), rompe los paradigmas de la empresa y domina al mundo mediante su estrategia de terciarizar su producción y con ello se transitó del concepto de ETN -Empresa Transnacional- a el concepto de apertura a un conjunto de MiPyMEs subcontratistas (Centty, 2003). En este proceso a partir de 1960 la informática se ve introducida en las organizaciones con el objetivo de automatizar tareas administrativas repetitivas (contabilidad, facturación y nómina, entre otros.-, pero el hardware y el software eran extraordinariamente caros. Sólo las grandes organizaciones, podían permitirse dichos costes (Sojo, 2015). Al evolucionar la tecnología, el tamaño de los computadores disminuyó, y permitió a las pequeñas empresas la posibilidad de adquirir una Computadora Personal -PC-, hoy en día debe de fomentarse la incorporación de manera más intensa las TIC a sus procesos.

En este escenario las MiPyMEs son organizaciones que buscan cumplir una misión especial en un mercado, ya que forman parte fundamental del ambiente económico y social de un país, y tienen un impacto en el desarrollo, por lo que su modernización es estratégica para sobrevivir en los mercados internos e internacionales, una herramienta para conseguir este objetivo son las Tecnologías de la Información y Comunicación -TIC- las que pueden potenciar sus procesos estratégicos, así como afrontar los nuevos retos de la Globalización. No obstante, en muchas de estas empresas la incorporación de las TIC a sus procesos puede bloquearse por las barreras que se oponen a éstas, así como la indiferencia de estas al continuo desarrollo de su aplicación, o a inadecuadas gestiones para la su adopción con impacto en el crecimiento y desarrollo de las MiPyMEs.

Revisión de la literatura.

Y esto caracteriza una tendencia mundial para fortalecer a las MiPyMEs, dado que el nivel de productividad entre las pequeñas y medianas empresas ha sido el centro de muchos estudios empresariales (Fink y Disterer, 2006; Arendt y Krynska, 2000; Gregorio, Kassicieh y De Gouvea, 2005; Molla y Licker, 2005; Vega, Chiasson y Brown, 2008). Esta importancia es significativa porque para cualquier país, en especial para el nuestro, las MiPyMEs generan la mayor parte de la producción económica -por lo general más de 90%-, en México también se han hecho estudios en el Edo. de México, Guanajuato y Tabasco como los de: (Mendoza, Baena y Cardoso, 2013; Saavedra y Tapia, 2013; Ríos, Ferrer y Contreras, 2012; Rubio y Aragón, 2007), porque las TIC a través de sus aplicaciones de negocios, aumentan significativamente la modernización e innovación de sus procesos y por lo tanto la productividad de las empresas (Wielicki & Arendt, 2010). En este sentido la revisión de literatura para la adopción de las TIC en las MiPyMEs refiere a los cambios rápidos en las TIC incide en el interés principal de las MiPyMEs (Genus & Nor, 2007), ante estos rápidos cambios, Alam y Ahsan (2007) sugieren que las Tic en las MiPyMEs implementan y estimulan la innovación en las organizaciones. También se encontró que hay una baja difusión de las TIC en las MiPyMEs (Assinform, 2010), por lo que no se aprovecha de forma plena el potencial de las TIC en contraste con las grandes empresas. Esto se debe en parte al hecho de tener recursos limitados en cuanto a tecnología y capacidades, pero las MiPyMEs tienen la ventaja de una estructura menos complicada que les permite una mayor flexibilidad a los cambios (Al-Qirim, 2004). Los siguientes factores bloquean y desalientan la inversión en TIC: Financiamiento -alta inversión inicial y la dificultad en el acceso al crédito-, Infraestructura -potencia, ancho de banda y fiabilidad de la conexión a Internet-, Organizacional (la falta de personal capacitado y estrategia coherente), Tecnológica (evolución de la tecnología sin una formación adecuada).

Estas son manifestaciones que modelos ya creados con antelación sentaron las bases para el estudio de la adopción de las TIC en la Mipymes como el llamado TOE -Technology Organization Environment, marco que se basa en la Tecnología, la Organización y el Ambiente- desarrollado por Tornatzky y Fleischer (1990), que identificó tres aspectos dentro de un contexto organizacional que influye en la adopción de una innovación tecnológica: contexto tecnológico (es decir, tecnologías internas y externas), contexto organizacional (es decir, alcance, tamaño y estructura administrativa), y del contexto ambiental (es decir, la industria, la competencia, la regulación gubernamental). Se debe de mencionar porque numerosos estudios han seguido este marco para explicar las adopciones tecnológicas dentro de las Mipymes. En esta línea de investigación Ramdani et al. (2013) indagó los factores que impactan en las Mipymes para la incorporación de aplicaciones utilizando el marco de la convergencia. Sus resultados confirman a la convergencia como un modelo para predecir la adopción de aplicaciones porque todos sus factores -tecnología, organización y contextos de entorn- influyen en la adopción de los sistemas de aplicaciones empresariales. Posteriormente, Alshamaila et al. (2013) estudio del proceso de adopción de las Mipymes de la cloud computing en el Reino Unido, al utilizar el marco de convergencia como una base teórica.

Además, en esta literatura se encontró que los factores determinantes para su efectiva incorporación en estas organizaciones se clasifican en 5 grupos (Skoko, Buerki y Ceric, 2007): individual, organizacional, ambiental, tecnológico y económico. Así mismo para el trabajo de investigación presentado se buscó el fundamento de la Teoría de Jan Van Dijk "Teoría de los recursos y la apropiación de la difusión, aceptación y adopción de nuevas tecnologías", se utilizó dicha teoría porque permite analizar la brecha digital y cómo ésta incide en la apropiación de los recursos TIC de los usuarios a través de un modelo de fases o etapas secuenciales.

Las cuatro fases secuenciales relacionadas con el acceso y apropiación de la tecnología digital de Jan Van Dijk (2005) son: a) Contar con la motivación, -motivación para usar la tecnología digital-, b) Acceso físico o material -posesión de ordenadores y de conexiones a Internet o permiso para usar los dispositivos y sus contenido-, c) acceso a las competencias -tener competencias digitales: operativas, informativas y estratégicas- y d) Uso -número y diversidad de aplicaciones-. Cuando que se ha cumplido con la primera etapa -estar motivado para usar las TIC-, seguiría la segunda la que Van Dijk ha denominado "acceso físico y material", es decir, cuando ya se cuenta con una empresa dotada de la infraestructura necesaria para realizar sus labores diarias, luego seguiría la tercera etapa en donde se destaca el desarrollo de "capacidades y destrezas", y posteriormente se encuentra la etapa del "uso", la que se distingue por la evolución de la formación y diversificación de la aplicación de las TIC en procesos de negocio (Malmberg & Eynon, 2010); (Van Deursen & Van Dijk, 2010). De esta manera el enfoque para examinar y generar el diagnóstico planteado se construye a partir de la idea de establecer en cuál etapa o fase va el proceso de apropiación de estas tecnologías en el contexto de las Mipymes de la muestra seleccionada de los tres municipios elegidos de Tamaulipas (Van Dijk, 2005), (Wielicki & Cavalcanti, 2006).

Método

El Objetivo general fue establecer cuál es la intensidad del uso de las Tecnologías de la Información y Comunicación, así como conocer los niveles de infraestructura, el nivel de Uso, el nivel de Capacitación en TIC, así como los Procesos del negocio apoyados y no apoyados por las TIC. El Objetivo específico fue determinar el nivel de incorporación de las TIC en los procesos estratégicos de facturación, ventas, atención al cliente y pedidos de los ocho tipos de procesos que son clásicos en las MiPyMEs. Se planteó la pregunta de investigación: ¿cuál es el nivel de la intensidad de la incorporación y aplicación de las TIC en los procesos de facturación, Ventas, Atención al cliente y Pedidos; de las MiPyMEs de la región Central y del Altiplano de Tamaulipas? La primera hipótesis de investigación fue: El acceso a hardware, software y conectividad a internet no necesariamente se traduce en el fortalecimiento de los procesos estratégicos dentro de las MIPYMES y la segunda hipótesis dictó: la falta de educación, el entrenamiento y la capacitación de competencias TIC, limitan la habilidad de las MIPYMES para apropiarse de aplicaciones TIC que fortalezcan sus procesos.

Se optó por un diseño no-experimental, descriptivo, estadístico, cuantitativo de campo y se desarrolló con la finalidad de medir la intensidad de uso de las TIC en los procesos de las MiPyMEs, así como analizar a través de la percepción de los dueños, jefes, gerentes o directivos la implementación de las TIC en los procesos de la empresa. La Instrumentación y Cálculo de la muestra se basaron en:

el desarrollo de un cuestionario de 63 reactivos basado en Wielicki y Cavalcanti dirigido a los gerentes o dueños de las MiPyMEs y quienes realizaron estudios de la brecha digital en las MiPyMEs en Polonia, y en el Estado de California, en E.U.A. (Wielicki & Cavalcanti, 2006) y se dividió en cuatro secciones -identificación de la empresa y datos socioeconómicos de la MiPyMEs, Información Tecnológica, Procesos Estratégicos en las MiPyMEs; y capacitación y entrenamiento de las destrezas y habilidades en TIC-. Los resultados se presentan a través de frecuencias descriptivas en las tablas de resultados, también se efectuó un análisis estadístico de regresión lineal para establecer el impacto de las dimensiones de financiamiento y capacitación en TIC en la intensidad de uso de estas tecnologías en los procesos estratégicos analizados.

Para el cálculo de la muestra se seleccionó el método de población finita, mediante la normalización Z de la población referida. Para esto se consideró el tamaño del universo N=1313 MiPyMEs que fue el universo de población de MiPyMEs agrupadas en la Canaco Servytur Victoria de los municipios de Cd. Victoria, Jaumave y Tula, Tamaulipas, y se consideró la definición de un margen de error del 5% y un nivel de confianza del 95%. Y se obtuvo una muestra de Tamaño = 297 ≈ 300 MiPyMEs. Para la factibilidad y validez del instrumento se realizó una prueba piloto a un grupo de 30 empresarios, no incluidos en la muestra seleccionada de Ciudad Victoria dedicados al comercio y la prestación de servicios, lo que permitió realizar modificaciones a los ítems para lograr que las preguntas fueran lo más claras posible. Se calculó la validez mediante el coeficiente Kuder Richardson 20 para las preguntas que se formularon dicotómicamente, mientras que el coeficiente Alfa de Cronbach fue utilizado para los indicadores de escala (Wielicki & Cavalcanti, 2006). Los coeficientes se ubicaron en los rangos de confiabilidad alto y muy alto, .71 para la prueba Kuder Richarson, y .89 para la de Alpha de Cronbach de acuerdo con Thorndike (1989).

Resultados y discusión

La tabla 1 a continuación expresa la información de generalidades para identificar la empresa y sus características socioeconómicas.

Tabla 1. Generalidades

INDICADORES	RESPUESTA (%)		
Número de empleados	Hombres	Mujeres	Total Empleados
	56.88	43.12	3,458
Sector de la empresa	Comercio	Servicios	Industria
	65	33.67	1.33
Actividad de la empresa	Servicios	Comercio al menudeo	Otros
	33.67	62.67	3.67
Ingreso anual estimado	Hasta $100 mil	Desde $101mil hasta $1 millón	Desde $1.01 millón hasta más de 3 millones
	49.67	35.67	14.67

Fuente: elaboración propia.

En la Tabla 2 se pueden apreciar los indicadores en porcentajes, de la infraestructura TIC en las MiPyMEs para la realización de sus actividades, como lo es la cantidad de computadoras, la antigüedad de estas, la velocidad de sus procesadores y la velocidad del internet, si es que cuentan con dicha herramienta:

Tabla 2. Infraestructura TIC.

INDICADORES	RESPUESTA (%)		
Número de Computadoras en la empresa	Ninguna	De 1 a 11	De 12 a 17 o más
	73	83.67	3
Red instalada	Sí	No	Total empresas
	57	43	300
Tipo de Conexión a internet de la red	DSL	WIFI	Ninguna
	34.33	40	12.67
Conexión a internet	Sí	No	Total empresas
	86.33	13.67	300

No. Computadoras conectadas a internet	Ninguna	De 1 a 11	De 12 a 17 o más
	14.33	81.67	4
Proveedor del servicio de internet	Telmex	Cable	Ninguno
	65.67	16.67	12.67
Velocidad del procesador de las computadoras	De 1 a 1.8 GHz	De 1.9 a 2.1 GHz	De 2.2 a 3.0 GHz
	20.67	20	32.67

Fuente: elaboración propia.

A través de porcentajes, en la Tabla 3 se describen los indicadores del uso de las TIC en relación con los sistemas operativos, los tipos de software, frecuencia de uso de internet, celulares inteligentes y correo electrónico, y en la Tabla 4 los indicadores del nivel de capacitación de las TIC en cuanto a intensidad de entrenamiento en el manejo TIC.

Tabla 3. Uso TIC

INDICADORES	RESPUESTA (%)		
Uso del internet	Buscar Información	Comunicación vía correo electrónico	Compra de insumos/materia prima
	66.67	72	44
Sistema Operativo	Windows 10	Windows 8	Windows 7
	34.33	16.67	44.33
Tipo de sistema de respaldo o seguridad	Ninguno	Disco duro	USB
	19.67	41.67	26.33
Frecuencia con la que utiliza el internet	Todos los días	Nunca	Al menos una vez a la semana
	84	12.33	3
Tipo de Manejo de BD	Access	SQL	Ninguno
	8.03	7.69	60.87
Tiene una página o sitio web	Sí	No	Total de encuestados
	45	55	300

Fuente: elaboración propia.

En la siguiente Tabla 5 se muestran los 8 procesos considerados en el estudio de Wielicki & Cavalcanti, (2006): Pedidos, Compra/Insumos,

Atención al Cliente, Mercadotecnia, Ventas, Facturación, Fabricación, Embarque/productos.

Tabla 5. Procesos apoyados y no apoyados por las TIC

	Logística de embarque / productos	Fabricación	Facturación	Ventas	Publicidad y Marketing	Atención al cliente	Logística de compra / insumos	Pedidos
Apoyados por TIC	55.95%	38.33%	87.55%	74.60%	64.73%	77.16%	78.18%	79.53%
Sin apoyo TIC	44.05%	61.67%	12.45%	25.40%	35.27%	22.84%	21.82%	20.47%

Fuente: elaboración propia.

Uso de las TIC en los procesos de las MiPyMEs

Por otra parte, la Tabla 5 describe para los procesos identificados en las MiPyMEs de la muestra, la intensidad de uso de las TIC en cada uno de ellos. Aquí la evidencia muestra que el proceso de facturación manifiesta la mayor frecuencia de apoyo de las TIC para implementarse con un 87.55% para las empresas de la muestra, lo cual es explicable por la anterior descripción de la alta necesidad de las MiPyMEs para cumplir con la facturación electrónica oficial en el país, también se mantiene en segundo lugar el proceso de Pedidos con un 79.53% de las frecuencias, en utilizar estas tecnologías para ejecutar las transacciones que estos negocios tienen a diario y le sigue en tercer lugar el proceso de logística de compra de insumos, con un 78.18%, seguido de atención al cliente y ventas los cuales acumularon el 77.16% y el 74.60% de las frecuencias, por último estaría publicidad y logística de embarque con 64.73% y 55.95% de los negocios que manifestaron que las TIC son esenciales para su funcionamiento.

Los procesos menos computarizados, la publicidad y la logística de embarque/productos, por las mismas razones que se argumentaron al describir los procesos, dado que la mayoría de las MiPyMEs manifestaron que no usan las redes sociales en mercadotecnia y no cubren embarques a otras latitudes que implican interactuar más allá del mercado local o regional, puesto que su comercio se realiza en punto de venta directo en su lugar y frente al cliente, sin embargo, la Tabla 5 presenta un contraste del proceso de pedidos, dado que 79.53% de las MiPyMEs manifestaron que el proceso de pedidos tiene a las TIC como herramienta para llevarse a cabo, esto podría explicarse porque a nivel local muchas MiPyMEs atienden pedidos locales para enviar sus mercancías a domicilio, cuestión que controlan a través de sistemas implementados con la ayuda de las TIC. Se subraya que el proceso fabricación no es relevante para el estudio dado que la casi totalidad de las MiPyMEs corresponden al giro de comercio y servicios.

Como parte de la evaluación, se encontró que los dueños, gerentes o encargados ya han logrado alcanzar y superar la primera etapa de modelo de Van Dijk dado que la evidencia en la Tabla 2, muestra que los empresarios ya tuvieron la iniciativa de adquirir infraestructura TIC para realizar las actividades que se desarrollan en cada una de las áreas de las MiPyMEs con ayuda de las TIC. Esto denota su motivación para acceder a las TIC, a causa de sus necesidades, que les permite transitar a la segunda etapa del modelo de Van Dijk, que consiste del acceso físico o material, dado que el 90% de los dueños o gerentes cuentan con computadoras e Internet en sus empresas, así como líneas telefónicas, acceso a un celular -79% y 50.33%- y una red instalada de computadoras -57%-.

La Tabla 4, muestra los resultados de los indicadores de capacitación con un -46.67%- con menos de 20 horas al año de los empleados, un -46.33%- sin ninguna capacitación, un -50.33%- de los empresarios que no enfocan alguna temática de entrenamiento a los trabajadores y el -48%- de ellos no han dado ningún tipo de capacitación, en contraste una minoría -34.33%-, que declararon que cuando se dio capacitación la mejora del desempeño de los empleados mejoró sustancialmente, por lo que la tercera etapa de competencias TIC no se alcanza y amerita una transición que implicará esfuerzos de cambio e innovación en los gerentes o dueños.

La cuarta etapa "intensidad del uso", no es significativa puesto que los empresarios o trabajadores no diversifican el uso o aplicación de las TIC como se puede observar en la Tabla 3, el 60.87% de ellos indicó no usar bases de datos, un 55% no tienen una página o sitio web para promoción. Y esta debilidad es el impacto de la ausencia -35.67%- o escasas 20 horas de capacitación -46.67%- que, por año, los empresarios dan al interior de sus empresas -Tabla 4-.

Para redondear este análisis descriptivo, se hizo una regresión para establecer la significancia del impacto que tienen la falta de capacitación, educación, y entrenamiento, aunados estas la variable falta de recursos económicos para analizar la segunda hipótesis del estudio mediante una redimensión de los indicadores que representaron estos factores evaluados. En este objetivo se realizó de manera adicional el siguiente análisis estadístico y se generaron nuevas variables a partir de los indicadores originales y se redimensionaron los factores que quisimos correlacionar, para evidenciar si la falta de fondos financieros y la falta de capacitación incide en la intensidad de uso de las TIC en la MiPyMEs.

En este proceso se convino crear una dimensión que aglutinó a los indicadores que tenían que ver con la ausencia o falta de capacitación: falta de conocimientos de las TIC / habilidades, falta de comprensión de procesos de negocio, falta de software específico y la falta de un claro plan de sistema de información, y se representaron por el factor Capacita y el factor b11 que representó la falta de recursos económicos. Estas dos nuevas dimensiones participaron como las variables independientes o predictores en el cálculo de la regresión mientras que la variable dependiente estuvo representada por USOPROC, la cual agrupó mediante sus medias, a los indicadores de la intensidad de uso de las TIC de los procesos estratégicos en las MiPyMEs estudiadas. Cuando se ejecutó la regresión lineal se tomaron los criterios para generar el diagnóstico y estos se describen en la siguiente tabla.

Tabla 6. Criterios del diagnóstico de la regresión lineal

Intervalo de significancia	Grado de Influencia(GI)
.050 - .011	Significativa
.010 - .002	Muy Significativa
.001 - .000	Altamente Significativa

Fuente: elaboración propia, a partir de Quantitative
Methods in Social Science (Gorard, 2004).

Esta regresión permitió concluir que la influencia de **Capacita y b11** sobre la intensidad de uso de las TIC es altamente significativa en los cuatro procesos considerados (Figura 1), por lo que se aceptó la segunda hipótesis del estudio.

Figura 1. Influencia de las variables independientes sobre la nueva dimensión dependiente

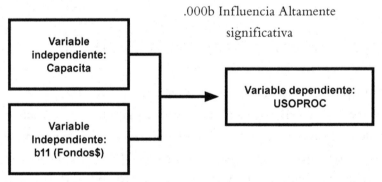

Fuente: elaboración propia, a partir de las bases de datos del Proyecto de Fortalecimiento de Cuerpos Académicos IDCA 21107, clave UAT-CA102 de la SEP.

Conclusiones

A diferencia del estudio de Wielicki & Cavalcanti (2006) donde la variable de financiamiento para acceder a las Tecnologías de la Información y Comunicación no se manifiesta como extrema, dado que se llevó a cabo en el Estado de California en los E.U.A; el presente estudio difirió dado que entre los empresarios de MiPyMEs de la región analizada en Tamaulipas sí otorgaron relevancia a los recursos financieros, la investigación aquí presentada ha podido establecer que los indicadores: falta de fondos, la falta de conocimientos de las TIC, la falta de un claro plan de sistemas de información y falta de un software específico son relevantes y que estos indicadores tienen una influencia altamente significativa en la Intensidad de Uso de las TIC en los procesos evaluados. Se aceptó la primera hipótesis del estudio, puesto que estas evidencias confirman que el acceso a hardware, software y conectividad a internet no necesariamente se traduce en el fortalecimiento de los procesos estratégicos dentro de las MIPYMES porque aunque la mayoría de las MiPyMEs mostraron tener una infraestructura con estos tres elementos no necesariamente estas condiciones aseguran la intensidad de uso de las TIC en los procesos estratégicos de las MiPyMEs. Asimismo, con la ejecución de una regresión se evidenció que la capacitación y adecuado entrenamiento son esenciales para incrementar la intensidad de uso de las TIC en las MiPyMEs, se aceptó la Hipótesis 2, y se contestó de manera amplia la pregunta de investigación que guio la investigación.

¿Podrán las tecnologías sustituir al maestro en el futuro?

Daniel Cantú Cervantes
Rogelio Castillo Walle
Daniel Desiderio Borrego Gómez
Luis Alberto Portales Zúñiga

Introducción

La idea acerca de los nativos digitales ha quedado rebasada, dado el hecho de que casi todas las personas adultas que en su infancia carecieron por completo del acceso a las TIC se adaptaron con relativa facilidad y destreza a las tecnologías móviles, de tal forma que hoy son parte de sus vidas. Si las TIC hubieran llegado a la sociedad cómo acontece actualmente hace doscientos años, de igual manera nos hubiéramos adaptado al contexto digital con la misma pericia con la que nuestros alumnos se desenvuelven. Esto sucede porque el cerebro humano no ha cambiado sustancialmente desde sus inicios, ya que las bondades de la plasticidad neural permiten que aprendamos con rapidez a adaptarnos a las circunstancias que ameritan una necesidad imperiosa (Manes & Niro, 2014; Cantú & Amaya, 2017).

¿Podrán las tecnologías reemplazar al maestro?

Cabe señalar, que los maestros continúan tratando de incorporar en la medida de lo posible, las tecnologías digitales en su lugar de trabajo, es decir, el aula y fuera de ella, sin embargo, el auge de las TIC ha rebasado los esfuerzos de la Secretaria de Educación Pública en México y de la mayoría de los maestros en educación pública para mantenerse al tanto y actualizados en lo que respecta a los avances tecnológicos. Estos escenarios innovadores continuamente actualizados dieron como resultado la generación de una pregunta clásica entre el magisterio: "¿podrían las TIC siendo herramientas sumamente innovadoras, en el futuro reemplazar al docente?". Esta cuestión generó preocupación, controversia y debate y al parecer, la pregunta sigue sin enterrarse por las anomalías en la formulación de las respuestas que se han formulado al respecto (Zenteno & Mortera, 2011). Sin embargo y a pesar de todo esto, el tiempo transcurrió con normalidad y al parecer la tecnología que prometía un "boom" sobresaliente cuando aterrizó en la educación pública, pareció llegar solo a un plano auxiliar como herramientas de apoyo al quehacer docente (Torres, Cavazos & Flores, 2016).

El efecto comentado posee algunos orígenes en el contexto mexicano, ya que la infraestructura digital y tecnológica no ha llegado adecuadamente a todos los escenarios educativos públicos; además, la falta de capacitación docente de manera general sigue siendo básica, técnica y centralizada en el manejo de paquetes de ofimática, de manera que poco se aborda la reflexión de modelos instruccionales para la incorporación de tecnologías digitales en la Escuela.

El talón de Aquiles de la capacitación magisterial en TIC recae en el hecho de que la innovación constante requiere que una permanente formación, ya que el docente termina un "curso" o diplomado técnico en TIC, y es muy probable que, al siguiente año, estas tecnologías ya hayan quedado desfasadas o incluso obsoletas respecto a su constante actualización (Levis, 2008; Vesga & Vesga, J, 2012).

El problema con la innovación surge del sector económico que con el objetivo de "vender" más, las compañías de tecnología han generado una cultura de un "cambio constante", a través de los medios de comunicación masiva, de manera que se ha impregnado la idea social de que siempre se tiene que estar mejorando algo, con un sentido implícito de que lo actual no es precisamente funcional.

Esta idea ha funcionado dado el hecho que parte de un principio básico de la epistemología de la ciencia, que dicta que nada está acabado sino al contrario, siempre se pueden mejorar todas las cosas. No obstante, es manifiesto que las prisas por la innovación no dejan madurar las estrategias educativas, de manera que a menudo terminan incompletas (Terrón, Tójar & Serrano, 2004; Cornejo, 2009).

El constante cambio en los esquemas políticos sexenales y estatales en México también van de la mano con las ideas anteriores, es decir, que procuran despojar lo "viejo" generalmente por algo nuevo sin considerar la conclusión de modelos educativos en desarrollo.

Por ejemplo, en el caso de "Enciclomedia", donde empresas de tecnología presionaron al gobierno para equipar con acceso a TIC e internet a la educación básica bajo la necesidad de atender el rezago tecnológico. Sin embargo, no resultó debido a la falta de capacitación docente en el manejo de la infraestructura tecnológica, sobre los paquetes de software, sobre el mantenimiento del equipo y sobre los modelos didáctico-instruccionales para la incorporación de las TIC al proceso de enseñanza (García, Aquino & Ramírez, 2016).

Otro ejemplo de intento de incorporación de las tecnologías en la Escuela, fue el programa U077 para la Inclusión y Alfabetización Digital en México, que procuró el equipamiento de tabletas y dispositivos móviles para alumnos del último periodo de educación primaria, sin embargo, el costo del programa era muy alto y se siguió un patrón de sorteo para equipar a un estado de la republica a la vez; por lo que al cabo de un tiempo por motivos presupuestales el programa se canceló, y solo fueron algunos estados los que se beneficiaron. El detalle con este programa fue que los dispositivos generalmente solo tenían escaneados los libros de texto que los alumnos ya poseían, por lo que no prosperó la idea digital, ya que en primera instancia solo se buscó otro medio de entrega del contenido y además, la cultura de las instituciones de Educación Básica estaba arraigada en la prohibición de los dispositivos móviles por varias razones; una de ellas: la implícita incompetencia para incorporarlos a las secuencias didácticas en clase (Tapia, García, Flores & Carmona, 2011).

Emociones: factor clave de la interacción cara a cara

Como ya se ha mencionado, los modelos educativos con TIC recaen en escenarios de apoyo y auxilio para el quehacer docente, ya que la tecnología no puede reemplazar al maestro. Esto se debe a que el proceso de aprendizaje cuya base es la memoria humana, depende de las emociones para guardar con mayor cantidad de vínculos la información con susceptibilidad de ser recuperada. Pero ¿qué son las emociones y por qué son muy importantes para la educación?; las emociones son la base primitiva de la memoria humana, ya que desde el nacimiento aparecen primero los sentimientos y después el razonamiento, primero madura el sistema límbico comprometido con los reflejos instintivos y emocionales aferentes, localizado en las estructuras profundas bajo los hemisferios de la corteza que es filogenéticamente la última en madurar dado el proceso de mielinización. Las emociones son en términos de tiempo, más pequeñas que los estados de ánimo o humor temporales, y los sentimientos los más duraderos y conscientes (Levin, 2004; Goleman, 2012).

Los esquemas emocionales permiten adaptarnos al contexto percibiendo aquellos objetos de significado que son aversivos o negativos, neutros o positivos para nosotros. La percepción, asimilación y asociación visual que son la materia prima de la memoria humana, etiquetan, confieren valor y tiñen de emociones a todos los objetos de significado para evitarlos o procurarlos en caso de que nos provean de experiencias benéficas o satisfactorias. Cuando la emoción es fuerte se engruesan los axones en las sinapsis de las subredes poblacionales neurales para que el recuerdo se fortalezca y sea resistente a la interferencia, por esto, es difícil que eventos con alto grado emocional sean fácilmente olvidados. Las emociones permiten prestar atención a lo que nos interesa, ya que almacenamos y recordamos con significancia lo que nos emociona. Estos escenarios siguen siendo estudiado ampliamente por los investigadores de la educación, ya que son la base de la pedagogía del aprendizaje (Damasio, 2000; Kyariazi, Headley & Paré, 2018).

Los investigadores Kuhl, Tsao & Liu (2003), realizaron un experimento para observar el impacto del aprendizaje con un profesor presencial y el impacto del aprendizaje con el mismo docente en ambientes virtuales. Se conformaron tres grupos de niños estadunidenses. El primer grupo fue instruido por un maestro nativo que hablaba chino mandarín, el segundo grupo tuvo la misma dosis de chino por el mismo profesor, pero a través de videos, y el tercer grupo se expuso al mismo contenido, pero solo a través de audio. Al final del experimento los alumnos que aprendieron la mayor cantidad del nuevo idioma fueron los que tuvieron al profesor de manera presencial, ya que en la interacción cara a cara se despiertan emociones más fuertes que en las interacciones asíncronas o síncronas a través de pantallas; donde los participantes están conscientes que su contraparte no está presente de manera literal.

Por otra parte, se realizó otro experimento para medir el impacto de las emociones frente a un ordenador que cuando se interactuaba frente a frente. Con participantes voluntarios en un estudio de dos en dos, se les aplicó juego qué consistía en que uno de los dos participantes disponía de cierta cantidad de dinero que debía compartirla con el segundo así fuese la mínima que quisiera darle; por lo tanto, si el segundo participante aceptaba, ambos ganaban, y si la rechazaba, ambos perdían el dinero. En todos los casos, cuando el jugador que tenía el poder de repartir el dinero ofrecía poco, la percepción de egocentrismo se hacía evidente, la carga emocional aumentaba y el segundo jugador prefería perder a ganar lo poco que se le ofertaba con tal de perjudicar al jugador tacaño. No obstante, después el juego cambió, y ahora en lugar de un jugador repartidor, colocaron a una computadora que emulaba ser el primero, y se encontraba programada para ofrecer todavía una cantidad menor a su contraparte; sin embargo y sorprendentemente, los participantes que recibían el dinero lo aceptaban a pesar de que el ordenador era más tacaño. Observaron que los participantes aceptaban el dinero pues indicaban que era "mejor lo poco que nada", acción contraria a la identificada cuando interactuaron cara a cara, lo que despertó una mayor cantidad de emociones en este tipo de conversación (Kahneman, Knetsh & Thaler, 1986; Hevia, Sanz, Hidalgo, Hernández & Guevara, 2014).

Para ilustrar todos estos asuntos en un plano más común, coloquemos algunos ejemplos muy sencillos: imagine que una estudiante se encuentra en la comodidad de su hogar, en su recamara personal, frente a su ordenador, y teclea comentarios en las redes sociales -RS- con facilidad despectivos y ofensivos hacia cierta compañera de su salón de clase o escuela; sin embargo, la misma facilidad con la que escribió en internet no es la misma para decírselo en persona. Es interesante la tendencia a manifestarse a través de internet, a convertirse en un activista en las RS o como hemos comentado, a ofender libremente a aquellos que no piensan como nosotros en el escenario virtual; pero al llevar a cabo esta interacción en el plano personal el asunto cambia, pues las emociones se disparan en la interacción frente a frente (Braidot, 2011; Kneidinger, 2017).

Interacciones frente a frente y a través de las tecnologías

Fitó-Beltrán, Hernández & Serrandell (2014), afirman que los estudiantes muestran mayor tolerancia al coevaluar a los demás cuando están frente a frente que cuando evalúan a sus compañeros a través de internet de manera no presencial. La disminución de emociones deja espacio para un análisis más detallado en la evaluación y el criterio de valorativo sube, por lo que se presenta una actitud más rigurosa al evaluar. Estos aspectos son propicios en escenarios objetivos de valoración, sin embargo, no hay que perder de vista que no educamos "robots" sino seres humanos, ya que no somos enteramente racionales, sino seres emociónales que razonan, por lo tanto, los valores como la tolerancia y el apoyo mutuo son básicos para la educación, ya que se parte del principio filosófico que nadie puede alcanzar la plenitud de la excelencia, por lo tanto, en el esquema pedagógico siempre debe existir un nivel de tolerancia al alumno en desarrollo.

Liu & Wang (2015), indican que las personas que conversan cara a cara son más propensas a proporcionar emociones más cálidas en su interacción que las personas que interactúan a través de medios digitales. Lipinski-Harten & Tafarodi (2013), señalan afirman que las personas son más propensas hacia la tolerancia cuando discuten frente a frente, que cuando conversan a través de internet, desde lugares físicamente separados. Se ha sugerido, que la ausencia de filtros emociones a través de plataformas comunicativas digitales incrementa la confianza para la exposición de ideas que pueden perjudicar a los demás, porque no es lo mismo hablar frente a frente que elaborar comentarios directos o indirectos desde la privacidad del contacto físico. Es este sentido, Kawate & Patil (2017), afirman que las conversiones en promedio entre adolescentes y jóvenes en los medios sociales tienden a la proclividad de lenguaje sutilmente ofensivo y despectivo. Si bien la burla ante la desgracia ajena ha sido contemporáneamente evidente en escenarios presenciales, este fenómeno se incrementa en las interacciones no personales a través de las RS.

Cyberbullyng y escenarios sutilmente despectivos detonantes en las interacciones en línea

Es evidente que no precisamos aproximarnos en este momento hacia la noción de "cyberbullyng", pues es un concepto manifiesto y conocido; en este sentido, Forssell (2016), señala que este tipo de interacción cobra auge debido a que los emisores no están frente a frente a su víctima, lo que favorece el acoso debido a un bajo contacto emocional y nulo riesgo de contacto físico de retroalimentación inmediata. Veamos esto con más calma dado que nos encontramos tratando el tema de las emociones. Primeramente, conocemos que existen emociones madre que desencadenan a otras por medio de su mezcla, por ejemplo, las emociones principales son: miedo, tristeza, ira, alegría, aversión o asco y vergüenza; y como se comentó, se mezclan para ofrecer un sentimiento resultado, por ejemplo, los celos pueden ser el producto de una mezcla de ira, tristeza y miedo, por mencionar un ejemplo de aquellos factores constitutivos.

Se conoce que el miedo es la emoción más primitiva y la única con la que nacemos, ya que es un primer reflejo para la sobrevivencia. La Prueba de reflejo de Moro es una técnica pediátrica para observar los reflejos neonatales normales. Este reflejo consiste en la respuesta del bebé cuando percibe que se está cayendo de espaldas al vacío o en respuesta a un ruido fuerte e inesperado; por lo que el miedo es una emoción innata que no aprendemos. Ya hemos visto que las emociones juegan un papel adaptativo para aumentar las posibilidades de supervivencia, y por lo tanto el cerebro las prioriza para almacenar recuerdos en la memoria, que son la base para el aprendizaje (Waxman, 2011; Vakil, Wasserman & Tibon; 2018).

Sucede que las tecnologías y en el internet, las redes sociales y los medios virtuales, parten del principio de la facilidad derivado de los objetivos de la ciencia de la tecnología, es decir, "de hacer la vida más fácil". Esto repercute en el escenario conductista del usuario final, para el cual la tecnología trabaja para facilitarle todas sus tareas y hacer su vida funcional más cómoda. Este efecto produce que los sistemas de recompensa del encéfalo se acostumbren a tener al alcance de unos cuantos "clic", cualquier información o acción digital que se procure; disminuyendo el esfuerzo físico y muchas veces mental, lo que genera consecuencias cognitivas, ya que el cerebro es como un músculo que debe esforzarse por ser más rápido y fortalecerse con tareas que le demanden esfuerzo y dedicación (Jeong-So, Choi & Yoon, 2015).

En contextos donde el riesgo de contacto físico es bajo en posibilidades, la recompensa de publicaciones en línea es inmediata, y la susceptibilidad para evitar o escuchar de momento respuestas desagradables a los comentarios emitidos, provee de circunstancias para que emociones como el miedo bajen de grado, y disminuyan los filtros emocionales que pudieran en un determinado momento de contacto personal debilitar las posibilidades de emitir ofensas, y expresar con mayor libertad comentarios con poca visibilidad de conciencia para ofender a otra persona o grupo. Es por este motivo, es más propenso ofender a través de las RS que al estar frente a frente (Kafetsios, Chatzakou, Tsigilis & Vakali, 2017).

Como se ha manifestado de manera iterada, no es lo mismo decir las cosas frente a frente que detrás de un objeto o escenario que separa dos personas de manera física, por ejemplo, la reja que divide a un preso de su custodio o la cerca, o puerta cerrada que separa al sujeto que está dentro de su casa de alguien que está fuera; es decir, está claro que la separación física favorece un detrimento inmediato del miedo respecto al contacto físico que podría tornarse peligroso. Si bien la seguridad física se puede aumentar temporalmente, es poco razonable, aunque bastante común entre los jóvenes y adolescentes que realicen comentarios despectivos hacia otras personas, basados en la percepción de un ambiente "seguro" temporal por la distancia física momentánea. La etiología de este fenómeno no es muy complicada de entender; veamos. Cuando éramos niños y solíamos ofender a un compañero o adulto, era común esperar y recibir una respuesta inmediata física o verbal, por lo que la asociación de miedo al castigo siempre era la más opción significativa. Sin embargo, cuando crecemos y entramos a la adultez, las cosas cambian, es decir, la respuesta o el castigo físico o verbal ya no son instantáneos, en otras palabras, observamos temples a los ofendidos; aunque los adultos se guardan las cosas para "después", por ejemplo, si "María" ofende a su jefe inmediato en público, puede que aquél no le responda de manera inmediata, y quizá se retire sin contestarle, por lo que María con su vigente acondicionamiento infantil pensaría que logró burlar la situación y se salió con la suya; sin embargo, días después se percata que precisa de su superior para realizar algunas tareas y ya no recibe el apoyo que esperaba. Hay personas que creen que este tipo de comportamientos hacen de la adultez una etapa de vida rencorosa, sin embargo, es mejor llevar la fiesta en paz, y ser todo el tiempo cortés, solícito y amable (Manes & Niro, 2014; Kafetsios, Chatzakou, Tsigilis & Vakali, 2017).

Por estas razones, es importante señalar que la carga axiológica debe imperar en una sociedad con generaciones jóvenes que pocos filtros emocionales poseen al estar todo el tiempo en línea, a través de las RS, pues la falta de interacción cara a cara disminuye los escenarios emocionales para la empatía y la consideración. Gieselmann & Pietrowsky (2016), indican que los profesores o tutores en línea suelen ser más estrictos -y aún más cuando nunca conocieron en persona al estudiante-, con sus alumnos y denotan menos confianza en ellos que cuando interactúan de manera presencial, sin embargo, este efecto se puede aminorar y acrecentar la confiabilidad cuando se combina la interacción online con tratamientos frente a frente. Por otro lado, Siampou, Komis & Tseilos (2014), señalan que los estudiantes que trabajan de manera presencial establecen conexiones comunicativas más constantes con el docente que está con ellos, que aquellos que solo trabajan en línea; asimismo, Andersson, Carlbring & Grimlund (2008, afirman que los tratamientos y terapias psicologías se llevan de mejor manera cuando el trato es frente a frente que cuando se llevan a cabo mediante comunicación online. Los investigadores de la salud mental consideran que la mayoría de las terapias psicológicas se deben llevar a cabo en espacios de interacción cara a cara con el paciente, en vez de en lugares asíncronos virtuales. Por otra parte, Kafetsios, Chatzakou, Tsigilis & Vakali (2017), sostienen que los alumnos que trabajan de manera personal sin intervención virtual demuestran una mayor capacidad para la interacción social afectiva, indicando que este tipo las interacciones generan mayores emociones positivas y una mayor satisfacción por el contacto físico y personal que las interacciones por medio de una computadora o dispositivo a distancia.

Los autores Kim, Seo & David (2015) y Kim (2017), señalan que las personas con proclividad hacia la timidez y a la introversión prefieren utilizar con frecuencia los dispositivos móviles, como una manera de evitar soledad en ausencia del contacto personal, interactuando con otros individuos de forma indirecta para evitar confrontaciones frente a frente, lo que genera consecuencias al sujeto como la dependencia hacia los dispositivos para comunicarse, alejándose del contacto físico. Este fenómeno se incrementa en la adolescencia y la juventud, ya que los estudiantes prefieren estar con sus dispositivos aún en situaciones familiares o de trabajo, cuando se requiere que interactúen cara a cara. Por otro lado, el nuevo paradigma móvil en la sociedad ha generado que las personas con frecuencia cuelguen o sitúen gran cantidad de evidencias de su vida personal en las redes sociales, de manera que tienen la facilidad de perfilar en línea una identidad que no necesariamente es la real; por lo que tratan de evitar situaciones presenciales donde se ponga de manifiesto su verdadera condición.

Conclusiones

Después de observar las implicaciones anteriores, Khoza (2017), indica que, si bien las emociones se incrementan en la interacción cara a cara entre profesores y alumnos, estos efectos pueden ser tanto positivos como negativos, ya que se pueden incrementar empatía y los comportamientos positivos como la tolerancia y el apego emocional, así como comportamientos negativos del trato docente asociados a conductas agresivas como la falta de disciplina y la templanza, fenómenos contemporáneamente conocidos. Sin embargo, la interacción cara a cara no dejará de ser en el mediano plazo un medio de comunicación eficaz para el reforzamiento de emociones que son la base de la memoria humana para el aprendizaje.

Es necesario como profesores e investigadores en el campo de la educación continuar reflexionando sobre la praxis emocional en el terreno de la enseñanza y el impacto de estas circunstancias en los escenarios virtuales, donde cada vez más nuestros alumnos jóvenes pasan mucho tiempo de su día conectados (Borawska, 2018). El propósito de este libro es ofrecer al lector, principalmente a los profesores, investigadores interesados y maestros en formación inicial, algunas pautas rescatadas del estudio de aquellos factores y aspectos que intervienen en el proceso de las RS y cómo estos impactan en el proceso educativo, social, económico y cultural.

Aspectos benéficos de las redes sociales en el escenario educativo

Daniel Cantú Cervantes
Hugo Isaías Molina Montalvo
Daniel Desiderio Borrego Gómez
Carmen Lilia de Alejandro García

Introducción

El emergente y novedoso escenario de las redes sociales -RS- continúan siendo un objeto de estudio interesante ya que proveen la generación de nuevos comportamientos entre los usuarios al utilizarlas. Existe una extensa literatura que apoya la idea que las redes son "contrarias" al acto educativo y que provocan entre otros perjuicios, la adicción en los usuarios jóvenes. Este problema se ha evidenciado y generado mayores contextos de veto que de ánimos por utilizar las redes con fines educativos.

Una gran parte del gremio académico en Educación Básica mantiene actualmente una perspectiva prohibitiva de las RS en la Escuela, así como del uso de los dispositivos móviles en la educación formal. Si bien es cierto que hacen faltan metodologías que favorezcan una mejor adaptación de las TIC móviles y de las RS en el proceso educativo, el hecho es, que actualmente existe una valla de obstáculos que cruzar para acércanos a un escenario donde las RS favorezcan más que entorpezcan los procesos educativos de la Escuela. Los obstáculos se engrandecen porque se encuentra implicados directamente con los comportamientos que los usuarios ejecutan en las redes, lo que vuelve complejo el proceso de estudio del fenómeno de las RS y la educación (Cantú y Amaya, 2017).

Existen algunos aspectos benéficos evidentes del uso de las RS fuera del contexto educativo en el quehacer diario de la sociedad; por ejemplo, las redes propician la generación de debates argumentativos que se vuelven con mayor probabilidad tendencia si son considerados del interés común, es decir, temas que atañen al colectivo de manera inmediata, por ejemplo los procesos gubernamentales y políticos que causan evidentes complicaciones sociales, así como también los acontecimientos imprevistos emergentes como tragedias, cataclismos, crisis económicas, entre otros. Los temas no emergentes también tienen su debate eterno, aunque de manera "pasiva" y no tienen la presencia que tienen los primeros comentados; la mayor parte de estos debates pasivos se encuentran dentro de subgrupos específicos dentro de las RS. Otro de los beneficios colectivos de las RS es la divulgación de la ciencia; sin embargo, su popularidad entre las masas recae principalmente cuando se trata de hallazgos trascendentes o impactantes; aunado a esto, se ha sugerido que la colaboración de la comunidad científica puede estimularse con las RS; uniendo vínculos entre investigadores de todas partes del mundo (Hamid, Waycott, Kurnia & Chang, 2015; Hinojo, Aznar, Cáceres & Romero, 2018).

Otro beneficio de las RS es el comercio usuario a usuario. Este tipo de negocio tiene un impacto sobresaliente sobre las empresas establecidas o marcas que promocionan sus productos en las redes.

El tipo de comercio punto a punto posee varios factores fundamentales que le distinguen: la facilidad de regateo, el trueque y la flexibilidad de entrega de los bienes adquiridos. Estos tres aspectos permiten sobresalir este tipo de comercio ya que los usuarios tienen la flexibilidad de negociar directamente los precios con el vendedor y ofrecer cambios y compensaciones por los productos en caso de crisis de efectivo; además las partes directas pueden acordar la entrega y el método de pago de múltiples maneras, factores que difícilmente son empleados por las empresas.

El comercio usuario a usuario en las RS continúa siendo un objeto de estudio porque está impactando en la manera de cómo se da el negocio de ventas online hoy en día. Este tipo de comercio cada vez se vuelve más amplio y frecuentado, tanto así que plataformas como Facebook© han incluido formatos preestablecidos para que los usuarios publiquen sus productos que deseen vender; esto sin contar la multiplicidad de sitios y subgrupos para el comercio en las redes que va desde lo general hasta lo especifico (Gensler, Völckner, Liu-Thompkins & Wiertz, 2013; Smith & Knighton, 2018)

Predilecto pedagógico de la inserción tecnológica en la educación: Blended Learning

Respecto al contexto académico, Burçin-Hamutoğlu, Kiyici & Işman (2013), indican que el Blended Learning es el predilecto actual más prometedor respecto a la inserción de la tecnología en la educación, ya que mezcla interacciones frente a frente con metodologías de trabajo presencial y en línea, lo que ofrece múltiples factores para trabajar en diversos contextos con diversos métodos de enseñanza. La interaccion cara a cara se analiza con mayor precisión en el capítulo titulado: "¿Podrán en el futuro las tecnologías sustituir al maestro?" del presente libro. En este sentido, Cantú y Amaya (2017), explican que el Blended Learning fue uno de los primeros pasos hacia lo que se ha considerado el trayecto de la incorporación de las tecnologías en la educación hasta el Mobile Learning, que es el aprendizaje dado en contextos móviles con dispositivos. Se ha sugerido que el Blended Learning surge a la par con el D-Learning que es el aprendizaje a distancia, aunque siguieron en un principio caminos diferentes. Seguido de estos, surge el conocido E-Learning distinguido por la separación física del profesorado o tutores de los alumnos a través de comunicación por medio de plataformas online. La estrategia de E-Learning permite que la instrucción llegue a un mayor número de educandos no importando la distancia en que se encuentren. En este trayecto, con la llegada y la proliferación de los dispositivos móviles en el mercado, surge el Mobile Learning que reúne componentes metodológicos del E-Learning, Blended Learning y D-Learning; aunque existe la terminología U-Learning o aprendizaje ubicuo referido a la incorporación de todas las tecnologías, tanto móviles como no móviles.

Respecto a lo anterior, cabe preguntarse ¿por qué es que el Blended Learning que fue pionero del trayecto de la incorporación de las TIC a la educación, es ahora el más predilecto en la educación digital?, porque mezcla los componentes de interacción cara a cara con los virtuales. Esto se explicó con más detalle en el primer capítulo. La ventaja emocional ante el contacto presencial del alumno con el maestro y la disminución de emocionales afectivos en la interacción a través de internet, permiten que la mezcla de las metodologías de enseñanza que priorizan en una combinación online y presencial, obtengan mayores resultados no solo sobre las competencias Know y Do, sino también sobre la restante: Be (Goleman, 2012; LeDoux, 2012; Kyriazi, Headley & Paré, 2018).

Interacción espontánea

La interacción espontanea se otro de los beneficios de las RS en la educación, ya que como se ha reiterado, es el eje colaborativo el factor más facilitado de las RS, ya que propician una retroalimentación positiva heterogénea entre todos los usuarios de una comunidad que tiene intereses comunes, es decir, no es necesario catalogar a los miembros por edad o por nivel académico. Es como si existiera una enorme aula multigrado y multicultural donde no importaran los quiénes sino los cómo y los porqués (Dingyloudi & Strijbos, 2018).

Al respecto, Munzel, Meyer-Waarden & Galan (2018), afirman que cuando la colaboración es óptima y la conexión social es permanente y armoniosa, los usuarios perciben una mayor satisfacción general y tienden a seguir interactuando en el mismo grupo para obtener más logros en colectivo. Este escenario salta a la educación formal cuando los profesores y los alumnos se encuentran conectados de manera recurrente, lo que favorece una estructura social que beneficia en el aprendizaje de los alumnos. Tener a un mentor como el profesor de contacto directo y mutuo en las RS ayuda a los estudiantes a centrar y filtrar la información que reciben a diario del flujo constante de contenido que se publica en las redes. Es importante reiterar que la figura del docente siempre es un eje moderador en el tipo de conocimiento y metodología que el estudiante procesa tanto en las redes como en la clase presencial.

Los autores Bond, Chykina & Jones (2017) y Milošević, Živković, Arsić & Manasijević (2018), indican que pertenecer a grupos de amigos con alto rendimiento en las RS no provoca que sus miembros mejoren su rendimiento académico dada la interactividad de estos en la red, sino que más bien el logro positivo se da cuando los usuarios se ubican en una posición más central del grupo o son protagonistas de la interacción. Por tanto, entre mayor participación y papel en la gestión de las interacciones se tenga, mayores serán las posibilidades de un logro positivo del estudiante. Si bien es importante colaborar, es aún más importante estar en el centro de la colaboración siendo un activo protagonista de todos los procesos que el grupo emprenda; por este motivo, los grupos pequeños de estudio moderados por un docente en las RS, conforman escenarios con mayores probabilidades de éxito académico en este tipo de metodologías.

Conformación de grupos específicos de estudio

Para comenzar este subtema, se presenta la siguiente interrogante: ¿por qué un grupo de estudio de alumnos en las RS precisa de un docente moderador?, porque generalmente las interacciones protagónicas entre los jóvenes adolescentes tienden a perseguir el quién y no el cómo ni el porqué; es decir, el promedio de la actividad de los usuarios jóvenes en las RS tiene proclividad a la autopublicación de evidencias que logren una admiración de otros usuarios conocidos, lo que eventualmente produciría una mejor popularidad. Estas evidencias son de manera general de índole personal, sentimental y emocional y causan mayor impacto e impresión que el peso académico del usuario o el conocimiento que denote en las redes. Por estos motivos, la tendencia de las masas en las RS no persigue propiamente fines educativos. Si bien enfatizar en las figuras personales puede ser bueno, para fines didácticos es mejor dar paso a los cómo y porqués para resolver y comprender un problema o solución. Los grupos de opinión libre y heterogénea en las RS pueden desencadenar debates interminables y fuera de foco que distraen los objetivos establecidos. La presencia de moderadores morales y académicos como la figura del docente en grupos focales y específicos permite dirigir los esfuerzos hacia el cumplimiento de metas y construcción de conocimientos aproximados a los objetivos (O'Connor & Gladstone, 2018; Sapountzi & Psannis, 2018).

Respecto a lo anterior, Tarbush & Teytelboym (2017), han identificado que si bien es un hecho de que el promedio de las interacciones en los grupos de las RS se siguen dando de manera heterogénea, es decir, que se comparte y se observa contenido de diversos usuarios y grupos, los aprendizajes se refuerzan mejor cuando los usuarios comparten con sus lazos muy estrechos, por ejemplo, con familiares y amistades cercanas, esto además de mejorar los lazos afectivos, promueve una mayor atención y atractivo para analizar el contenido publicado por la amistad próxima; lo que puede convertirse en una buena estrategia cuando los padres se convierten en tutores de apoyo para los hijos o cuando el docente genera una confianza y amistad con los estudiantes, que permite un mayor interés en ellos por ver el contenido que el docente les publica.

Por otra parte, Swindle, Ward & Whiteside (2018) y Phu & Gow (2018), identifican que la participación de la familia en las RS ha generado interesantes aspectos que conviene comentar y reflexionar, por ejemplo, afirman que existe un índice más alto de convivencia familiar en las RS entre familias del medio rural que urbanas; esto no significa que el apego familiar en ambos contextos sea diferente, solo que las familias rurales tienden a ser más activas en la interacción continua con sus miembros. Aunque estas cuestiones conductuales siguen siendo objeto de estudio actualmente, es interesante reflexionar sobre esta tendencia, ya que la participación de los padres en las RS puede convertirse en un aliado del maestro en cuanto a la conformación de grupos de estudio, donde no solo se incluyan alumnos, sino también tutores próximos como los padres que interactúen en un proceso de construcción de conocimientos básicos que ven los alumnos, o bien pueden fungir como espectadores que vigilen de cerca a los hijos como estudiantes que deben acatar la moderaciones del docente y la impartición de trabajos en el escenario virtual.

Conocimiento multimedia

Entre otros beneficios de las RS en la educación, se distingue la facilidad para la compartición de contenido multimedia, que puede ser significadamente útil para el aprendizaje de contenidos. Sin embargo, continúa existiendo una seria preocupación para identificar la información que es real o que provenga de fuentes confiables, por lo que se la figura docente como experto en la rama estudiada por el alumno, sigue siendo imprescindible en la instrucción online. Por otra parte, se han intentado la formulación de técnicas inteligentes computacionales sofisticadas en las RS y buscadores de internet para reducir falsas noticias y contenido de tipo spam que circundan las redes y el correo electrónico. Sin embargo, los contenidos falseados publicados en las redes son difíciles de erradicar ya que dependen de los mismos usuarios y de la aceptación que se les concede (Hossain, Alhamid & Muhammad, 2018).

Los investigadores Thai, Sheerran & Cummings (2018) y Awidi, Paynter, & Vujosevic (2018), indican que metodologías como el Blended Learning en RS funcionan, ya que los cursos académicos en grupos formales promueven una mayor conexión social ubicua entre el profesor y alumnos, aunque el trabajo online requiere de mucha moderación, y aún más cuando se trata de estudiantes jóvenes y adolescentes. ¿Por qué sucede esto, qué pasa entonces con los niños pequeños?, pues como se ha reiterado, los infantes carecen de mayor maduración cerebral lo que aumenta las probabilidades de distraerse y tener poca autodisciplina en tareas autónomas de navegación por las RS; los adolescentes tiene un poco más de maduración cerebral que les permite un grado de reflexión sobre las cosas, aunque esta etapa genera dificultades para controlar impulsos y dejarse llevar por las tendencias conductuales populares en las redes. ¿Entonces que se recomienda?, lo más recomendable al trabajar con tecnologías virtuales como las RS, es con los alumnos mayores situados en los niveles superiores y de posgrado, dado el alto índice requerido de autodisciplina para el estudio autónomo y la gestión adecuada en las interacciones.

Idiomas: aprendizajes potenciados en las RS

Las adquisiciones de lenguajes no maternos presentan un mejor rendimiento con la ayuda de los dispositivos móviles y las RS, esto se debe a la praxis es la médula de la adquisición del lenguaje. El aprendizaje de idiomas en las RS no solo favorece la asimilación del idioma receptivo, es decir, aquella capacidad para recibir estímulos lingüísticos externos, sino también para el lenguaje eferente, que el alumno expresa para comunicarse con los demás. Las RS son un escenario excelente para la apropiación de un idioma porque no solo puedes comunicarse con tu profesor o compañeros de clase, sino con familiares o amistades en el extranjero, conocidos locales o usuarios de grupos en las redes destinados al aprendizaje del idioma pretendido (Sirivedin, Soopunyo, Srisuantang & Wongsothorn, 2018). Al respecto, Cantú y Amaya (2017), afirman que la interacción social continua en las RS conforma el ambiente propicio para este tipo de aprendizajes, ya que la praxis y el lenguaje conforman una unidad dialéctica, debido que no puede ser una sin la otra. Además, la incorporación de los dispositivos móviles en combinación con el uso de las RS fomenta la flexibilidad para aprender y ejercitar el idioma en cualquier tiempo y lugar utilizando todos los medios disponibles para enviar y recibir información, por ejemplo, escribir y recibir texto, enviar audio y establecer una llamada telefónica o videollamada.

Conclusión

Es necesario señalar, que, aunque parezca que la corriente va en contra del uso educativo que se le pueda dar a las redes, es posible aproximarnos a algunas estrategias didácticas que pueden verse favorecidas con el uso de las RS. Es importante continuar reflexionando sobre la práctica pedagógica en el contexto social online, ya que las redes han llegado para quedarse y son cada vez más populares y recurridas por la sociedad que se encuentra inmersa en ellas.

Sistema de tutoría inteligente aplicado a la enseñanza de programación de computadoras a nivel licenciatura

Mario Humberto Rodríguez Chávez
José Francisco López Guajardo

Introducción

El constante movimiento económico y social del mundo refleja una creciente demanda de expertos en el área de las Tecnologías de la Información y Comunicaciones -TIC-, particularmente el desarrollo de software. En un país como México de 128 millones de habitantes, enfrenta un déficit de 20,000 ingenieros y profesionales para este perfil, en los próximos 5 años. Un estudiante de nuevo ingreso, que toma un primer curso de algoritmos y programación computacional, tiene carencias de conocimiento asociadas con elementos relacionados con múltiples aspectos de su historia académica y que pueden ser variados como la capacidad de entender un texto, analizar y resolver un problema matemático o plantear una estrategia de solución para llevar a cabo la implementación de un algoritmo a una problemática presentada.

El éxito de superar estos obstáculos está relacionado con dos elementos principales en el proceso de enseñanza–aprendizaje: el estudiante y el profesor. El primero al tener tenacidad e iniciativa de aprender, entendiendo el valor que tiene el aprendizaje para el éxito de emplearse como experto en la industria del software y el segundo al identificar las fortalezas y debilidades del alumno para plantearle un plan de acción que le permita superarse con la frustración nula (Quispe, 2014).

En ésta dinámica estudiante – profesor, una solución en el proceso de enseñanza en temas relacionados con la programación de computadoras es la implementación de Sistemas de Tutoría Inteligente -ITS- para identificar de manera temprana la falta de conocimiento de temas relacionados con el desarrollo de software y ofrecer una alternativa de ayuda y apoyo a los estudiantes con carencias, y una solución de reforzamiento de conocimientos para estudiantes que dominan los temas vistos en clase. La enseñanza asistida por computadora a través de Sistemas de Tutoría Inteligente (ITS), nace en la década de los 60, siendo investigada y desarrollada en centros y universidades, tomando mayor auge después de la aparición de las microcomputadoras.

Los ITS son programas que enfocan una sesión de enseñanza como un proceso de cooperación entre el tutor y el alumno con objetivos de enseñar y aprender determinados conceptos; su diseño y construcción es la base de la psicología cognitiva, investigación educativa e inteligencia artificial (Jiménez, 2008; Quispe, 2014).

El objetivo general de este trabajo es presentar una metodología de desarrollo para un Sistema de Tutoría Inteligente (ITS) a través de una librería de Inteligencia Artificial -tensorflow- la cual nos permita identificar los módulos a considerar para la construcción del ITS mediante una interfaz web.

Objetivos específicos:

- Análisis de la literatura para identificar las diferentes herramientas que ayuden en la construcción de un ITS a través de una aplicación web.
- Analizar y describir el uso de los ITS en la educación.
- Funcionamiento de la librería tensorflow de apoyo en el desarrollo de ITS.

A continuación, el marco teórico que sustenta el desarrollo de los Sistemas de Tutorías Inteligente a la educación a distancia, y el cual constituye esencialmente una revisión bibliográfica del tema. Este estudio se considera como uno de investigación básica. Posteriormente, nos concentramos en la educación a distancia a nivel de educación superior en México.

Marco teórico

En este apartado se definen los conceptos involucrados en el tema de investigación, en donde se justifica la construcción de un ITS para fortalecer el aprendizaje de lenguajes de programación computacional. En la actualidad existe un gran problema con los sistemas tradicionales del aprendizaje a través de la computadora, este problema se incrementó a través de la explosión del Internet y el crecimiento de este tipo de sistemas conocidos como "educación virtual". Ovalle y Jiménez (2006) detallan que este problema es el de la dificultad de suministrar una enseñanza individualizada adaptada a las necesidades y características específicas del alumno.

Existen diversos sistemas educativos computarizados que utilizan técnicas de la inteligencia artificial (IA) que de acuerdo con Ovalle y Jiménez (2008) "integrar la inteligencia artificial con la educación radica en aplicar las técnicas al desarrollo de sistemas de enseñanza-aprendizaje asistidos por computador, con el objetivo de crear sistemas más inteligentes" (p.99). Ovalle y Jimenez (2008) también puntualizan que "algunas de las técnicas de la inteligencia artificial son: Planificación Instruccional, Razonamiento Basado en Casos -CBR-, Sistemas Tutoriales Inteligentes -ITS-, Ambientes Colaborativos de Aprendizaje -CSCL- y Sistemas Multi-agente-MAS-, entre otros (p.99).

Los maestros y tutores según Morales (2007) juegan un papel crucial en el proceso de enseñanza-aprendizaje, proporcionando al estudiante retroalimentación sobre lo estudiado y orientación sobre la ruta a seguir, lográndose de esta manera un cierto grado de personalización del proceso educativo a las necesidades y aptitudes específicas de cada estudiante. La investigación en este campo es muy ambiciosa ya que este tipo de sistemas plantean el desarrollo de herramientas que monitoricen de forma inteligente y analicen el grado de atención y el nivel de productividad de los estudiantes en cualquier área del conocimiento.

Sistemas de Tutoría Inteligente

En el diseño de los Sistemas de Tutoría Inteligente interviene la Inteligencia Artificial -AI- la cual es la disciplina que estudia la creación y diseño de entidades capaces de razonar por sí mismas (Cataldi & Lage, 2009), la visión por generar formas que imiten el comportamiento de la inteligencia humana y la creciente demanda del sistema educativo para medir el rendimiento del estudiante, la AI de la mano de las tecnologías de la información y la comunicación crearon la Instrucción Asistida por Computadora -CAI-, el cual es un sistema de instrucciones computacionales y posee dos características importantes: el estudiante y la computadora que es un vehículo para las instrucciones, no un método de enseñanza (Huapaya, 2009). Más tarde este sistema evolucionó a los Sistemas Tutorías inteligentes. Un ITS se define como: sistemas computacionales diseñados para impartir instrucción y apoyar inteligentemente los procesos de enseñanza aprendizaje mediante la interacción con el alumno (Arias, Jiménez, & Ovalle, 2009). Desde esta perspectiva el ITS es un tipo de ambiente interactivo que está diseñado para el aprendizaje individual y se distingue de los otros tipos por su capacidad para modelar el estado cognitivo del usuario, permitiendo brindar consejos sensibles al contexto y retroalimentar en todos los pasos de un proceso de aprendizaje (Graesser, Chipman, Haynes, & Olney, 2005). Su objetivo principal, además de dominar un área de conocimiento en específico, es desarrollar una metodología que se adapte al alumno e interactúe dinámicamente con el mismo (Hernández, et al., 2015).

Un STI se compone de una arquitectura de 4 módulos: 1) Modulo del experto -o dominio-: es el conocimiento del dominio -o tópicos del tema que será enseñado- introducido en el sistema y representa el conocimiento del experto en el tema y las características de la resolución de problemas asociados. 2) Modulo del estudiante: su función es capturar el entendimiento del aprendiz sobre el dominio. 3) Modulo tutor o tutorial: contiene las estrategias tutoriales e instrucciones indispensables. Estas estrategias deben ajustarse a las necesidades del estudiante sin la intervención del tutor humano. El propósito principal de este módulo es reducir la diferencia del conocimiento entre el experto y el estudiante al mínimo -o a ninguna-. 4) Módulo entorno: gestiona la interacción de los otros componentes del sistema y controla la interfaz hombre/máquina (Huapaya, 2009; Cataldi & Lage, 2009; Urretavizcaya, 2001).

Se asume que el aprender a programar computadoras, el estudiante desarrolla ciertas habilidades, pero los profesores encuentran que no todos los estudiantes las desarrollan con la misma eficiencia al tener deficiencias en aptitud y actitud (Quiroga, 2016, p. 21).

La enseñanza de programación dentro de la Universidad Politécnica de Victoria toma el grupo de estudiantes como una entidad dinámica, es decir, pasa de un tema tras otro, pero es en ese trayecto que el estudiante no alcanza el dominio del tema que le de las herramientas suficientes para abordar el siguiente, lo que causa que progresivamente el alumno se vea superado por las actividades de la materia y termine por darse por vencido y alejarse de la programación.

En el área de la programación computacional el alumno debe desarrollar habilidades de inteligencia emocional y estrategias de solución de problemas (Quiroga, 2016). Las habilidades que puede destacar dentro de un estudiante son:

- Establecer un plan detallado de solución del problema.
- Dominio de un lenguaje de programación.

- Hacer pruebas y depuración de código.

De forma específica, las materias de desarrollo de software dentro de la UPV buscan que el estudiante sea capaz de abstraer de la realidad los elementos de un problema que impliquen la automatización de las tareas para el manejo de información, analizar, moldear y describir componentes necesarios para la solución de problemas con la computadora. Para el apoyo del aprendizaje dentro del aula en temas relacionados con el desarrollo de software, existen los ITS que a través de AI sirven de ayuda para detectar el aprendizaje de los estudiantes de manera oportuna y brindar una alternativa de conocimiento. Los Sistemas de Tutoría Inteligente son sistemas diseñados para replicar la efectividad de la tutoría humana en herramientas digitales. La efectividad de la tutoría individual en la instrucción en grupos grandes se ha establecido con experimentos con tutores humanos. La tutoría es una forma de atención educativa donde el profesor apoya a un estudiante o a un grupo de estudiantes de una manera sistemática, por medio de la estructuración de objetivos, programas, organización por áreas, técnicas de enseñanza apropiadas e integración de grupos conforme a ciertos criterios y mecanismos de monitoreo y control, entre otros. (Crow, et al., 2018).

Sistema web

Para la construcción de los sistemas de tutoría inteligentes, es indispensable considerar la creación de un sistema web para la interacción y experiencia de usuario entre el alumno y el algoritmo de tutoría inteligente a través de inteligencia artificial, es por ello que vamos a definir un sistema web. Los sistemas web son sistemas de información que son un tipo de software codificado en lenguajes de programación soportados por navegadores web, ejemplos de navegadores son: Google Chrome, Firefox, safari, opera, entre otros. Este tipo de sistemas de información poseen como característica que tienen sus recursos como archivos o bases de datos alojados en servidores web. Los sistemas de información web no requieren de una instalación para su ejecución, basta simplemente con poseer acceso a internet y tener un navegador web (In Learning, 2019).

La definición de sistema web está vinculada con el almacenamiento en la nube. La información se guarda en grandes servidores de internet y nos envían los navegadores los datos que requerimos en ese momento. Es importante mencionar que, en cualquier momento, lugar y desde cualquier dispositivo podemos acceder a este servicio ya que solo se necesita una conexión a internet. Gracias a las características mencionas, muchas empresas optan por el uso de los sistemas de información web para la publicación de su información, permitiendo así llegan a más personas disminuyendo sus costos, al solamente necesitar internet para su utilización independiente- mente de su ubicación, o el dispositivo o equipo que utilice el usuario. Algunos ejemplos de sistemas de información web son:

- Correo electrónico Microsoft Outlook©.
- Consultar CURP.
- Consultar RFC.

Un sistema de información web se divide en tres partes: la base de datos en donde se almacena la información, la aplicación que es almacenada en un servidor de aplicaciones, comúnmente en la nube, y el usuario que mediante una estación de trabajo puede acceder a través de un navegador.

Para el desarrollo de la primera versión del Sistema de Tutoría se considera una muestra representativa de cualquier institución de nivel superior del área de las TIC para su implementación y análisis de los resultados con base a una aplicación web la cual mediante algoritmos de Inteligencia Artificial analizará el comportamiento del aprendizaje significativo sobre el desarrollo de software, para ello se sigue la metodología SCRUM la cual tiene las siguientes características:

- Permite el desarrollo de software de manera ágil, lo que permite tener un seguimiento constante de los avances de los módulos del proyecto en un tiempo determinado.
- El software puede ser desarrollado por un equipo de trabajo pequeño.
- Se realizan revisiones diarias de lo desarrollado a manera de una retroalimentación para posibles cambios y detallar problemas para dar seguimiento al desarrollo.

Descripción general de un ITS.

a) El objetivo principal el Sistema de Tutoría Inteligente es identificar el nivel de aprendizaje sobre el área del desarrollo del software a través de un algoritmo de inteligencia artificial el cual permitirá detectar de manera temprana el nivel de dominio de los temas relacionados con la programación computacional para ofrecer una alternativa de solución a manera de ejercicios para fortalecer el aprendizaje significativo.

b) El sistema permitirá al estudiante ofrecer soluciones para aprender a desarrollar software y fortalecer así los conocimientos sobre programación computacional.

Existen diferentes librerías AI que permiten el desarrollo de algoritmos para la creación de Sistemas de Tutores Inteligentes, Tensorflow es una biblioteca de código abierto para aprendizaje automático a través de un rango de tareas, y desarrollado por Google para satisfacer sus necesidades de sistemas capaces de construir y entrenar redes neuronales para detectar y descifrar patrones y correlaciones, análogos al aprendizaje y razonamiento usados por los humanos. El uso de herramientas de inteligencia artificial como lo es el caso de Tensorflow para la construcción de Sistemas de Tutoría Inteligente, permiten generar enseñanzas en tiempo real permitiendo la discusión libre entre las herramientas tecnológicas y el alumno (Tensorflow, 2019).

c) Metodologías para el desarrollo de ITS.

Al igual que existen varias arquitecturas para desarrollar un sistema tutor inteligente son múltiples las metodologías que se emplean con el mismo objetivo, una de ellas es elaborada por Salgueiro, Costa, Cataldi, Lage, García-Martínez (2005), la cual propone un nuevo enfoque, sin alejarse de la estructura clásica, hace énfasis sobre todo en el módulo del tutor, aboga sobre la idea de que mientras más conocimiento instruccional se posea, mejor explicado será el contenido y las actividades, traduciéndose esto en mayor conocimiento para el alumno.

Como contraparte, Cataldi & Lage (2009), indican una metodología con un enfoque más hacia el módulo del alumno. Reconocen que un STI que posea un módulo del alumno muy detallado garantizaría en su totalidad el calificativo 'inteligente' del sistema, pues se acoplaría aún más a las particularidades de sus alumnos. Por otra parte, existen metodologías que persiguen la integración de un sistema gestor de aprendizaje -SGA- con un STI (Tarongí, 2010), dotando así a estos últimos con un enfoque basado en la Web.

d) Integración de los componentes del ITS.

En este apartado se establecen las relaciones existentes entre los principales componentes que forman parte del ITS, indicando cuál es la equivalencia entre los datos de las distintas tablas de la base de datos. La primera relación que se encuentra en el módulo del alumno es el estilo de aprendizaje que determina el método pedagógico del módulo del tutor. A partir de los distintos tipos de métodos pedagógicos se han establecido las equivalencias con las diferentes dimensiones de los estilos de aprendizaje, se marca el estilo que predomina en cada método, según las características del alumno, según sus carencias; estas se toman en cuenta con el objetivo de instruirlo de la mejor forma posible. Otras de las relaciones que existen entre el módulo del alumno y el módulo del tutor son la base para definir las actividades que realizará el estudiante, los cuales vienen condicionados por el componente estilo de aprendizaje y están marcados por el componente nivel de conocimiento. El componente estilo de aprendizaje condiciona el formato en que se presentarán los objetos, mientras que el nivel de conocimiento marca la complejidad de estos (Crow, et al., 2018).

Por otra parte, la interfaz viene modelada por el estilo de aprendizaje, aunque esta relación no es muy vinculante, ya que el alumno tiene libertad para modificar y adaptar el entorno de trabajo o interfaz a su gusto, se guardan los cambios que realice y se mantienen para las siguientes sesiones de trabajo que establezca. A modo de inicialización de la aplicación ITS se pueden tomar en consideración las pautas establecidas donde se han analizado las características que presentan los diferentes tipos de herramientas y su relación con las dimensiones del estilo de aprendizaje (Quiroga, 2016).

Conclusiones

Existen varias metodologías para guiar el desarrollo de un ITS, cada una con sus peculiaridades, pero todas coinciden en que una arquitectura en tres módulos -Alumno, Tutor y Dominio- es apropiada para desarrollar el ITS. La propuesta metodológica quedó conformada por la integración entre los principales componentes, diseño del módulo del alumno, diseño del módulo del tutor, diseño del módulo de dominio y análisis de los estándares de codificación y su validación mediante el método de valoración de expertos, confirma que es adecuada y permite guiar el desarrollo de un ITS basado en la web para apoyar el proceso de aprendizaje de programación computacional para estudiantes del área de las TIC a nivel superior.

El pensamiento computacional, la nueva habilidad del siglo XXI

José Guillermo Marreros
Nallely Contreras Limón

En el presente documento se describe una las habilidades de pensamiento que se demandará en los próximos años para contribuir a la formación de un perfil integral en los futuros profesionistas, mismas que permitirán la rápida implantación de la nueva era industrial caracterizada por la introducción de internet en los procesos de manufactura y que está marcando ya la forma de producir bienes y servicios en todo el mundo.

De igual forma, se destaca el por qué estas habilidades serán igual de importantes que el pensamiento lógico-matemático, las habilidades de comprensión lectora y redacción, así como el domino de una segunda lengua, lo que permite considerarlas como competencias clave para la formación de los alumnos en los próximos años.

Finalmente, se presenta al lector un vocabulario de definiciones relacionados con conceptos de computación y una propuesta de actividades que se encuentran organizadas por nivel educativo, que permitirán al docente incorporarlas de forma inmediata en el salón de clase.

Introducción

El panorama de inicio del siglo XXI trajo consigo un conjunto de competencias que se requieren desarrollar en los alumnos de todos los niveles educativos y la necesidad de las instituciones educativas de prepararlos para los futuros escenarios laborales, donde muchos de estos empleos aún ni siquiera existen y en donde la tecnología de internet juega un papel clave para su pronta realización.

Sin duda alguna internet ha transformado la gran mayoría de las actividades que se realizan de forma cotidiana, desde la comunicación con familiares y amigos hasta la manera de planear viajes y la compra productos de primera necesidad; todo ello gracias a la enorme conectividad de dispositivos fijos y móviles que intercambian información entre sí. De acuerdo con la consultora Deloitte, en 2018 se contaba con un total de 8 millones de dispositivos conectados en México y se prevé que para el 2022 existirán alrededor de 500 millones de dispositivos, este enorme crecimiento de conexión de dispositivos permitirá hacer realidad muchas de las tendencias tecnológicas en México que solo se visualizan en las películas de ciencia ficción, como los son la realidad virtual, la realidad aumentada y el internet de las cosas, pero lo más importante es que se dará paso al surgimiento de una nueva era industrial.

En los últimos 200 años de la historia de la humanidad han existido 4 revoluciones industriales que han marcado el desarrollo económico de los países, de acuerdo con Martínez, 2016, estas etapas han incluido progresos en la ciencia y tecnología que han permitido modificar los estilos de vida y forma de trabajo de las comunidades.

La primera revolución industrial iniciada en Inglaterra durante 1786 trajo consigo cambios en los medios de producción al incorporar instrumentos mecánicos de tracción -hidráulicos, el telar mecánico y la máquina de vapor.

Entre 1870 y 1918 ocurrió la segunda revolución en Inglaterra, Europa Occidental, Estados Unidos y Japón, siendo desarrollados inventos tales como la electricidad, la bombilla eléctrica, el radio trasmisor y el automóvil de combustión interna.

Por su parte la tercera etapa surgió en 1970, y se denominó la "revolución de los elementos inteligentes "y fue impulsada fuertemente por la aviación, la industria espacial, la energía atómica, la cibernética, los ordenadores personales y las tecnologías de la información para automatizar los procesos de producción, así como el surgimiento de la tecnología de internet.

La cuarta revolución vigente en la actualidad, consiste básicamente en la introducción de la tecnología de internet en la industria, Al respecto Rüßmann et al. (2015) señalan que la industria 4.0 se caracterizará por la aparición de 9 tecnologías principalmente: el uso de simuladores, el análisis y predicción de los datos (Big Data), el internet de las cosas (IoT), el uso de robots para manufactura, los sistemas de cómputo en la nube, la realidad aumentada, la ciberseguridad, la expansión de empresas para aumentar su cobertura en servicios y la impresión de piezas en 3D. *Ver imagen 1.*

Imagen 1. 9 Tecnologías de la Industria 4.0

Todas estas innovaciones no serán ajenas al ámbito educativo, ya que permitirán la incorporación de nuevos artefactos tecnológicos en las aulas para mejorar la experiencia de aprendizaje, además de modificar los métodos tradicionales de enseñanza dando paso también a una evolución de la educación.

El paradigma de la Educación 4.0

Las nuevas formas de producir bienes y servicios provocarán cambios en el mercado laboral, al demandar profesionales que puedan solucionar problemas en todas las áreas y mejorar los servicios actuales, de tal manera que la industria 4.0 va a requerir de nuevos modelos educativos para la formación de los alumnos.

Aunado a lo anterior, el fácil acceso a los dispositivos móviles tales como laptops, tabletas, teléfonos y relojes inteligentes; así como el acelerado crecimiento de conectividad a internet, ha modificado los métodos tradicionales de enseñanza y aprendizaje, por lo que los profesores han tenido que incorporar las TIC como una herramienta de apoyo didáctico en el salón de clases con distintos usos y fines académicos.

Al respecto, el Instituto Politécnico Nacional en su portal docente menciona que la educación avanzó del nivel 1.0 al 3.0 a partir de las necesidades de aprendizaje de los alumnos, de mantener una sola dirección a ser bidireccional, hasta tener una autonomía sobre el control del contenido gracias a la incorporación de las tecnologías.

Por su parte, la Educación 4.0 se basa en las principales tendencias de innovación y cambio. Los aprendizajes de la revolución 4.0 se centran en las competencias del XXI, tales como la autodirección, la autoevaluación y el trabajo en equipo, ver la imagen 2.

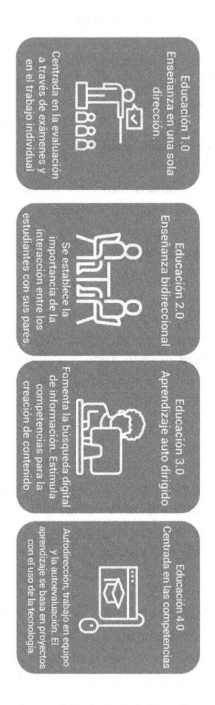

Imagen 2. Evolución de la Educación

194

La educación 4.0, de acuerdo a Rodríguez (2019), es un "proceso educativo flexible, adaptativo y retroalimentado que incorpora las tecnologías de la información y la comunicación, la inteligencia artificial, la analítica de datos, la gamificación -el traslado de la mecánica de los juegos al ámbito educativo-, la portabilidad, entre otras características"

Por su parte la fundación MAFRE la define como "una manera global de entender el proceso educativo, basada en las principales tendencias de innovación y cambio, es el modelo que supera los cauces tradicionales, seleccionando aquellos elementos de la educación que siempre han estado y deben estar presentes, para combinarlos con los nuevos avances y propuestas de la ciencia de la educación en el S.XXI"

La misma fundación destaca que por si solas las nuevas tecnologías no podrán ser determinantes para la implantación del nuevo modelo de educación 4.0, por lo que se va a requerir de contar con 3 elementos principales: el papel del alumno, el grado de interacción y cooperación entre los distintos protagonistas y las oportunidades de construir conocimiento a través de la elaboración propia de contenidos.

Por su parte, algunas características de la educación 4.0 que deberán considerarse para el diseño de planes y proyectos educativos a futuro son:

- Promover la cooperación entre el estudiante y el docente como base de la enseñanza.
- Desarrollar la comunicación como principal vehículo del aprendizaje.
- Incorporar la resolución de problemas en contextos reales para el alumno.
- Incorporar la gamificación y simuladores como el principal motor del aprendizaje.
- Promover la evaluación como un proceso constante para mejorar y crecer.

- Utilizar las TIC como herramientas de acceso, organización, creación y difusión de los contenidos.

El Pensamiento Computacional

Al igual que el pensamiento lógico-matemático, las habilidades de comprensión lectora y redacción, el domino de una segunda lengua, etc., hoy en día se requieren desarrollar nuevas competencias en los alumnos que les permitirán incorporarse de forma óptima en los futuros escenarios laborales emergentes de la industria 4.0. y al mismo tiempo realizar tareas claves enfocadas hacia el desarrollo de la creatividad y la innovación desde temprana edad.

Entre estas nuevas competencias se encuentra el Pensamiento Computacional que en palabras de su impulsora Jeannett Wing de la Universidad de Columbia, lo define como "los procesos de pensamiento involucrados en la formulación de problemas y representación de sus soluciones, de manera que dichas soluciones puedan ser ejecutadas efectivamente por un agente de procesamiento de la información (humano, computadora o combinaciones de humanos y computadoras)".

Por tanto, el objetivo del Pensamiento Computacional es desarrollar sistemáticamente las habilidades del pensamiento de orden superior, como el razonamiento abstracto, el pensamiento crítico y la resolución de problemas, utilizando los conceptos de la computación. Además, potenciar el aprovechamiento del poder de cálculo que tienen actualmente las computadoras para innovar y volverlo una herramienta científica. (Zapotecatl, 2018).

Existen 2 componentes del pensamiento computacional que son clave para su éxito:

El primero de ellos es el pensamiento crítico, que de acuerdo a la Fundación para el pensamiento crítico (2013) lo define como "el modo de pensar (sobre cualquier tema, contenido o problema) en el cual el pensante mejora la calidad de su pensamiento al apoderarse de las estructuras inherentes del acto de pensar y al someterlas a estándares intelectuales".

El pensamiento crítico como apoyo al pensamiento computacional, se utiliza para reforzarlo mediante la aplicación de los conceptos de la computación, tales como la abstracción y la descomposición de problemas que pueden aplicarse en cualquier área del conocimiento.

El segundo componente, es el poder de la computación que una vez que se tenga identificado el problema, se analiza que elementos pueden resolverse con el poder de procesamiento de las computadoras.

Es importante mencionar, que las competencias derivadas del pensamiento computacional son consideradas universales al ser útiles para todas las personas y en el ámbito académico su uso puede ser aplicable a varias asignaturas y en algunos casos el docente ni siquiera tiene que utilizar computadoras para desarrollar las actividades del Pensamiento Computacional.

Propuesta de Actividades para desarrollar el Pensamiento Computacional

La Fundación Nacional para la Ciencia (NSF), por medio del Sociedad Internacional para la Tecnología en la Educación (ISTE) y la Asociación de profesores de informática (CSTA), desde 2011 comenzaron ha impulsar activamente un nuevo enfoque de enseñanza para que en todos los niveles de educación se incluyan habilidades para el éxito de los alumnos en la educación 4.0.

Este nuevo enfoque busca promover el desarrollo de habilidades de pensamiento que conduzcan a la formación de personas orientadas a la creatividad y a la innovación a través del Pensamiento Computacional (Computational Thinking).

Para ello crearon una definición operacional del Pensamiento Computacional, entendido este como un proceso para solucionar un problema y que implicar el desarrollo de las siguientes habilidades en los alumnos.

- Formulación de problemas de tal manera que permita el uso de una computadora y otras herramientas para solucionarlo.
- Organización y análisis de datos de forma lógica.
- Representación de datos a través de abstracciones como modelos y simulaciones.
- Soluciones automatizadas a través del pensamiento algorítmico (Una serie de pasos ordenados)
- Identificación, análisis e implementación de posibles soluciones con el objetivo de lograr la más eficiente y efectiva combinación de pasos y recursos.
- Generalización y transferencia de la solución de un problema a una gran variedad de problemas.

Al mismo tiempo, se busca desarrollar las siguientes actitudes:

- Confianza para lidiar con lo complejo.
- Persistencia en trabajos con problemas difíciles
- Tolerancia para lo ambigüedad
- Capacidad para lidiar con problemas
- Capacidad para comunicar y trabajar con otros, para lograr un objetivo en común o solución.

Con base en el marco de habilidades y actitudes mencionado, dichos organismos han diseñado una propuesta de actividades para el docente que busca desarrollar el pensamiento computacional para la Educación K-12.

K-12 es la designación utilizada en algunos sistemas educativos para la escolarización primaria y secundaria. Se emplea en los Estados Unidos, Canadá, Turquía, Filipinas, Australia y Ecuador. Está formada por la inicial en inglés para jardín de infantes o Kindergarten (entre los cuatro a los seis años de edad) y el número que indica el último grado (12; entre los diecisiete y los diecinueve años) de educación gratuita.

Las definiciones de las habilidades del pensamiento computacional, así como las actividades propuestas por cada nivel educativo del K-12 se describen a continuación:

Tabla de Actividades para la Recopilación de Datos

Habilidad a desarrollar:	Recopilación de Datos
Definición	El proceso de obtener información apropiada
Actividad para el Nivel K1-K2 (Preescolar)	Realizar un experimento para encontrar el auto de juguete más rápido en una bajada y registrar en un gráfico el orden de los autos al cruzar la línea de meta
Actividades Nivel K3-K5 (Primaria)	Revisar ejemplos de escritura para identificar estrategias de escritura en un ensayo
Actividades Nivel K6-K8 (Secundaria)	Diseñar encuestas para obtener información apropiada y que las preguntas sean respondidas por los mismos compañeros
Actividades Nivel K9-K12 (Preparatoria)	Los alumnos desarrollan una encuesta para recopilar tanto datos cualitativos como cuantitativos por medio de preguntas

Fuente: CSA, ISTE (2011).

Tabla de Actividades para el Análisis de Datos

Habilidad a desarrollar:	Análisis de Datos
Definición	Dar sentido a los datos, buscar patrones y dibujar conclusiones
Actividad para el Nivel K1-K2 (Preescolar)	Hacer generalizaciones sobre el orden en que terminaron una carrera de autos de juguete basado en las características del carro enfocando en su peso. Probando las conclusiones y agregando peso a los autos para cambiar los resultados.
Actividades Nivel K3-K5 (Primaria)	Categorizar fuerte y débil ejemplos de escritura para desarrollar una rúbrica
Actividades Nivel K6-K8 (Secundaria)	Producir y evaluar gráficos a partir de datos generados por un sondeo digital y describir tendencias, patrones, variaciones, y/o valores atípicos representados en las tablas
Actividades Nivel K9-K12 (Preparatoria)	Uso apropiado de métodos estadísticos que probaran mejor las hipótesis

Fuente: CSA, ISTE (2011).

Tabla de Actividades para la Representación de Datos

Habilidad a desarrollar:	Representación de Datos
Definición	Representación y organización de datos en gráficos, tablas, palabras o imágenes.
Actividad para el Nivel K1-K2 (Preescolar)	Crear un gráfico o dibujo lineal que muestre como la velocidad de un auto de juguete cambia cuando su peso se altera
Actividades Nivel K3-K5 (Primaria)	Unir cada muestra de escritura con su rúbrica y crear un gráfico mostrando cual ejemplo se ajusta mejor a cada categoría de la rúbrica
Actividades Nivel K6-K8 (Secundaria)	Trazar datos utilizando diferentes formatos gráficos y seleccionar la más efectiva estrategia de representación visual
Actividades Nivel K9-K12 (Preparatoria)	Grupos de alumnos representan los mismos datos en diferentes formas basadas en posición relativa de preguntas. Diferentes representaciones pueden dar lugar a conclusiones variadas

Fuente: CSA, ISTE (2011).

Tabla de Actividades para la descomposición de un problema

Habilidad a desarrollar:	Descomposición de un problema
Definición	Dividir las tareas en partes más pequeñas y manejables
Actividad para el Nivel K1-K2 (Preescolar)	Crear direcciones a una ubicación en la escuela, dividiendo la dirección en zonas geográficas mas pequeñas. Uniendo las secciones de direcciones para formar un todo
Actividades Nivel K3-K5 (Primaria)	Desarrollar un plan para hacer una escuela "verde". estrategias de separado de basura tales como el reciclaje, papel y latas, reduciendo el uso de electricidad y la composta con residuos de comida
Actividades Nivel K6-K8 (Secundaria)	Planificar la publicación de un boletín mensual, identificar roles, responsabilidades, cronograma y recursos necesarios para completar el proyecto
Actividades Nivel K9-K12 (Preparatoria)	Considerar problemas a gran escala y romperlos en partes mas pequeñas. Discutir que variables están dentro del control del alumno y que variables son determinadas por factores externos

Fuente: CSA, ISTE (2011).

Tabla de Actividades para la Abstracción

Habilidad a desarrollar:	Abstracción
Definición	Reducir la complejidad para definir una tarea principal
Actividad para el Nivel K1-K2 (Preescolar)	Jugar con tamaños y colores de formas de tres lados, lo abstracto es un triangulo
Actividades Nivel K3-K5 (Primaria)	Escuchar una historia, reflexionar sobre los elementos principales y determinar un titulo apropiado
Actividades Nivel K6-K8 (Secundaria)	Después de estudiar un período en la historia, identificar símbolos, temas, eventos, personas clave y valores que son más representativo de la época (p. ej., escudo de armas).
Actividades Nivel K9- K12 (Preparatoria)	Escoger un período en política que fuera más parecido al actual y analizando las características esenciales de la período actual

Fuente: CSA, ISTE (2011).

Tabla de Actividades para Algoritmos y Procedimiento

Habilidad a desarrollar:	Algoritmos y Procedimiento
Definición	Serie ordenada de pasos seguidos para solucionar un problema o lograr algo final
Actividad para el Nivel K1-K2 (Preescolar)	Crear un conjunto de direcciones desde la escuela hasta puntos de referencia alejados del vecindario
Actividades Nivel K3-K5 (Primaria)	Diseñar un juego de mesa y escribir instrucciones para jugarlo. Probar las instrucciones en parejas intentando jugar. Refinar las instrucciones con comentarios de las parejas que jugaron
Actividades Nivel K6-K8 (Secundaria)	Programar un robot para encontrar su camino fuera de un laberinto, de tal manera que en cualquier laberinto el robot pueda salir con éxito dentro de un periodo de tiempo especificado
Actividades Nivel K9- K12 (Preparatoria)	Discutir el proceso de toma de decisiones para elegir una Universidad, luego crear un algoritmo que describe ese proceso. El algoritmo podrá manejar variables desconocidas, como donde asisten amigos, disponibilidad de ayuda financiera y éxito de admisión, que le permita llegar a la mejor decisión

Fuente: CSA, ISTE (2011).

Tabla de Actividades para la Automatización

Habilidad a desarrollar:	Automatización
Definición	Usar computadoras o máquinas para hacer tareas repetitivas o tediosas
Actividad para el Nivel K1-K2 (Preescolar)	Conversar con alumnos de otro estado o país para aprender sobre su cultura usando herramientas de internet
Actividades Nivel K3-K5 (Primaria)	Investigar qué es la automatización a través de ejemplos del mundo real, como códigos de barras, cajeros automáticos y códigos de barras de la biblioteca
Actividades Nivel K6-K8 (Secundaria)	Programar un sensor para recolectar datos de contaminación (establezca temporizadores con sondas) y luego utilizar un programa de computadora para ordenar las lecturas de niveles máximos a mínimos de CO_2
Actividades Nivel K9- K12 (Preparatoria)	Discutir las ventajas de las habilidades de aprendizaje e información que rara vez son necesarias gracias a la automatización. Estas habilidades pueden incluir división larga, derivando raíces cuadradas, ortografía, estadística fórmulas, memorizar fechas históricas, etc.

Fuente: CSA, ISTE (2011).

Tabla de Actividades para la Simulación

Habilidad a desarrollar:	Simulación
Definición	Representación o modelo de un proceso. También implica correr experimentos utilizando modelos
Actividad para el Nivel K1-K2 (Preescolar)	Después de que un conjunto de direcciones han sido creadas, representar los pasos para asegurarse que son correctos
Actividades Nivel K3-K5 (Primaria)	Crear una animación para demostrar la comprensión de un proceso
Actividades Nivel K6-K8 (Secundaria)	Usar un modelo de un simple ecosistema para conducir experimentos que respondan a lo que pasa en el ecosistema si algún porcentaje de los productores muere. El usuario controla el porcentaje que muere
Actividades Nivel K9- K12 (Preparatoria)	Crear una hoja de cálculo para simular problemáticas. Utilizar el mismo método para otros problemas

Fuente: CSA, ISTE (2011)

Tabla de Actividades para la Paralelización

Habilidad a desarrollar:	Paralelización
Definición	Organizar recursos para simultáneamente llevar a cabo tareas que permitan lograr un objetivo común
Actividad para el Nivel K1-K2 (Preescolar)	Según un conjunto de criterios, dividir la clase en dos grupos. Tener un grupo que lee en voz alta mientras el otro grupo proporciona tarareo de música de fondo. El objetivo es alcanzado, cuando el todo es mejor que las partes individuales
Actividades Nivel K3-K5 (Primaria)	Los maestros facilitan la planificación de cronogramas del proyecto en equipo, roles y tareas trabajando juntos para completar las tareas
Actividades Nivel K6-K8 (Secundaria)	Los alumnos planean la producción de un video, incluyendo guion, escenografía y roles del equipo. Identificar las tareas que se llevarán a cabo simultáneamente, el registro de cada etapa, planear y colocar cosas juntos
Actividades Nivel K9- K12 (Preparatoria)	Describir la secuencia de actividades por cada uno de los ejércitos que conducen a la batalla. Incluye actividades físicas (por ejemplo, reclutar tropas) y actividades intelectuales (p. ej., recoger tropas posiciones)

Fuente: CSA, ISTE (2011).

Esta propuesta de actividades permitirá el desarrollo de nuevas habilidades de pensamiento en los alumnos; enfocadas no solo en aquellos próximos a egresar al mercado laboral, sino también para ir preparando a las nuevas generaciones de alumnos desde temprana edad.

Conclusiones y Recomendaciones

Sin duda alguna, las tecnologías derivadas de la industria 4.0 van a requerir de una rápida adopción de cada uno de los individuos de la sociedad en el siglo XXI, que les permitirá mejorar su calidad de vida y al mismo tiempo modificar su entorno. Ante esta nueva era industrial, las instituciones educativas deben asumir el reto en la formación de los alumnos y futuros profesionales para desarrollar las habilidades y actitudes de pensamiento que se requieren para la implantación de las tecnologías emergentes en los distintos campos laborales, esta renovación de los procesos de enseñanza y aprendizaje se conoce como Educación 4.0.

Entre estas habilidades, se destaca el pensamiento computacional entendido como la capacidad del individuo para resolver problemáticas de su entorno con la ayuda de los conceptos y herramientas de la computación, y que cualquier persona deberá poseerlas en los próximos años ya que serán igual de importantes para el aprendizaje como lo son la comprensión lectora, el pensamiento lógico matemático y el dominio de una segunda lengua.

De igual manera, es necesario mencionar algunos de los retos que enfrentará la industria 4.0 para su correcta implantación en la educación. En un primer momento los esfuerzos deberán enfocarse para que los directivos, maestros, alumnos y padres de familia conozcan a que se refiere la industria 4.0 y la importancia para la formación de los alumnos.

Posteriormente y una vez que se tiene conocimiento sobre el tema, será necesario invertir en adquirir algunas de estas tecnologías y buscar programas de capacitación para los docentes con el fin de utilizarlas como herramientas de enseñanza el aula.

Por último, será necesario incorporar la industria 4.0 como parte del currículo en los programas educativos de los niveles profesiones de nivel medio superior y superior, que permita a los futuros profesionistas poder aplicar las tecnologías emergentes en su campo de acción inmediato.

Los movimientos estudiantiles y las nuevas tecnologías de información y comunicación

Gabriela Delgado Cantú
Fernando Manuel Aguilar Charles

El presente ensayo toma en cuenta algunos de los movimientos estudiantiles que se manifestaron en el siglo pasado y el generado en México en el año 2012 donde las redes sociales jugaron un papel importante, dejando en desventaja a los grandes medios de comunicación.

El objetivo del presente trabajo es contrastar el poder de convocatoria de los movimientos del siglo pasado, quienes daban a conocer sus intenciones usando la prensa escrita, diseño de carteles y volantes; en comparación con el movimiento llamado #Yosoy132 el cual se destacó por el uso de plataformas digitales y redes sociales para convocar y difundir sus objetivos.

Se encontró que los movimientos estudiantiles y sociales que se han generado en México en la última década, y que se han gestado mediante las redes sociales, no han trascendido del "ciberactivismo" donde se limitan a ser un "trending topic" y que no generan un impacto significativo.

Introducción.

Debido a que en el pasado año 2018 se conmemoraron 100 años de la Reforma de Córdoba, la cual dio lugar a las primeras expresiones de autonomía universitaria en Argentina; y que pasaron 50 años de los movimientos estudiantiles de 1968 que marcaron de manera importante a la sociedad Mexicana, se realiza el presente ensayo para contrastar el actuar de los líderes estudiantiles de entonces con los líderes que hoy en día llegan a encabezar movilizaciones en pro de la sociedad estudiantil y en muchas ocasiones en la sociedad en general.

Los movimientos estudiantiles son sin duda alguna los catalizadores que han generado cambios importantes para la vida del educando para el proceso educativo en sí mismo, motivados por la necesidad de diversificar y ampliar los conocimientos, por mejorar las condiciones de vida en el aula y la escuela entre otros, desde Argentina, España, Francia, Estados Unidos y México en el 1968, cada uno defendiendo diferentes puntos vista, se caracterizaron por tener siempre una convocatoria significativa usando métodos de comunicación como la prensa escrita, diseño de carteles y volantes, sin olvidar el poder de la palabra.

Es bien sabido que desde hace más de 100 años la mejor forma de hacerse notar y tratar de hacer un cambio es a través de convocar a la sociedad en general a movilizaciones. Estas invitaciones o llamamientos se han dado a través de reuniones, mensajes compartidos de boca en boca o en el mejor de los casos el volanteo, llegando a si a un gran número de personas.

Los avances en Tecnologías de la Información y Comunicación son sin duda alguna parte medular en el proceso de globalización por el cual atraviesa la humanidad en la época moderna, permite tener acceso a información de todo el mundo en tiempo real, y aún más con las redes sociales y las múltiples plataformas de interacción que existen actualmente. También ha permitido que con menor esfuerzo se llegue a tener una mayor comunicación entre un mayor número de interlocutores, y aunado a esto, el uso de las redes sociales ha tenido un gran impacto en nuestra vida cotidiana pero, ¿cómo ha influido el uso de las redes sociales con la difusión de la información y la convocatoria a movilizaciones a favor de la sociedad en general o en movilizaciones estudiantiles? ¿Los jóvenes toman en cuenta los mensajes emitidos a través de las redes sociales para tomar decisiones? ¿El uso de las nuevas tecnologías de la información y comunicación han logrado que sea más eficaz la movilización de personas en comparación con las formas de comunicación de hace años? Se podría creer que con tantas maneras y medios de comunicarse debería haber mayor convocatoria y actuar de parte de la sociedad sin embargo, muchas de las movilizaciones quedan en miles de "likes" o "publicaciones compartidas" pero no terminan por impactar y accionar movilizaciones como las de hace años.

Metodología

Para realizar el presente ensayo se tuvo a bien participar en el XII Curso Interinstitucional *"Un siglo de movimientos estudiantiles"* convocado por la Universidad Nacional Autónoma de México (UNAM) en el año 2018, al cual se asistió de manera virtual en la Universidad Autónoma de Tamaulipas (UAT) Campus Cd. Victoria, Tamaulipas. Durante el curso se escucharon las voces de personajes que no solo han investigado y se han empapado de los acontecimientos vividos por estudiantes, maestros y sociedad en general, sino que se tuvo la fortuna de escuchar a personajes que vivieron en carne propia algunas de las movilizaciones que se realizaron poco más de 50 años. También pudimos tener acceso a una nutrida bibliografía que enriqueció cada ponencia y que se ha usado para nutrir el presente trabajo.

Luego de leer y escuchar las razones y/o justificaciones que dieron fundamento a las decisiones tomadas, así como las anécdotas de lo vivido por algunos de ellos, los movimientos estudiantiles comenzaron a tomar forma, pero lo que se destacó fue la forma en la que un grupo de personas llegaron a congenian en ideas, en actitudes, pero sobre todo en acciones en pro de un bien común. Acciones que pudieron haberse frenado si las personas no hubieran encontrado eco de sus pensamientos, así como las mismas inconformidades en otras mentes.

También se analiza información de estadística sobre la población mexicana de los años '60 hasta la actualidad, así como algunas graficas de crecimiento poblacional realizadas por el Instituto Nacional de Estadística y Geografía (INEGI), para dar un poco de contexto de lo vivido por la población de esos años, ya que cada movimiento estudiantil puede ser tomado como resultado de las situaciones sociales de esas épocas.

Resultados o discusión

Para tener un acercamiento a los acontecimientos vividos en los movimientos estudiantiles y sociales de esos tiempos podemos analizar las estadísticas publicadas a nivel global, así como en México.

En la Fig. 1, por ejemplo, podemos observar una gráfica sobre la estadística de la población mundial que abarca desde el año 1940 hasta el año 2010, donde se destaca fuertemente el año 1968 para que podamos observar el incremento poblacional de ese año así como el concerniente a los años '80 que son los años en los que toman lugar movimientos estudiantiles que siguen presentes en la memoria de las personas que conforman la sociedad actual.

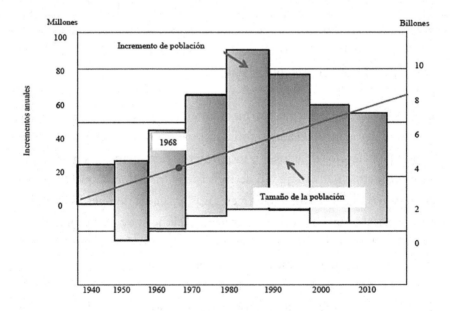

Fig. 1 Población mundial: 1940-2010. Incremento y tamaño de la población. Fuente: Oficina del Censo de Estados Unidos. Base de Datos Internacional, junio de 2007.

A nivel mundial han ocurrido situaciones de impacto global, sin embargo, han pasado cien años de los primeros movimientos estudiantiles, teniendo como base lo ocurrido en Córdoba, pero no se quedaron ahí, hubo muchos otros en todo el mundo que modificaron el actuar de una sociedad en crecimiento.

La concepción que se tiene de los movimientos estudiantiles en la actualidad dista mucho a los movimientos de hace 100 años como en Córdoba cuando "…decenas de estudiantes derribaron por la fuerza la puerta del salón y arremetieron hacia su interior…" (Tatián 2018), ellos estaban inconformes con las elecciones del rector de la Universidad Nacional de Córdoba, en Argentina, contra la iglesia y la forma de conducir la institución. Por lo que encontraron en la convocatoria y movilización en masa de estudiantes la respuesta para ser escuchados y lograr sus objetivos.

Según Renate Marsiske (2010) en su texto *Crónica del movimiento estudiantil de México en 1929,* muestra cómo se produjo el movimiento estudiantil que finalizó con la reforma instaurada con la ley orgánica de la Universidad Nacional Autónoma de México (UNAM). En el año de 1929 los estudiantes protestaban por la medida que implementaba un mayor número de exámenes y por la ampliación de los años de estudio en la preparatoria, por lo que los jóvenes estudiantes se movilizaron llamando a estudiantes de las facultades pertenecientes a la Universidad, así como a los pertenecientes a las preparatorias. Algo sorprendente para entonces era la unión e intervención de diferentes niveles educativos.

Patricia de los Ríos (1998), en su artículo *Los movimientos sociales de los años sesenta en Estados Unidos: un legado contradictorio,* destaca que "la década de los años sesentas en Estados Unidos fue uno de los períodos más convulsionados de su historia social contemporánea. Durante esos años Estados Unidos ve la irrupción en la escena política de nuevos actores que transformaran profundamente a la sociedad estadounidense. Entre esos nuevos actores sociales destacan los movimientos cuya vanguardia está en la población afroamericana, así como en las organizaciones pacifistas y estudiantiles". El respeto de los derechos fundamentales en las minorías siempre ha sido un tema pendiente, pero lo vivido en Estados Unidos y África en cuanto a la segregación de personas Afroamericanas fue una lucha fuerte y constante incluso no solo estudiantes sino también la sociedad en general, lamentablemente es un tema que sigue siendo parte del vivir cotidiano en esos países, quizá no en la misma proporción, pero persiste.

Posteriormente Monsivais (1987), en su artículo *Duro, Duro, Duro*, destaca la participación del vocero de la oposición que es el representante estudiantil Imanol Ordorika, quien menciona que: "En los últimos años, la Universidad ha sido ajena, distante, enemiga de sus estudiantes, y hoy, en lugar de que la brecha se cierre, se profundiza", esto durante la sesión contra lo impuesto por Carpizo, el Rector de la UNAM de ese año. Escucharlos hablar de lo vivido y contrastar su lucha con los resultados palpables hoy en día es una de las experiencias de vida que sin duda alguna marcan la ideología de aquellos que se preocupan por el quehacer educativo. Todo cuanto hicieron tiene impacto en el acontecer estudiantil actual.

Como contraste los movimientos estudiantiles actuales distan mucho de aquellos movimientos, en el que las noticias corrían de voz en voz o a través de volantes impresos de manera clandestina y repartidos por los mismos participantes de los movimientos estudiantiles, cosa que les hacía arriesgar no solo su vida sino la de sus familiares o amigos más cercanos, así como también les provocaba contrastes de ideas y en algunos casos discusiones en el seno familiar. Hoy en día las tecnologías de la información y comunicación se usan de manera desmedida e indiscriminadamente y acorde a la perspectiva individual poco o muchas veces nada objetiva, tanto así que es necesario revisar constantemente si lo que se lee está dentro o no de lo que hoy se conoce como "Fake News" o "Noticias Falsas".

Durante una de las sesiones del curso una participante en el seminario dentro del apartado de preguntas menciona que para los universitarios un lugar importante es el auditorio que llaman "Che Guevara" en la UNAM, a lo que el moderador Imanol Ordorika responde, de manera enérgica y segura, que cuando ellos eran estudiantes no solo era un lugar importante para ellos sino que hasta lo mandaban limpiar así como también mandaban darle mantenimiento a ese auditorio, es entonces se puede dimensionar el contraste que hay en el actuar de los líderes de tan importantes movimientos estudiantiles y sociales de años atrás con los actuales. Sin duda ha pasado mucho tiempo y para muchos lo hecho por aquellos líderes solo es un cuento, una anécdota o una fecha en el calendario, pero la realidad vivida por todos esos líderes de antaño ha permitido que muchos de nosotros disfrutemos de beneficios que en aquel tiempo fueron causa de movilizaciones de ideas y personas. Los movimientos estudiantiles han sido muchos, pero si los contrastamos con la actualidad en verdad la actuación de los estudiantes deja mucho que desear con el trabajo realizado por estos líderes de hace 100 o 50 años atrás.

En una radiografía a distancia los movimientos actuales se perciben parecieran una cortinas de humo, sin líderes reales, todo basado a un "me gusta", "lo comparto", pero muy poco llega al movimiento en sí. En la actualidad damos por hecho mucho sin ponernos a pensar cómo han cambiado las cosas gracias a estos movimientos, por ejemplo en Córdoba la gran disputa en el corazón de la Reforma fue la afirmación de una universidad científica, humanista y laica capaz de confrontar la hegemonía de la universidad clerical, pero también de sustraerse a una universidad "doctoral", puramente profesionalista, especialista y utilitarista (Tatián, 2018, p.12), en cuanto a las Universidades públicas, la separación de la religión es total, cosa contraria a las privadas donde se puede encontrar una pluralidad de religiones.

En México "la efervescencia de los partidos políticos, con motivo de la sucesión presidencial a principios de 1929, que despertó en los estudiantes un gran interés en los problemas nacionales y educativos, la fuerza de la organización estudiantil a todos los niveles, los problemas de indisciplina y desorden en la Facultad de Derecho desde tiempo antes y la imposición de las dos reformas pendientes, el nuevo sistema de reconocimientos en la Facultad de Derecho y el nuevo Plan de Estudios en la Escuela Nacional Preparatoria, son las variables que hay que tomar en cuenta para la explicación del movimiento estudiantil de 1929" (Marsiske, 2012, p. 7), gracias a la iniciativa de muchos estudiantes de aquel entonces se logró formar y regir los consejos estudiantiles y/o sociedades de alumnos que en la actualidad hacen mucha falta y a la que casi todo director de escuela o rector de facultad le teme, por lo que lo prohíben o frenan a como dé lugar. Para Estados Unidos la situación fue diferente ya que los movimientos principales fueron para lograr derechos humanos. "Si bien la autoridad moral y el liderazgo político de Martin L. King tuvieron un peso decisivo en el desarrollo de la lucha por los derechos civiles. La lucha de la población afroamericana constituyó un complejo movimiento que tuvo varios líderes importantes y corrientes diversas, e incluso contradictorias en su interior. Esas corrientes pueden dividirse en dos: el movimiento en favor del integracionismo y el nacionalismo negro" (de los Ríos 1998, p 6), en este caso en particular, las personas afroamericanas luchaban por ser escuchadas y tratadas por igual, como cualquier otro ciudadano, hay muchos ejemplos de personas que realizaron movilizaciones diversas a favor de que se votara para la implementación de los derechos civiles, inclusive para nosotros y las generaciones posteriores hay películas y documentales que nos permiten tener un panorama de lo que se vivía entonces aunque, según de los Ríos (1998):

"...paradójicamente, la apertura de posibilidades de participación en el conjunto de la sociedad, de alguna manera debilitó las estructuras de liderazgo y autodefensa que la comunidad negra había construido penosamente a lo largo de decenas de años de segregación, lo cual se ve reflejado en la trágica situación en que viven actualmente los afroamericanos de los ghettos, con estructuras familiares destrozadas -más del 50 por ciento de los niños nacen en familias encabezadas por una mujer-, amplio consumo de drogas como el crack, una violencia intragrupal terrible y una falta de oportunidades para el futuro por los altos niveles de deserción escolar y el alto índice de desempleo". (De los Ríos, 1998)

A pesar de lo que muchos en la actualidad podemos creer, las movilizaciones de aquellos años no solo se daban en el centro de nuestra nación, ya que según Gómez (2003), "los estudiantes universitarios en todo el país protagonizaron, desde finales del siglo XIX hasta inicios del XX, varios acontecimientos sociales y políticos. Sus protestas, en un primer momento, se enfocaban a demandar mejores condiciones de estudio y alojamiento, así como ayuda financiera. Los jóvenes gritaban en las calles consignas a favor de su causa y de denuncia a las autoridades. Pero, en forma progresiva, estos reclamos salieron del claustro universitario, perfilándose, principalmente, hacia la crítica de las decisiones gubernamentales. Las protestas no pasaban de ser consideradas pequeñas arengas poco importantes, identificadas, más bien, como pasatiempos juveniles. Sin embargo, estas primeras apariciones marcarían el inicio de un movimiento que paulatinamente se iría delineando con especificidades propias y que tendría un lugar preponderante en la historia de los movimientos sociales del país".

Como lo mencionan cada uno de los ponentes, los movimientos, eran personas tomando acción a favor de sus ideales, que tomaban escuelas, calles, teatros, etc., inducidos o motivados por una idea en común para lograr un beneficio en común y con impacto en la sociedad en general. Cierto es que México es una nación grande y multicultural donde el norte y el sur parecen muy lejanos al centro del país por lo que los movimientos estudiantiles suelen ser algo extraño hasta cierto punto, la mayoría de los estados del norte, muchas de las veces suelen ser vistos solo como observadores pasivos de todo cuanto gestan personas del centro y sur del país, aunque en últimas fechas ha habido algunas movilizaciones de respaldo a muchas de las que realizan en el centro del país, aun así al parecer falta mucho para involucrarse y movilizarse en conjunto con los activistas del centro y sur del país ya que al final del día todos nos beneficiamos de los logros de todas esas personas.

Durante la realización del presente trabajo, una estación de radio en su noticiero matutino compartieron una nota donde el comentarista hacia énfasis que luego de saberse los resultados de las votaciones en diferentes lugares del mundo el reportero encargado de la nota analizaba que ahora ya no hay líderes que movilicen a la sociedad con ideologías, sino que movilizan en función de los beneficios que las personas creen podrán obtener si esos "líderes" se encuentran en el poder, lo que a mi parecer, quiere decir que las personas no siguen ideales, sino que buscan beneficios en el corto plazo.

El liderazgo hablando principalmente del estudiantil se ha transformado en una situación mediática, donde es más importante la cobertura que el propósito, donde las personas que hacen la función de líderes tienen bien delimitado su alcance. Por otro lado lo que puede sonar más increíble, es que siguen a líderes digitales principalmente personas que alguien en algún momento denomino como "influencers", cuya influencia radica en su popularidad en redes sociales donde la mayoría de los jóvenes estudiantes invierten su tiempo y se mantienen "informados" mediante los "trending topics" que se generan a diario en todo el mundo, donde cualquier persona puede cruzar información con diferentes puntos de vista y perspectivas, que definen en muchos casos la conducta y postura a tomar en la redes sociales. Para ejemplo se presenta la Fig. 2 que muestra cifras en porcentajes donde Facebook, Instagram y Youtube, son las redes sociales más utilizadas.

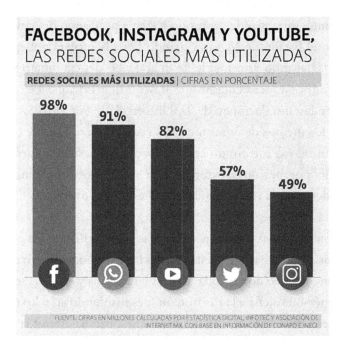

Fig. 2. Fuente: Cifra en millones calculadas por estadística digital INFOTEC y asociaciones de internet MX. Con base en información de CONAPO e INEGI. México 2018.

La grafica anterior demuestra como las redes sociales se han vuelto un mal habito en la sociedad de nuestro país, donde los jóvenes invierten mucho más tiempo en lugar de buscar y analizar la información, y así poder elegir a quien seguir con la certeza que esa persona se enfoca en un cambio social positivo y no solo en una ideología que muchas veces se basa en el intercambio de información que proviene de fuentes no confiables.

Por otro lado no todo es cosa de utopías o de confrontación de ideas y argumentos sin sustento, gracias a las redes sociales y en si a las tecnologías de la información y comunicación, en México en el año 2012 en la Universidad Iberoamericana el entonces candidato a la presidencia de la republica Enrique Peña Nieto al dar una conferencia como parte de su campaña política, fue cuestionado por alumnos de la institución acerca de los acontecimientos de represión hacia la población de San Salvador Atenco en el Estado de México cuando Peña Nieto era gobernador de la entidad, llegando este incidente al abucheo del candidato por parte de los alumnos y persecución que llevo a que Enrique Peña Nieto a abandonar las instalaciones de la Universidad. Por otro lado, al día siguiente los medios de comunicación como prensa, radio y televisión, aseguraban un éxito rotundo en la Universidad pese al supuesto boicot orquestado por personas externas a la institución que tenían como objetivo denostar la imagen pública del entonces candidato.

La reacción de los estudiantes no se hizo esperar, utilizando la plataforma de Facebook como base, 131 estudiantes la Universidad Iberoamericana publicaron un video donde cada uno se identificaba y exponía ser alumno y no una persona ajena a la institución, desmintiendo así a los diferentes medios de comunicación y comenzando una batalla así por sustentar lo sucedido en la Ibero. A lo anterior se le sumaron videos, etiquetas en Twitter y publicaciones en redes sociales, que fueron el alimento para generar una serie de asambleas, mítines y manifestaciones, que termino por ser un movimiento organizado que demandaba reformas para la democratización de los medios de comunicación, de la educación y dela economía en nuestro país.

Para respaldar el papel que las redes sociales y las tecnologías de la información y comunicación jugaron en este evento en particular, Rivera Hernández, R. (2014). Menciona que:

> Los sucesos del once de mayo hay que analizarlos a partir de su condición in situ y su simultánea extensión en la Web 2.0. El uso y manejo de teléfonos inteligentes y otras tecnologías, para transmitir lo que ocurría en la universidad, hizo que miles de usuarios siguieran en vivo los acontecimientos de aquel día. Los estudiantes grababan y compartían videos, fotografías, imágenes y testimonios del momento más crítico de la campaña presidencial de EPN, el instante en que el candidato −sin los

montajes de Televisa– perdía su aura de invulnerabilidad ante los ojos de la comunidad académica y los usuarios de internet. El viernes negro brincó a las redes sociales con el posicionamiento de dos hashtags que se volvieron trending topics después de pocas horas: #EPNlaIberoNoTeQuiere y la que más likes, consultas y republicaciones tuvo fue #MeEscondoEnElbañoComoPeña. La réplica en internet fue inmediata y los ectivistas –acarreados virtuales del candidato priista– impulsaron dos tendencias para neutralizar los reclamos: #LaIberoconPeña y #EctivismoConEPN. Antes de que los medios de comunicación emitieran sus informes de los acontecimientos, las redes sociales ya eran un caldero en ebullición entre los simpatizantes de los universitarios y un ejército de tuiteros que a toda costa intentó sanear la imagen de Peña Nieto. (Rivera, 2014)

El movimiento había comenzado con fuerza y la lucha contra los medios de comunicación inició poniendo en jaque a las grandes compañías de telecomunicación, que no dimensionaron el poder y el alcance que las plataformas tecnológicas y las redes sociales pudieran llegar a tener en la vida social de México y mucho menos el poder de emancipación que la internet puede llegar a tener en el pensamiento de la población. Este movimiento de "ciberactivismo" fue sin duda un contrapeso importante que llevo a replantear la democracia en telecomunicación y el quehacer electoral, pues se edifica bajo la bandera del apartidismo sin que ningún órgano político o gubernamental actuara sobre sus objetivos. Yo soy 132 fue una clara muestra del poder de convocatoria que vimos reflejado no solo en medios digitales y redes sociales sino en las calles ya que su poder de convocatoria fue tal que en pocas horas se orquestaron marchas de protestas con cantidades importantes de alumnos de nivel medio superior pero principalmente de las diferentes Universidad en la Cuidad de México donde exigían respuestas por los incidentes ocurridos en Atenco, y coberturas imparciales en los procesos electorales del año 2012.

Este moviento y su presencia en la vida social de México en todos sus aspectos fue sin lugar a dudas catalizador para el surgimiento de otros colectivos que solo han quedado en "trending topics" o "ciberactivismo" y no han transcendido de manera significativa en las calles o en la sociedad mexicana. Es menester mencionar también que los dirigentes del "Yo soy 132", algunos, terminaron formando parte de la política en México como candidatos independientes o formando parte de algún equipo de trabajo de algún candidato independiente y solo una sigue en los quehaceres del activismo cibernético formando parte del "Colectivo Horizontal" que lucha por los derechos digitales en México, por otro lado uno solo de sus dirigentes se enfocó en buscar una carrera política en las filas del partido político que hoy gobierna en México. Es pues así que el movimiento se encuentra en estado de hibernación donde los ideales de cambio se encuentran en una pausa técnica para adecuar sus exigencias a las necesidades que hoy imperan en un México volatilizado por las redes sociales y el flujo de información en la red.

Después de escuchar y analizar las ponencias de las personas que vivieron muchos de los movimientos estudiantiles y sociales de hace 50 años, se hace evidente que ahora no postergamos la gratificación, no buscamos el beneficiar a la sociedad, sino que la sociedad es más individualista y es claro este punto ya que se puede observar que hoy en día se usan las redes sociales para que las personas secunden ideas, pensamientos y gustos de otras personas, sin llegar a impactar más allá que en la autoestima de la persona que comparte su pensar. Algo también muy común es que las personas también usan las redes para discutir o dar a conocer su negativa en referencia a un tema, cualquiera que este sea, sin saber y/o averiguar el fondo que lo generó, por ejemplo, se podría mencionar el calentamiento global o la famosa inclusión social con todos sus aspectos, que sin lugar a dudas son temas de suma relevancia e impacto para todos, al igual que otros, pero en nuestro actuar cotidiano las personas en lugar de buscar foros, confrontaciones públicas, toma de calles o lugares públicos, prefieren "actuar" desde la comodidad de su computadora o su teléfono móvil, sin tomar acción en sentido de lo publicado en la red social de su elección. Quien publica algo y ve que le dan "me gusta" o "compartir" cree que está moviendo conciencias y acciones, incluso creen que han logrado su meta, pero en verdad son pocos quienes realmente se movilizan, y cuando algunos de ellos realmente logran activar algún movimiento para defender su causa suelen ser reprimidos por las autoridades ya sean estatales, federales o incluso terminan siendo catalogadas como autodefenzas. Escuchar las voces de quienes vivieron y protagonizaron movimientos sociales debería ser una asignatura obligatoria en todo centro educativo, sobre todo para que los más jóvenes puedan tener la información de primera mano, y quizá llegue a tener un mayor impacto en la sociedad y en la juventud.

Conclusiones.

Los movimientos sociales han sido desde tiempos antiguos motivados por la opresión, el abuso la necesidad de emancipación, entre otros muchos aspectos, liderados por personajes que dejaron huella en quienes los siguieron, en muchas ocasiones, a la lucha misma.

Las movilizaciones estudiantiles han cambiado mucho, al ver a los ponentes hablar de su experiencia, de sus razones, observar su confianza y seguridad de que lo hecho por ellos ayudo a que hoy en día se vivan situaciones totalmente diferentes a las que ellos vivieron, saberse responsables de muchas de las cosas que ahora damos por hecho, creo les da una satisfacción enorme, pero también en sus relatos nos invitan a movilizarnos de verdad, no a ser líderes tras los celulares o la computadora, sino a ser conscientes de que en nuestro actuar e intervención están las vivencias de las futuras generaciones, que dejemos de decir y que actuemos, pero con crítica y fundamento, con organización y mucho interés en el bien común.

Las tecnologías de la información y comunicación así como las redes sociales nos permiten estar más comunicados, cosa que quizá antes habrían deseado tener pero, el uso que les damos a estos avances en la comunicación debe ser mejor utilizada, sin tanta mentira y de una manera mucho más acrítica, también a mi parecer hace falta ser mucho más activos y estar al pendiente a todo lo que nos rodea y actuar no solo porque me afecta directamente sino porque indirectamente a todos nos afecta, practicando la empatía es un buen comienzo.

Diseño de una situación de aprendizaje que fomenta el análisis de las gráficas del llenado de recipientes, con la herramienta tecnológica GeoGebra

Alejandra María Villarreal Zapata
Moisés Ricardo Miguel Aguilar
María Guadalupe Simón Ramos
Rosa Delia Cervantes Castro

Introducción

La enseñanza y aprendizaje de la lectura y construcción de gráficas, es un tema de suma importancia para diversos docentes e investigadores de la Matemática Educativa, atraídos por diseñar e implementar diversas situaciones que posibiliten una construcción del conocimiento, que promueva un variedad de significados en la elaboración e interpretación de las gráficas partiendo de un conjunto de actividades denominada Llenado de recipientes, las cuales, en el ámbito de la disciplina han sido puestas en práctica por múltiples investigadores desde distintos enfoques.

La diferencia de esta situación de aprendizaje es incluir Applets de la herramienta tecnológica GeoGebra, que le permita al estudiante ir del fenómeno a la gráfica y de la gráfica al fenómeno, puesto que, cada una de las tareas han sido pensadas para presentarse por momentos que, les posibilita experimentar gradualmente con el instrumento, realizar conjeturas y validarlas a través de él.

En este documento presentamos el análisis de la aplicación piloto de un diseño en el cual la población de estudio fueron 12 estudiantes de cuarto semestre de la Licenciatura Ciencias de la Educación que imparte la Universidad Autónoma de Tamaulipas, esta situación de aprendizaje busca que los estudiantes pongan en uso el conocimiento matemático para responder a los retos que se le presentan, estructurados en tres fases: apertura, desarrollo y cierre. En particular, trabajamos en el Eje Manejo de la Información, en el Componente Llenado de recipientes con la herramienta tecnológica GeoGebra.

El diseño fue pensado originalmente para estudiantes de nivel secundaria por lo que con base en el aprendizaje esperado que se establece en el programa de estudios de Matemáticas de tercero de secundaria (SEP, 2017) para estos contenidos es, leer y representar gráficamente, relaciones lineales y no lineales, además de su contenido específico correspondiente al 9.3.6 Lectura y construcción de graficas formadas por secciones rectas y curvas que modelan situaciones de movimiento, llenado de recipientes. Además de, no perder de vista, la Ley General de Educación (2018), puesto que menciona en el artículo 3 fracción II que la educación deberá "favorecer el desarrollo de facultades para adquirir conocimientos, así como la capacidad de observación, análisis y reflexión críticos".

Situaciones de aprendizaje

Entenderemos a la *situación de aprendizaje* como una serie de actividades que tendrán como centro un aprendizaje esperado, que plantee un verdadero reto al estudiante, que le permita, a partir de una respuesta errónea, entran en conflicto y esto le induzca a la acción. La situación de aprendizaje nos permitirá partir del contexto para relacionar la acción con el conocimiento y propicie la construcción de aprendizajes significativos en los estudiantes. En este sentido la situación de aprendizaje nos da la posibilidad de que el estudiante desarrolle sus competencias es decir sus conocimientos, capacidades, habilidades y actitudes al reflexionar de estrategias con las que afrontar el reto que parte de su entorno escolar, personal y laboral y se relaciona con el saber matemático escolar.

> …suele plantear un reto especial, tanto a los estudiantes como a los profesores, pues aunque entiendan efectivamente el enunciado del problema, no pueden construir una respuesta que les parezca convincente… dado que se carece de elementos cognitivos y didácticos que les permitan construir una respuesta adecuada. Consideramos que es hasta este momento en que ellos se encuentran en situación de aprendizaje… pues la respuesta habrá de ser construida (Cantoral, 2013: 201).

La situación de aprendizaje podría generar un ambiente propicio para la construcción del conocimiento pues se parte de una situación cercana y acorde al contexto del estudiante, lo que puede despertar el interés, motivar a la acción y despertar su motivación por afrontar el reto que se le plantea y a la que no se tiene una respuesta certera, del cual el estudiante se percate del error durante el transcurso de las actividades y que le dé la posibilidad de encontrar sentido y significado al conocimiento matemático escolar.

Otro aspecto que menciona Feo (2018) es que estas son con un fin educativo, centradas a una meta común que favorece el proceso de aprendizaje.

El aprendizaje es un proceso en el cual están involucrados tanto el docente como el estudiante, sin embargo, cada uno tiene un rol distinto. Tal y como se mencionó con anterioridad, el docente, es el encargado de diseñar las situaciones de aprendizaje, quien identifica el contenido matemático escolar a desarrollar, quien lo programa y lo implementa, de igual forma toma el papel del orientador o acompañante de serlo necesario.

Entenderemos, por tanto, al profesor como un guía para el estudiante en el proceso de la situación de aprendizaje que tendría como objetivo significar, resignificar o construir el aprendizaje esperado con base en las acciones o no acciones de los estudiantes para lograr que estos entren en situación de aprender a partir de la reflexión de sus acciones o no acciones.

En el caso del estudiante, es el personaje principal, pues es invitado a entrar en un desafío constante a lo largo de todos los momentos que componen la situación de aprendizaje, es quien debe explorar, investigar y resolver los cuestionamientos que se le presenten a lo largo de todas las actividades, comprometido en buscar resultados u opciones para solucionar la actividad que se le atraviese con base es su experiencia, conocimientos, habilidades, etc.

El diseño de estas situaciones de aprendizaje debe comenzar en que los estudiantes entren en conflicto, por lo que, en particular iniciamos con lo que se conoce como *la buena pregunta*, para generar un desafío por responder correctamente con base en sus conocimientos previos y que detonen con nuevas buenas preguntas más concretas que aporten a la buena pregunta original.

La importancia de crear diseños educativos con herramientas tecnológicas

La tecnología es una herramienta poderosa que ha tenido un gran avance en los últimos años, en la actualidad son instrumentos relevantes para la sociedad en la vida cotidiana, y tiene una intención, tal y como lo señala Moya (2013), la cual es mejorar la calidad de vida, sobre todo, consideramos un aspecto que recae en el tema de la educación, como señala para los docentes hace posible que se puedan adaptar el conocimiento matemático escolar a diseños que favorezcan nuevos espacios y ambientes de enseñanza-aprendizaje, tomando en cuenta así, el contexto más cercano y estimulante para el estudiante, todo esto con base en sus planes de estudio sin perder de vista las problemáticas a las que los estudiantes se puedan enfrentar.

El desarrollo de nuevas herramientas nos permite acceder a distintos espacios sustanciales, como programas diseñados por técnicos, investigadores y profesores, interesados en adaptar herramientas tecnológicas para mejorar la estructura que se ha utilizado a través de los años en la educación, además de plataformas que nos admiten generar interpretaciones, acciones, intercambios y colaboraciones (Pérez, 2012) que nos dirija a diseñar, rediseñar y analizar los modelos existentes, con el objetivo de propiciar un aprendizaje que sea característico, y que, por consecuente, contraste un antes y un después de su implementación.

GeoGebra como herramienta tecnológica del aprendizaje y conocimiento.

GeoGebra es un software particular de la Matemática Educativa que permite trabajar con diversas ramas de la matemática, ya sea álgebra, geometría, estadística, entre otras. En esta plataforma existe una gran comunidad de investigadores y docentes interesados por generar una mayor calidad en la enseñanza con base en herramientas tecnológicas, y que como ellos destacan es un recurso "potente e innovador para la cuestión clave y clásica de la enseñanza y el aprendizaje".

Lo que más destaca en lo que nos ofrece GeoGebra es un apartado de *Recursos*, en el cual dichos investigadores y docentes, comparten los Applets que han desarrollado con respecto a temas específicos, para posteriormente implementarlo en su contexto educativo y ejercer un posible análisis a priori de su efecto en los estudiantes, o bien, una vez efectuado el proceso en la población específica. Estos Applets suelen ser muy dinámicos, debido a que, nos permiten desempeñar acciones que pueden ser complejas si las aplicamos en un entorno real, característico del ambiente digital.

El proceso de enseñanza aprendizaje suele ser más dinámico y eficiente cuando se integran herramientas tecnológicas que posibiliten el análisis de los fenómenos matemáticos a través de una visualización que permite una mayor interpretación.

Un ejemplo de estos fenómenos es el teorema de Pitágoras, el cual menciona que la suma de los cuadrados de las longitudes de los catetos es igual al cuadrado de la longitud de la hipotenusa del triángulo. Por lo que, para que los estudiantes comprendan esta proposición, el investigador Sergio Rubio creó un Applet que permite la demostración de este teorema, de tal forma que los estudiantes puedan interactuar evidenciando lo que señala Pitágoras.

Diseño de una situación de aprendizaje que fomenta el análisis de las gráficas del llenado de recipientes, con la herramienta tecnológica GeoGebra.

Objetivo general de la situación de aprendizaje

Analizar el llenado de recipientes con la herramienta GeoGebra para fomenta la interacción del fenómeno al instrumento y del instrumento al fenómeno.

El contenido 9.3.6 se trabaja en esta propuesta de situación de aprendizaje adaptada con la herramienta tecnológica GeoGebra, la cual implica el tema *Llenado de recipientes* de una forma contextualizada dentro de un ambiente digital para que los estudiantes con la finalidad de aportar hacia construcción del conocimiento matemático.

Esta herramienta, tiene como finalidad que los estudiantes se involucren en las actividades prediseñadas y logren apropiarse del fenómeno debido a que es cercano a su contexto real, de esta manera sienten motivado a afrontar el reto que comprender a mayor profundidad el fenómeno que se está presentando en las gráficas y en los recipientes que se estudian, tomando en cuenta que todas las situaciones propuestas conducen en ambos sentidos, es decir, de instrumento a la gráfica y de la gráfica al instrumento.

Esta situación de aprendizaje se presenta en tres fases, apertura, desarrollo y cierre con dos momentos cada una, es decir, seis momentos en total que favorecen la construcción del conocimiento, con las preguntas pertinentes que buscan que el estudiante reflexiones respecto al comportamiento del fenómeno y las herramientas matemáticas puestas en juego en la solución de cada momento de la situación.

Apertura

Primer momento

La buena pregunta ¿Qué recipiente se llenará antes?

Intención: Que los estudiantes tengan un primer acercamiento al fenómeno y darle sentido a la relación entre el fenómeno de llenado de recipientes existentes y su representación gráfica.

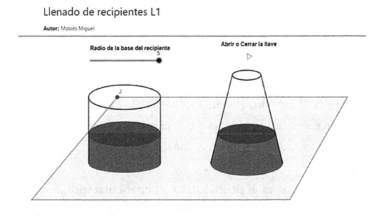

Fig. 1 Llenado de recipientes, Applet de construcción propia

Este primer cuestionamiento tiene la finalidad de establecer un desafío con base en la *buena pregunta,* es decir, invitar a los estudiantes a reflexionar la interrogante, sin embargo, se debe tener en cuenta que no es necesaria una respuesta, debido a que es indispensable analizar los casos por separado para tener una resolución más acertada de acuerdo con la comparación de ambos recipientes.

Cabe hacer mención que, existen detalles que consideramos relevantes de proporcionar a los estudiantes, como que ambos recipientes comparten la misma altura y la misma capacidad, además de ser llenados a un flujo constante, puesto que, puede generar que el estudiante medite sus estimaciones con base en la información, además de evocar sus conocimientos previos sobre el tema para construir una respuesta.

Segundo momento

Respuesta a la buena pregunta, análisis del cilindro y cono invertido.

Intención: Que los estudiantes comiencen a darle sentido a la relación entre las características del recipiente y sus diversos efectos en la representación gráfica.

Este segundo momento de la situación de aprendizaje pretende desarrollar el análisis de ambos casos de forma independiente, con la finalidad de que el estudiante conteste los cuestionamientos que se les indica para el estudio de sus efectos en la gráfica con base en sus conocimientos previos, y que, por consecuente, al ejercer el estudio de ambos recipientes, den respuesta a la *buena pregunta.*

Ahora bien, se presenta el primer caso, el cual corresponde al cilindro. Antes de dar inicio al ejercicio se pretende entregar una hoja con la actividad que va encaminando al estudiante a generar una reflexión del efecto de la gráfica con ayuda de la herramienta tecnológica GeoGebra, con base en sus conocimientos previos, además de que le permita comprender el porqué de dicha consecuencia en la graficación de su llenado.

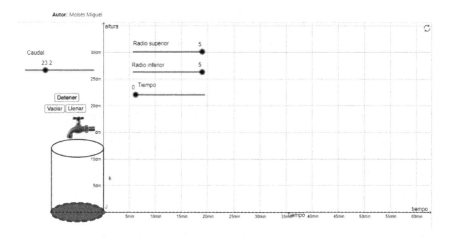

Fig. 2 Llenado de recipiente, Applet de diseñado propio

1. ¿Qué tipo de recipiente observas?

2. ¿En cuántos segundos crees que se llenará el recipiente?

3. ¿Qué tipo de gráfica crees que se formará? Interprétala.

La primera pregunta tiene como objetivo analizar que el estudiante tenga noción de la diferencia de un cilindro, a un cono y un cono invertido, puesto que, seria parte fundamental, sin embargo, la finalidad de trabajar con distintos Applets le permitirá construir este significado si es que lo desconoce.

En la segunda pregunta, el estudiante estima un promedio de tiempo con la finalidad de comparar tanto el tiempo que demora en llenar un cilindro y cono invertido con respecto a la misma altura y misma capacidad.

Para el tercer cuestionamiento entran en juego los conocimientos previos de los estudiantes, es decir, deberán ser capaces de analizar que, por el tipo de recipiente y el flujo constante del llenado, da lugar a una gráfica lineal, que deberá ser plasmada en el espacio que se le da correspondientemente, teniendo en cuenta que es las respuestas que hasta aquí se han generado son previo a interactuar con el Applet.

4. ¿Qué tipo de gráfica se formó realmente?

5. ¿Por qué piensas que esto sucede así, ya sea lineal o no lineal? Justifica tu respuesta

Al llegar al cuarto cuestionamiento se le indica al estudiante ingresar al Applet de la autora Irene Herrera, incorporando la información de los deslizadores con el propósito de que ambos casos tengan la misma capacidad

Ahora bien, el estudiante tendrá oportunidad de interactuar con la herramienta para responder la pregunta número cuatro y que, posteriormente será tema de reflexión con el veredicto que concluyeron de la cuestión anterior.

Por último, la pregunta final, que interroga el comportamiento de la gráfica, para ello deberán manifestar la razón de haberse formado una gráfica lineal, lo cual se espera que los estudiantes analicen y consideren que el cilindro no contiene curvas que interfieran con el flujo constante del cuerpo.

Por consiguiente, se analiza el comportamiento del cono invertido para proseguir con la reflexión que contribuya a la respuesta de *la buena pregunta*.

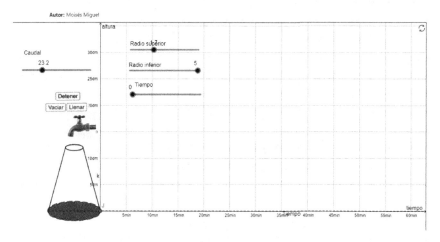

Fig. 3 Llenado de recipiente, Applet de diseño propio

1. ¿Qué tipo de recipiente observas?

2. ¿En cuántos segundos crees que se llenará el recipiente?

3. ¿Qué tipo de gráfica crees que se formará? Interprétala.

   Al igual que en el caso del cilindro, este primer cuestionamiento tiene como objetivo que los estudiantes diferencien el cono que comúnmente conocen y el caso en particular, del cono invertido, puesto que, si estos contestan que se trata de un cono regular, hacer la diferenciación en su contexto real.

4. ¿Qué tipo de gráfica se formó?

5. Si el flujo de agua es constante ¿Por qué la gráfica no muestra la misma forma que el cilindro? Justifica tu respuesta

Ahora bien, para resolver *la buena pregunta*, los estudiantes consideran sus respuestas con respecto a lo analizado anteriormente y con ayuda del Applet que proporciona el autor Serrano.

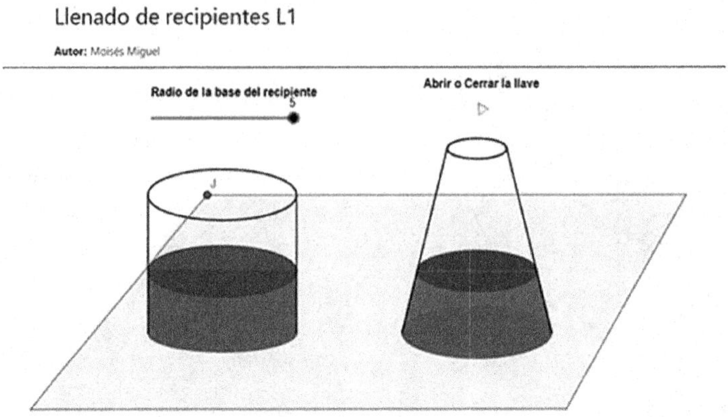

Llenado de recipientes L1

Autor: Moisés Miguel

Fig. 4 Llenado de recipientes, Applet de diseño propio

1. ¿Qué recipiente se llenará antes?

2. ¿Por qué los recipientes se llenan al mismo tiempo? ¿Qué característica comparten para que esto suceda? Justifica tu respuesta

Ahora bien, antes de dar clic en *Abrir la llave* en el Applet del autor Serrano, es importante cuestionar a los estudiantes *la buena pregunta*, es decir, ¿cuál recipiente se llenará antes? con el objetivo de que los estudiantes registren sus hipótesis y entren en un desafío que les generé dudas e interés por demostrar si su suposición fue correcta, posteriormente deberán analizar el comportamiento de ambos recipientes para contestar la segunda pregunta.

Con respecto a la última pregunta, los estudiantes deberán analizar qué características deben de compartir para que esto se cumpla, lo que visualizan y lo que consideran es relevante para que esto suceda, lo que se espera que los estudiantes comprendan que es necesaria una misma capacidad

Desarrollo

Tercer momento

Análisis de la variación de las gráficas en tres tipos de casos principales.

Intención: Que estudien, interactúen y experimenten con tres tipos de recipientes, que analicen sus efectos en la gráfica y comprendan que con base en ellos pueden interpretar gráficas y/o deducir los productos con respecto a cualquier recipiente.

Fig. 5 Llenado de un cono. Applet de diseño propio

La primera interrogante provoca que el estudiante reflexione como es el crecimiento del *llenado de recipiente* partiendo de la parte inferior con respecto a la parte superior, el cual, tiene como objetivo que el estudiante analice que es el caso contrario al cono, es decir, que formulen sus hipótesis y comiencen a reflexionar que, a diferencia del cono, este se llenará en su primera parte de forma más apresurada a diferencia de la parte superior.

Posteriormente, el estudiante, comienza a poner en juego lo que ha visualizado con la herramienta tecnológica GeoGebra, como es que la gráfica refleja el efecto cuando se trata de un recipiente como el cilindro y el cono, con la finalidad de que logre comparar y reflexionar con base en los momentos anteriores, y que, por consecuente, le permita interpretar un bosquejo de la gráfica a consecuencia de un cono invertido.

1. ¿Cómo es el crecimiento del llenado en el recipiente desde la parte inferior respecto a la parte superior?

2. Realiza un bosquejo de como consideras que la gráfica será reflejada. Recuerda que en el eje de las x se trabaja con el tiempo y en el eje de las y la capacidad del recipiente (la cual es una aproximación).

3. Abre el Applet del autor Rafael Losada Lite, en la página web que se te indica y efectúa cada una de las figuras, con la finalidad que realices una comparación y evalúes tu gráfica anterior.

4. Describe lo que sucede en cada una de las gráficas y por qué.

Al finalizar de representar el desenlace de la gráfica con respecto al cono invertido, los estudiantes accederán al Applet del autor Losada, el cual permite que el estudiante valide sus estimaciones, en este caso el estudiante deberá simbolizar la forma del recipiente, debido a que este instrumento posibilita la exploración de infinidad de tipos de recipientes.

5. Ahora realiza un bosquejo de cada de las gráficas que se te indica, con base en lo que has aprendido hasta este momento.

Los estudiantes tendrán el espacio correspondiente para interpretar los tres tipos de casos estudiados hasta el momento, con el objetivo de que comprendan la cuestión que representa cada uno.

Es decir, existirán casos con recipientes que mantengan una forma constante, por lo que, esta gráfica será de tipo lineal, recipientes que, en la parte inferior sean más anchos que la parte superior, por lo que la gráfica que se plasme se basará en que, el envase tomará más tiempo en llenarse a diferencia de la parte superior o viceversa.

Ejemplo de resultado esperado.

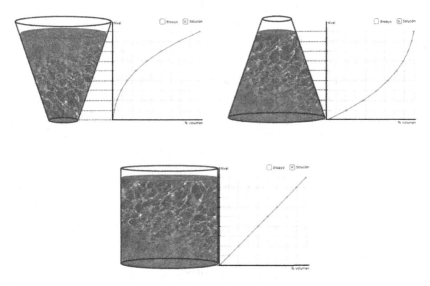

Fig. 6 Llenado de un cono, Applet de diseño propio

Cuarto momento

Estimación y efecto de la gráfica con respecto al recipiente

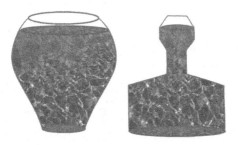

Fig. 7 Llenado de recipientes con diferentes formas, Applet de diseño propio.

1. ¿Cómo es el crecimiento del llenado en el recipiente desde la parte inferior respecto a la parte superior?

2. Realiza un bosquejo de como consideras que la gráfica será reflejada. Recuerda que en el eje de las x se trabaja con el tiempo y en el eje de las y la capacidad del recipiente (la cual es una aproximación).

3. Con ayuda del Applet del autor Rafael Losada Lite, en la página web que se te indica efectúa cada una de las figuras, con la finalidad que realices una comparación y evalúes tu gráfica anterior.

4. Describe lo que sucede en cada una de las gráficas y por qué.

5. ¿A qué reflexión llegas con esta actividad y la anterior?

En esta actividad se presentan recipientes con estructuras más variadas, por lo que, al momento de hacer una gráfica de acuerdo con su propuesta, es importante mencionarles que pueden hacer uso de sus gráficas anteriores para poder basarse en ellas, sin referirnos a que son una base importante, con la finalidad de que logren comprender y dar sentido a su importancia. Otro aspecto relevante es, dejar en claro al estudiante que su bosquejo solo puede ser apoyado a estas gráficas anteriores, por lo que se recomienda que no se le permita observar previamente con ayuda del Applet.

La finalidad es que, el estudiante realice consideraciones y posteriormente las valide, puesto si este es negativo seguirán modificando sus ideas hasta llegar a la indicada. Lo que se espera es que el estudiante conforme la sesión avanza logre ir adaptando sus conocimientos y consiga identificar qué tipo de gráfica se forma con respecto a un recipiente o de forma inversa, que con la gráfica reconozca el aspecto del recipiente.

Como menciona Marmolejo y Riestra (2013) con el uso de las Nuevas Tecnologías los estudiantes pueden trabajar efectivamente con situaciones relativamente desconocidas. Pueden interpretar y seleccionar e integrar diferentes representaciones, uniéndolas directamente a situaciones de la vida real; aplicar estrategias simples para la resolución de problemas; usar cadenas de razonamientos o secuencias de cálculos así como expresar brevemente sus interpretaciones, resultados y razonamientos (p.374).

La intención es que los estudiantes realicen los borradores de sus posibles resultados, analizando cada una de las situaciones que se presentan referente al llenado de recipientes, puesto que, sin este recurso didáctico el estudiante puede tomarse más tiempo en que reflexione sobre los cambios que estos tienen de acuerdo con sus diversas formas referente al tiempo y capacidad.

Ahora bien, las últimas dos preguntas deberán realizarse de manera grupal y guiada, con la finalidad de que los estudiantes propongan sus hipótesis de lo que sucede en la gráfica con ayuda del applet y por qué creen que esto sucede, además de que se llegue a una reflexión conjunta.

Por último, considerando que es lo más importante, deben comprender que los tres casos de la tarea anterior son básicos para la comprensión del impacto que se tendrá en la gráfica y por supuesto, para su lectura.

Cierre

Quinto momento

De la gráfica al recipiente

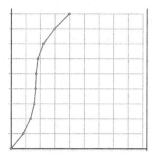

Fig. 8 Graficación. Elaboración propia

En esta actividad, la finalidad es que los estudiantes logren pasar del instrumento a la gráfica puesto que cada una de las actividades anteriores efectuaban un bosquejo con sus hipótesis. Para este momento, los estudiantes ya analizaron tres recipientes principales para la construcción y lectura de gráficas, por lo que, se espera que esta parte sea rápida y con una gran respuesta por parte de los estudiantes.

Cabe mencionar que, debemos dejar en claro a los estudiantes que no pueden utilizar ningún tipo de apoyo o herramienta para la interpretación del recipiente que ellos concluyen que se desarrollará con base en dicha gráfica. Como se menciona con anterioridad, en este cierre, la expectativa es que los estudiantes utilicen la menor ayuda posible, por lo que, al finalizar ellos podrán verificar y comparar sus resultados utilizando el Applet indicado, el cual fue realizado por el autor Rafael Losada Lite.

Sexto momento

Reflexión de los tres recipientes principales, e interpretación de nuevos recipientes tomando estos en cuenta

Intención: Que los estudiantes comparen sus conocimientos antes y después de la situación de aprendizaje.

En equipos de tres integrantes, los estudiantes deberán trabajar con un tipo de recipiente que no se haya analizado en clase, además de desarrollar la interpretación gráfica.

Posiblemente los estudiantes no mantengan un orden de ejecución, debido a que, puede facilitárseles comenzar representando el efecto en la gráfica para posteriormente realizar la reflexión de la forma que tomará el recipiente, o bien, iniciar con el recipiente para en seguida, dibujar la gráfica que resulte.

Con la finalidad de examinar los resultados de manera grupal, es importante provocar un debate entre los estudiantes para comprobar si los recipientes coinciden con el efecto en su gráfica, por lo que, de no ser así, el grupo en general puedan expresar sus hipótesis y teorías, para concertar las soluciones. Para Debido a que, esta situación promueve el uso de la herramienta tecnológica GeoGebra, es importante hacer uso del Applet que permite es necesario que posteriormente al debate, se represente la actividad en el Applet necesario de GeoGebra, para comprobar las hipótesis y conjeturas que los estudiantes manifestaron a lo largo de la última tarea.

Resultados

Segundo momento

¿Qué recipiente se llenará antes?

En el caso del cilindro, y con respecto a la pregunta ¿Qué tipo de gráfica crees que se formará? el 83.33%, que corresponden a 10 estudiantes, contestó que, la gráfica sería lineal, y el 16.66%, es decir, 2 estudiantes, respondieron que la gráfica sería de tipo poligonal.

En este caso hubo un estudiante que nos llamó la atención, el cual mostró la siguiente interpretación (Fig. 1) en el tipo de gráfica que prevé al fenómeno de llenado de un recipiente cilíndrico, esto previo a la interacción con el Applet. Por lo que, se consideran dos teorías, primeramente, que el estudiante no realizó la representar gráfica con apoyo de un instrumento de medición, o más bien, que dedujera una deficiencia en el flujo del agua, y, que esta condición se ve reflejada directamente en su representación gráfica.

Al comenzar a presionar *llenar* en el Applet los estudiantes pudieron observar cómo es que la herramienta mostraba el fenómeno de llenado y este arrojaba una gráfica lineal y, con base en esto, el 83.33% confirmaron sus estimaciones, y, el 16.66% restante reflexionar respecto a cómo las condiciones del fenómeno tiene este comportamiento gráfico, sin embargo, se reflexionó de forma grupal con el objetivo de llegar a consensos respecto el conocimiento adquirido de acuerdo con el cilindro y la relación del fenómeno de llenado de recipiente y su representación gráfica.

En cuanto al cono, el primer cuestionamiento ¿qué tipo de recipiente observas? el 83.33% contestó que se trataba de un cono y dos estudiantes, es decir el 16.66% respondió que el envase era un cono invertido.

Conforme a la pregunta ¿qué tipo de gráfica crees que se formará? el 33.33% contestó que sería no lineal, otro 33.33% que argumentó que sería una gráfica curva, el 16.66%, que respondió que la gráfica seria lineal y, por último, el 16.66% que señaló que sería una parábola. Es decir, un alto porcentaje identifica como un fenómeno variable el del llenado del recipiente por lo que no corresponde con una representación gráfica de una recta.

De acuerdo con los porcentajes y la información que se menciona anteriormente, encontramos lo siguientes casos, el que respondió no lineal y reflejo su interpretación correctamente, el que indicó que sería una curva y, al igual que el caso del estudiante con respecto al cilindro, no mantiene un buen pulso en su representación o de igual forma, considera aspectos como imperfectos en el flujo del agua.

Ahora bien, los siguientes dos casos son relevantes destacar, el estudiante que consideró una gráfica lineal en relación con el cono, que actualmente es un tema de estudio, puesto que, puede existir una respuesta o idea requiere de razonamientos de mayor profundidad sobre el efecto en la gráfica que va de la mano con la forma del recipiente. Por último, el estudiante que concibe una gráfica no lineal, y que, sin embargo, desarrolla una gráfica lineal.

Desarrollo

Tercer momento

Análisis de la variación de las gráficas en tres tipos de casos principales.

En este momento de la situación de aprendizaje se analizaron dos cuestiones, el que más del 50% de los estudiantes comprende la diferencia entre el cono y cono invertido, sin embargo, el 16.66%, interpretaron en clase que la gráfica tendría la misma forma que la del cono, al cuestionarles la razón de su conclusión mencionaron que, por ser la misma forma del recipiente que, aunque este tuviera una rotación de 180°, no influía una diferencia en la forma en la gráfica. Cabe hacer mención, que, al observar su hoja de trabajo posteriormente a la aplicación, estos estudiantes habían modificado su representación, esto lo consideramos por la razón que los estudiantes, al interactuar con la herramienta, se dieron cuenta de su error e hicieron las modificaciones correspondientes sin tomar en cuenta que, se les había solicitado no alterar sus respuestas.

Entonces, aunque los estudiantes alteraran sus interpretaciones, se puede observar cierta modificación de datos, por lo tanto, solo el 83.33% determino la relación entre la forma del recipiente y la forma de la gráfica en un primer momento y el resto requirió de una reflexión más profunda para llegar a esta conclusión.

Posteriormente, los estudiantes realizaron una representación de cada caso, donde el 100% de los estudiantes tuvieron los siguientes planteamientos.

Fig. 13 Estudiantes caso 4, tercer momento

Si bien es cierto que, los estudiantes habían logrado con éxito concluir esta parte esencial de la situación, hubo algunos registros de comentarios de estudiantes que confundían la gráfica del cono con respecto al cono invertido, puesto que, había inconsistencias en el reconocimiento de cada uno, sin embargo, hasta este momento de la situación, comprendieron más la relación y diferenciación con base en las características del fenómeno y como esto tiene un efecto en la representación gráfica.

Cuarto momento

Estimación y efecto de la gráfica con respecto al recipiente

Este momento fue pensado para poner a prueba las conjeturas que se habían realizado respecto a la forma del recipiente y la forma de la representación gráfica y es la respuesta errónea la que permite la reflexión con base en las características del fenómeno y este análisis es el que da sentido al conocimiento matemático como una herramienta para atender el reto planteado.

Es entonces que, los estudiantes comenzaron a darle sentido a tomar en cuenta los tres tipos de recipientes principales para representar la gráfica con respecto a la forma del recipiente.

Si bien es cierto que, al analizar las interpretaciones, estas fueron correctas, sin embargo, los estudiantes hicieron diversas modificaciones en su gráfica, puesto que, pueden observarse líneas que son más tenues, por lo que, se deduce que cada uno de los estudiantes fueron construyendo su idea de los dos casos planteados, con base en las posturas anteriores.

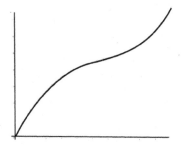

Fig. 14 Estudiante caso 5, cuarto momento

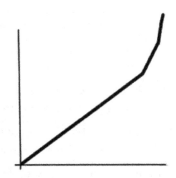

Fig. 16 Estudiante caso 5, cuarto momento

Quinto momento

De la gráfica al recipiente

Para este momento, los estudiantes tuvieron una buena respuesta a este apartado, debido a que, todas las representaciones del recipiente con base en la gráfica fueron considerablemente buenas, que, a pesar de las diferencias en trazo, concluyen al mismo resultado que se representaría en la gráfica. Sin embargo, es importante destacar, que algunos estudiantes, por la cuestión de sentirse motivados por concluir su actividad.

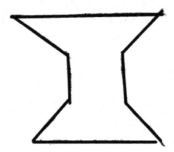

Fig. 17 Estudiante caso 7, cuarto momento

Sexto momento

Reflexión de los tres recipientes principales, e interpretación de nuevos recipientes tomando estos en cuenta

Consideramos irrelevante mostrar las propuestas de recipientes planteados en la sesión, debido a que, los estudiantes no diseñaron formas fuera de lo común, su formato de trabajo fue simplemente jugar con los tamaños de los recipientes vistos en clase, haciéndolos más anchos o más pequeños, debido a que, por consecuencia de la falta de establecer características distintas, los efectos en la gráfica no transformaron en gran medida a lo visto en los momentos de la situación.

Consideraciones Finales.

La prueba piloto de la situación de aprendizaje con base en el análisis del fenómeno de llenado de recipientes no deja considerables reflexiones. En términos generales lo estudiantes mostraron gran aceptación por usar los recursos tecnológicos y la interactividad de la herramienta GeoGebra les ha llamado mucho la atención. Los estudiantes muestran un buen conocimiento del fenómeno, pero al profundizar sobre sus características y relacionarlo con su representación gráfica, un porcentaje bajo mostró dificultades de transito del fenómeno a la gráfica, momentos 1 y 2. Pero, al relacionar la gráfica con el él fenómeno el porcentaje que muestra dificultades aumenta momentos 3 y 4. Algo que notamos es que durante el tránsito de las 4 momentos, con las reflexiones hechas a partir de validar sus conjeturas con el modelo mostrado en los applets diseñados, el estudiante discutía sobre porqué era así, creaba nuevas conjeturas y las volvía a validar con las applets. Por lo que en el último momento mostraron un gran entendimiento de la relación de la gráfica y el fenómeno y viceversa.

Una consideración final. Vemos posible un rediseño más enfocado en la población en la que se pensó inicialmente la situación de aprendizaje, estudiantes de secundaria, pues con la evidencia mostrada, creemos que centrarnos en el análisis de la variación nos permitiría tener un mayor entendimiento del fenómeno y por lo tanto dar significado a otras características de la gráfica con preguntas como, ¿Qué cambia? ¿Cómo cambia? ¿Con respecto de qué cambia?

Referencias

A continuación, se presentan las referencias de cada capítulo de la obra. Como se señaló, esta mecánica tiene con fin agilizar la lectura de cada título. La bibliografía señalada se colocó conforme al orden de aparición de los capítulos.

EJE 1
EDUCACIÓN

Referencias del capítulo:
"Importancia de la percepción estudiantil de la calidad educativa: un estudio de caso de la licenciatura en tecnologías de la información".

Alvarado, E. M. (2016). Percepción de la calidad educativa: caso aplicado a estudiantes de la Universidad Autónoma de Nuevo León y del Instituto Tecnológico de Estudios Superiores de Monterrey. *Revista de la Educación Superior, (1):* 55-74.

De Vries, W. (2007). La acreditación mexicana desde una perspectiva comparativa. *Revista Complutense de Educación, (1):* 11-28.

Ibarra, E. (2009). *Aseguramiento de la calidad: políticas públicas y gestión universitaria. Informe Nacional México.* México: CINDA.

Jiménez, J. (2019). La evaluación y acreditación de le educación profesional en México: ¿la legitimación y competitividad como fin de la universidad? *Revista de la Educación Superior, (1):* 55-72.

López, S. (2007). Evaluación institucional y factores de cambio. La percepción de los académicos de tres universidades del noroeste de México. *Revista de la Educación Superior (1),* 7-22.

Marúm, E. (25 de 11 de 2016). *Estudiantes. Sus percepciones sobre la calidad educativa y su importancia para el compromiso social universitario.* Recuperado el 18 de 6 de 2019, de XVI Coloquio Internacional de Gestión Universitaria.

Moreno, J. A. (2019). La evaluación y acreditación de la educación profesional en México: ¿la legitimación y competitividad como fin de la universidad? *Revista de la Education Superior, (1),* 55-72.

Morgan, E. (2003). *Process, actors and outcomes of change in undergraduate professional major curricula: Comparative case studies in America and Mexico.* Tesis Doctoral, Universidad de Arizona. Arizona, USA.

Navarro-Leal, M. A. (2011). La transformación de la evaluación de programas por pares académicos en México. *SOCIOTAM, (1):* 125-142.

Rubio, J. (2007). *La evaluación y acreditación de la educación superior en México: un largo camino aún por recorrer.* Mexico: Universidad Autónoma Metropolitana.

Referencias del capítulo:
"Resiliencia en las universidades públicas".

Acle Tomasini, G. (2012). *Resiliencia y factores asociados con la integración escolar de menores con discapacidad o con aptitudes sobresalientes.* En G. Acle Tomasini (Coord.). *Resiliencia en educación especial. Una experiencia en la escuela regular* (pp. 23-55). Barcelona, España: Gedisa.

Acevedo, V.E. y Mondragón, H. (2005). Resiliencia y escuela. *Pensamiento Psicológico, 1*(5): 21-35.

Asociación Nacional de Universidades e Instituciones de Educación Superior. (2007). *Retención y deserción en un grupo de instituciones mexicanas de educación superior.* México: ANUIES.

Barcelata, B.E. (2015). *Adolescentes en riesgo. Una mirada a partir de la resiliencia.* México: Manual Moderno.

Cardozo, G. (2005.). *La práctica docente y su incidencia en la promoción de conductas saludables.* En G. Cardozo (Coord.). *Adolescencia: Promoción de salud y resiliencia* (pp.135-151). Córdoba: Editorial Brujas.

Casanova, H. (2018). *Pensar la educación hoy.* En H. Casanova (coord.). La educación y los retos de 2018: una visión académica (13- 36). México: Universidad Nacional Autónoma de México.

Centros de Integración Juvenil. (2001). *Resiliencia Una revisión documental.* México: Autor.

Cohen, M. (2012). *Cómo construir fortalezas en la educación especial. Resiliencia familiar y escolar.* México: Universidad de Ciencias y Administración-Porrúa.

Cyrulnik, B. (2007). *De cuerpo y alma.* Barcelona: Gedisa.

Daverio, P.A. (2007). *Resiliencia y educación: Nuevas perspectivas en el abordaje de la adolescencia.* En M.M. Munist, E.N. Suárez Ojeda, D. Krauskopf y T. J. Silber, (comps). Adolescencia y Resiliencia (pp. 153-165). Buenos Aires: Paidós.

De Vries, W.; León, P.; Romero, J.F. y Hernández, I. (2011). ¿Desertores o decepcionados? Distintas causas para abandonar los estudios universitarios. *Revista de la Educación Superior, 15*(4): 29-50.

FDCSV. (2019). *Indicadores por cohorte generacional.* Manuscrito inédito.

Forés, A. y Grané, J. (2008). *La Resiliencia "Crecer" desde la adversidad.* Barcelona: Plataforma Editorial.

Fresán, M. y Romo, A. (2011). *Programas Institucionales de Tutoría. Una propuesta de la ANUIES para su organización y funcionamiento en las instituciones de educación superior. (*3ª ed.). México: ANUIES.

Garza, L.H. (2016). *Resiliencia en la Educación Superior para prevenir la deserción escolar en el primer año: caso Unidad Académica Multidisciplinaria de Ciencias, Educación y Humanidades* (tesis doctoral inédita). Victoria: Universidad Autónoma de Tamaulipas.

Gaxiola, J. C. y Palomar, J. (2013). *Estudios de resiliencia en América Latina*. México: Pearson.

Giordano, S. y Nogués, S. (2007). *Educación Resiliencia y Diversidad: un enfoque pedagógico y social de la intervención con niños, escuela, familias y comunidad*. Buenos Aires: Espacio.

González, N. y Valdez, J. (2012). *Variables predictoras de la resiliencia en adolescentes en situación de calle*. En J. Palomar y J.C. Gaxiola (Coords.). Estudios de resiliencia en América Latina (pp. 61-79). vol. 1, México: Pearson.

Grotberg, E.H. (2005). *Nuevas tendencias en resiliencia*. En A. Melillo y E.N. Suárez Ojeda (comps.). Resiliencia descubriendo las propias fortalezas (pp. 19-30). (1ª ed. 2001). Buenos Aires: Paidós.

Guevara Niebla, G. (2007). *La catástrofe silenciosa*. México: Fondo de Cultura Económica.

Henderson, N. y Milstein, M.M. (2010). *Resiliencia en la escuela*. Buenos Aires, Argentina: Paidós.

Manciux, M.; Vanistendael, S.; Lecomte, J. y Cyrulnik, B. (2003). *La resiliencia: Estado de la Cuestión*. En M. Manciaux (Comp.). La resiliencia: resistir y rehacerse. Barcelona: Gedisa.

Montes de Oca, S. y Palomar, J. (2012). *Contribución de los factores educativos al estudio de la resiliencia*. En J. Palomar y J.C. Gaxiola (Coords.). Estudios de resiliencia en América Latina. México: Pearson.

Munist, M., Santos, H., Kotliarenco, M.A., Suárez Ojeda, E.N., Infante, F. y Grotberg, E. (1998). Manual de identificación y promoción de la resiliencia en niños y adolescentes. Washington: Organización Panamericana de la Salud.

Muñoz, H. (2018). *Ideas para discutir la transformación de la universidad pública en México*. En H. Casanova (coord.). La educación y los retos de 2018: una visión académica. México: Universidad Nacional Autónoma de México.

Neiva-Silva, L. y Koller, S.H. (2007). *El proceso de resiliencia en adolescentes en situación Callejera*. En M. Munist, E. N. Suárez Ojeda, D. Krauskopf y T.J. Silber (comps). Adolescencia y Resiliencia (pp. 241-257). Buenos Aires: Paidós.

Palomar, J. y Gaxiola, J.C. (Coords.) (2012). *Estudios de resiliencia en América Latina*. México: Pearson.

Palomar, J. y Victorio, A. (2013). *Diferencias en los recursos de resiliencia dependiendo del tipo de movilidad intergeneracional*. En J.C. Gaxiola y J. Palomar (coord.). Estudios de resiliencia en América Latina. México: Pearson.

Peralta, S., Ramírez, A. y Castaño, H. (2006). *Factores resilientes asociados al rendimiento académico en estudiantes pertenecientes a la Universidad de Sucre*. Colombia: Universidad de Sucre.

Poletti, R. y Dobbs, B. (2005). *La resiliencia. El arte de resurgir a la vida*. México: Lumen.

Puig, G. y Rubio, J.L. (2011). *Manual de resiliencia aplicada*. Barcelona: Gedisa.

Reyzábal, M.V. y Sanz, A.I. (2014). *Resiliencia y acoso escolar. La fuerza de la educación*. Madrid: La Muralla.

Rutter, M. (2007). Citado por J.C. Gaxiola y S. González (2012). *Predictores del rendimiento académico y resiliencia de adolescentes de nivel secundaria*. En J. Palomar y J.C. Gaxiola (Coords.), Estudios de resiliencia en América Latina. México: Pearson.

Silas, J. C. (2008). La resiliencia en los estudiantes de educación básica, un tema primordial en comunidades marginales. *Revista Electrónica de Educación, 31*(1): 2-4.

Simpson, M. G. (2008). *Resiliencia en el aula, un camino posible*. Buenos Aires: Bonum.

Simpson, M.G. (2015). *Resiliencia y currículum escolar: Una alianza innovadora*. Buenos Aires: Bonum.

Suárez Ojeda, E.N. (2005). *Una concepción latinoamericana: la resiliencia comunitaria*. En A. Melillo y E.N. Suárez Ojeda (Comps.). Resiliencia descubriendo las propias fortalezas (pp. 67-82). Buenos Aires: Paidós.

Tinto, V. (1992): *El abandono de los estudios superiores: Una nueva perspectiva de las causas del abandono y su tratamiento*. México: ANUIES.

UAMCEH. (2007, 2009, 2011). *Estudios de perfil de ingreso y factores de riesgo y protección*. Documentos de trabajo.

UAMCEH. (2014). *Carpetas de evidencias I, II y III*. Documentos de trabajo.

UAMCEH. (2015, 2018). *Indicadores por cohorte generacional*. Manuscritos inéditos.

Universidad Autónoma de Tamaulipas. (2007). *Ley Orgánica de la Universidad Autónoma de Tamaulipas. Reglamento de Alumnos de Educación Media Superior y Superior a nivel de licenciatura.* Victoria: UAT.

Vanistendael, S. (2014). *Resiliencia: el reto del cambio de mirada.* En J.M. Madariaga (coord.). Nuevas miradas sobre la resiliencia (pp. 53-87). Barcelona: Gedisa.

Villalobos, M. (2009). *Resiliencia: cómo aceptar y adaptarse a los cambios. Una propuesta educativa.* México: Minos Tercer Milenio.

Werner, E. (2010). Prologo. En N. Henderson y M. M. Milstein (2010). *Resiliencia en la escuela* (pp. 15-17). Buenos Aires: Paidos.

Werner, E.E. y Smith, R.S. (1982). Citado por M. L. Torres y A. Ruíz (2013). *Habilidades de resiliencia en estudiantes de educación media superior del Estado de México.* En J.C. Gaxiola y J. Palomar (coord.); Estudios de resiliencia en América Latina (pp. 53-69). México: Pearson.

Zukerfeld, R. y Zonis, R. (2005). *Procesos terciarios: de la vulnerabilidad a la resiliencia.* Buenos Aires: Editorial Lugar.

Referencias del capítulo:
"Estrategias metacognitivas para favorecer la comprensión lectora en textos expositivos y argumentativos"

Abarashi, M. (2011). Improving education through distance education and online learning. *Nature and Science, 9*(8): 55-58.

Araníbar, R. (S/F). *La lectura y la comprensión lectora.* Disponible en: https://docplayer.es/9264088-La-lectura-y-la-comprension-lectora.html

Asencio, A. (2017). *Estrategias Metacognitivas en el desarrollo de procesos de comprensión lectora*. Disponible en http://repositorio.pedagogica. edu.co/bitstream/handle/20.50.12209/3248/TE-21139. pdf?sequence=1&isAllowed=y

Casanova, E., et al. (2016). *Metacognición y adaptación evaluativa*. Disponible en: https://web.ua.es/es/ice/jornadas-redes-2016/documentos/ tema-3/808128.pdf

CONALEP. (2017). *Modelo Académico Conalep*. México: Secretaria de Educación Pública.

Flavell, J. H. (1976). *Metacognitive aspects of problem solving*. En: L. B. Resnik (Ed.). The nature of intelligence (pp. 231-235). Hillsdale, N.J.: Erlbaum.

Hernández, et al. (2016). *Estrategias cognitivas para la comprensión lectora de textos narrativos en estudiantes de segundo grado de educación básica primaria en una institución educativa de la ciudad barranquilla*. Disponible en: http://manglar.uninorte.edu.co/jspui/bitstream/10584/7545/1/ dayni.pdf

Huertas, L., et al. (2014). *Validación del instrumento 'inventario de habilidades metacognitivas (MAI)' con estudiantes colombianos*. Disponible en: http://www.scielo.org.co/pdf/prasa/v5n10/v5n10a04.pdf

López, J., y Arciniegas, D. (s/f). *La transformación de las prácticas de lectura y de escritura en la universidad desde una perspectiva metacognitiva*. Escuela de Ciencias del Lenguaje, Universidad del Valle.

Moreno, E. (2001) *Análisis de la influencia de la familia en los hábitos lectores de sus hijas e hijos: un estudio etnográfico*. (Pp.177-196) Universidad de Huelva.

Muñoz, C y Schelstraete, M. (2008). Decodificación y comprensión de lectura en la edad adulta: ¿una relación que persiste? *Revista Iberoamericana de Educación, 1*(1): 1-8.

Nisbet y Shucksmith. (2017). *Estrategias cognitivas.* Disponible en: http://xsc7.com/f/unadm/propedeutico/estrategiascognitivas.pdf

Osses, S. & Jaramillo, S. (2008) Metacognición: un camino para aprender a aprender. *Estudios Pedagógicos, XXXIV*(1): 187-197.

Ortiz, D. (2015). *El constructivismo como teoría y método de enseñanza. Sophia, colección de Filosofía de la educación.* Disponible en: https://www.redalyc.org/pdf/4418/441846096005.pdf

Pérez, S. (2015). *Estrategias cognitivas y metacognitivas para la comprensión lectora.* Disponible en:http://repository.udistrital.edu.co/bitstream/11349/3951/1/P%C3%A9rezHern%C3%A1ndezSusana2015.pdf

Pinzas, J. (2006). *Guía de estrategias metacognitivas para desarrollar la comprensión lectora.* México: Autor.

PLANEA. (2017) *Resultados nacionales en educación media superior.* Mexico: INEE.

Ríos, I. (S/F). *El lenguaje: herramienta de reconstrucción del pensamiento.* Disponible en: http://www.razonypalabra.org.mx/N/N72/Varia_72/27_Rios_72.pdf

Sánchez, H. (2013) La comprensión lectora, base del desarrollo del pensamiento crítico. *Segunda parte, (1):* 31-38.

Sánchez, J. (2013). *La comprensión de textos expositivos en el aula se ciencias sociales en la educación secundaria.* Granada: Universidad de Granada.

Santiesteban, J., y Velázquez, L., (2012). La comprensión lectora desde una concepción didáctico- cognitiva. *Dialéctica y educación (1):* 4-7.

Secretaria de Educación Pública. (S/F) Subsecretaría de Educación Media Superior Estrategia para incrementar y fortalecer la capacidad lectora. México: SEMS.

Vivanco, R. (2015). *Componentes del Lenguaje Oral y la Comprensión Lectora en los Alumnos del Tercer Grado de un Centro Educativo Parroquial del Distrito de San Isidro.* Lima: URP.

Zilberstein, J., y Olmedo, S. (2014) Las estrategias de aprendizaje desde una didáctica desarrolladora. *Atenas, 3*(27): 42-52.

Referencias del capítulo:
"Modelos y estrategias que utilizan los docentes"

Abad, J. (2006). *La escuela como ámbito estético según la pedagogía Reggiana. Cuadernillo de Trabajo.* Madrid: CSEU La Salle.

Antúnez, A. (1999). Paradigma: continuidad o revolución en la enseñanza de las ciencias sociales en América Latina. *Educere, 3*(6), 24-27.

Ávila, R., López, J. y Fernández, E. (2007). *Las competencias profesionales para la enseñanza-aprendizaje de las ciencias sociales ante el reto europeo y la globalización.* Barcelona: Asociación Universitaria de Profesores de Didáctica de las Ciencias Sociales.

Ávila, R., Rivero, M. y Domínguez, P. (2010). *Metodología de investigación en didáctica de las ciencias sociales.* Barcelona: Asociación Universitaria de Profesores de Didáctica de las Ciencias Sociales.

Del Pilar, R. y Mejía, B., (2012). *La enseñanza de las ciencias sociales en Colombia, Estado del Conocimiento*. Medellín: Universidad de Medellín.

Ejea, G. (2007). *Sobre prácticas docentes, modelos educativos y evaluación. Cuadernillo de trabajo*. México: Universidad Autónoma Metropolitana Azcapotzalco.

Estepa, J. (2009). Aportaciones y retos de la investigación en la didáctica de las ciencias sociales. *Investigaciones en la Escuela, 69*(1), 19-30.

Estepa, J., Friera, F. y Piñeiro, M. (2001). *Identidades y territorios: un reto para la didáctica de las ciencias sociales*. Barcelona: Asociación Universitaria de Profesores de Didáctica de las Ciencias Sociales.

Flores, J. (2014). *Enseñar desde el absurdo: la didáctica de las ciencias sociales en el siglo XXI, bajo el enfoque de la pedagogía existencial*. México: FLACSO-UNAM.

Fuster, C. (2015). *Visiones de un mundo en crisis. La problematización del currículum de geografía como estrategia didáctica*. En Hernández, A.; García, C. y de la Montaña, J. (2015). Una enseñanza de las ciencias sociales para el futuro: Recursos para trabajar la invisibilidad de personas, lugares y temáticas. Barcelona: Asociación Universitaria de Profesores de Didáctica de las Ciencias Sociales.

García, J. (2011). Modelo educativo basado en competencias: importancia y necesidad. *Revista Actualidades Investigativas en Educación, 11*(3): 1-24.

Gargallo, B., Garfella, P., Sahuquillo, P. y Verde, I. (2015). Métodos centrados en el aprendizaje, estrategias de aprendizaje en estudiantes universitarios. *Revista de Educación 370*(1), 229-254.

González, I. (2010). Prospectiva de las Didácticas Específicas, una rama de las Ciencias de la Educación para la eficacia en el aula. Perspectiva Educacional, *Formación de Profesores, 49*(1), 1-31.

Gutiérrez, M., Buitrago, O. y Arana, D. (2012). *La enseñanza de las ciencias sociales en Colombia. Estado del Conocimiento.* Medellín: Universidad de Medellín.

Herrera, M. (2006). Consideraciones para el diseño didáctico de ambientes virtuales de aprendizaje: Una propuesta basada en las funciones cognitivas del aprendizaje. *Revista Iberoamericana de Educación, 38*(5), 1-19.

Inche, J., Andía, Y., Huamanchumo, H., López, M., Vizcarra, J., y Flores, G. (2003). Paradigma cuantitativo: un enfoque empírico y analítico. *Revista de Investigación Industrial Data, 6*(1), 23-37.

Laguna, L. (2013). *Derechos de los niños y espacios jugables. La reconceptualización del juego y el niño como una estrategia para la definición de un nuevo paradigma de espacios públicos abiertos a escala vecinal para la ciudad de Puebla.* Puebla: Benemérita Universidad Autónoma de Puebla.

Lladó, D., Sánchez, L., Gómez, M., Navarro, M. y Guzmán, T. (2013). *Modelos de enseñanza en la universidad: elementos para mejorar la práctica docente. Un análisis desde la perspectiva docente y estudiantil.* Buenos Aires: Universidad de Buenos Aires.

Maldonado, M. (2007). El trabajo colaborativo en el aula universitaria. Revista de la Educación. *Laurus, 13*(23), 263-278.

Mardones, J. (2001). *Filosofía de las ciencias humanas y sociales.* Barcelona: Editorial Anthropos.

Martínez, A. (2004). *Estrategias didácticas para un aprendizaje significativo de las ciencias sociales en preparatoria.* Tesis de Maestría en Enseñanza Superior. Monterrey: Universidad Autónoma de Nuevo León.

Martínez, I. y Quiroz, R. (2012). ¿Otra manera de enseñar las Ciencias Sociales? *Revista Tiempo de Educar, 13*(25), 85-109.

Muñoz, C., Crespí, P. y Angrehs, R. (2011). *Habilidades sociales.* Madrid: Ediciones Paraninfo.

Pagés, J. (1994). *La didáctica de las ciencias sociales, el currículum y la formación del profesorado. Revista Signos, teoría y práctica de la educación.* Barcelona: Universidad de Barcelona.

Pagés, J. (2000). La didáctica de las ciencias sociales en la formación inicial del profesorado, *Iber 1*(24), 33-44.

Pagés, J. (2009). *Enseñar y aprender ciencias sociales en el siglo XXI: reflexiones casi al final de la década. Investigación en educación, pedagogía y formación docente.* Medellín: Universidad de Antioquía.

Pagés, J. (2012). *¿Qué se necesita saber y saber hacer para enseñar ciencias sociales? La didáctica de las ciencias sociales y la formación de maestros y maestras.* Medellín: Universidad de Medellín.

Pagés, J., Estepa, J. y Travé, G. (2000). *Modelos, contenidos y experiencias en la formación del profesorado de ciencias sociales.* Barcelona: Asociación Universitaria de Profesores de Didáctica de las Ciencias Sociales.

Perrenoud, P. (2004). *Diez nuevas competencias para enseñar.* México: Secretaría de Educación Pública.

Porlán, R. (1993). *Constructivismo y escuela. Hacia un modelo de enseñanza-aprendizaje basado en la investigación.* Sevilla: Díada Editora.

Santiesteban, A. (1997). *La formación del profesorado y la didáctica de las ciencias sociales*. Barcelona: Asociación Universitaria de Profesores de Didáctica de las Ciencias Sociales.

Scagnoli, N. (2005). *Estrategias para motivar el aprendizaje colaborativo en cursos a distancia*. Illinois: University of Illinois.

Serrano, J. y Pons, R. (2011). El Constructivismo hoy: enfoques constructivistas en educación. *Revista Electrónica de Investigación Educativa, 13*(1), 1-27.

Tobón, S. (2010). Formación integral y competencias. Pensamiento complejo, currículo, didáctica y evaluación. *Revista Interamericana de Educación de Adultos, 32*(2): 90-95

Zabalza, M. (2003). *Competencias docentes del profesorado*. Madrid: Narcea Ediciones.

Referencias del capítulo:
"Principios básicos y estrategias para memorizar"

Abdou, K., Sheshata, M., Choko, K., Nishizono, H., Matsuo, M., Muramatsu, S., y Inokuchi, K. (2018). Synapse-specific representation of the identity of overlapping memory engrams. *Science, 360*(1): 1227-1231.

Akhtar, S., Justice, L., Loveday, C., y Conway, M. (2017). Switching memory perspective. *Consciousness and Cognition, 56*(1): 50-57.

Alarcón, F., Cárdenas, D., y Suárez, V. (2018). *Neurociencia, deporte y educación*. Madrid: Wanceulen Editorial.

Álvarez, M., Morales. C., y Ortega, M. (2014). *Principios de neurociencias para psicólogos*. México: Paidós.

Baddeley, A. (2016). *Memoria de trabajo, pensamiento y acción*. Madrid: Antonio Machado.

Battro, A., Fischer, K., y Léna, P. (2008). *Cerebro educado. Ensayos sobre la neuroeducación*. Barcelona: Editorial Gedisa.

Bear, M., Paradiso, M., y Connors, W. (2016). *Neurociencia: la exploración del cerebro*. Barcelona: Wolters Kluwer.

Brady, T., Konkle, T., Álvarez, G., y Oliva, A. (2008). Visual long–term memory has a massive storage capacity for object details. *Proceedings National Academy Sciences, 105*(18): 1422–1429.

Braidot, N. (2016). *Neurociencias para tu vida*. Buenos Aires: Granica.

Calixto, E. (2017). *Un clavado a tu cerebro: cómo las neuronas actúan*. México: PRH.

Campos, A. (2010). Neuroeducación: uniendo las neurociencias y la educación en la búsqueda del desarrollo humano. *La Educ@ción, 143*(1): 2-15.

Cheikhi, A., Wallace, C., Croix, C., Cohen, C., Tang, W., Wipf, P., Benos, P., Ambrosio, F., y Barchowsky, A. (2018). Mitochondria are a substrate of cellular memory. *Free Radical Biology and Medicine, 130*(1): 528-541.

Citri, A., y Malenka, R. (2007). Synaptic plasticity: multiple forms, functions and mechanisms. *Neuropsychopharmacology Journal, 33*(1): 18-41.

Conway, M. (1990). *Autobiographical Memory: An Introduction*. London: Open University Press.

Crestani, A., Krueger, J., Barraga, E., Nakazawa, Y., Nemes, S., Quillfeldt, J., Fray, J., y Wiltgen, B. (2018). Metaplasticity contributes to memory formation in the hippocampus. *Neuropsychopharmacology, 2018*(1): 34-39.

Crossman, A., y Neary, D. (2007). *Neuroanatomía.* Barcelona: Masson.

Cuetos, F. (2015). *Neurociencia del lenguaje: bases neurológicas e implicaciones clínicas.* México: Panamericana.

Damasio, A. (2006). *Descartes' Error: Emotion, Reason and the Human Brain.* New York: Pan Macmillan.

Damasio, A. (2010). *Self Comes to Mind: Constructing the Conscious Brain.* Toronto: Pantheon Books.

Elwardm R., y Vargha-Khadem, F. (2018). Semantic memory in developmental amnesia. *Neuroscience Letters, 680*(1): 23-30.

Felten, D., y O'Banion, M. (2017). *Netter. Atlas de neurociencia.* New York: Elsevier.

Fernández, E., Ochaita, E., y Rosa, R. (1988). *Memoria a corto placo y modalidad sensorial en sujetos ciegos y videntes.* Madrid: Universidad Autónoma de Madrid.

Fischer, S., Hallschmid, M., Elsner, A., y Born, J. (2002). Sleep forms memory for finger skills. *PNAS, 99*(18): 11978-11991.

Fuster, J. (2015). *Neurociencia. Los cimientos cerebrales de nuestra libertad.* México: Paidós.

Garrido, M. (2014). *Neurociencias y educación. Guía para padres y docentes.* Santiago: Mago Editores.

Gómez, C. (2007). La nueva cara del olvido. Revista Electrónica de Divulgación, 1(1): 12-14.

Howard-Jones, P. (2010). *Investigación neuroeducativa. Neurociencia, educación y cerebro: de los contextos a la práctica.* Madrid: La Muralla, S. A.

Jiang, L., Stocco, A., Losey, D., Abernethy, J., Prat, C., y Rao, R. (2018). *BrainNet: A Multi-Person Brain-to-Brain Interface for Direct Collaboration Between Brains BioRxiv* (En Línea). Doi: 10.1101/425066

Kim, S., y Kaang, K. (2017). Epigenetic regulation and chromatin remodeling in learning and memory. *Exp Amp Mo Med, 49*(1): 281-282.

Kitamura, T., Ogawa, S., Roy, D., Okuyama, T., Morrissey, M., Smith, L., Redondo, R., y Tonegawa, S. (2017). Engrams and Circuits Crucial for Systems Consolidation of a Memory. *Science, 356*(63): 73-78.

LeDoux, J. (2012). Rethinking the Emotional Brain. *Neuron, 73*(4): 653-676.

Lipina, S., y Sigman, M. (2011). *La pizarra de Babel: puentes entre neurociencia, psicología y educación.* Buenos Aires: Libros del Zorzal.

Logatt, C., y Castro, M. (2011). *Neurosicoeducación para todos. Neurociencia para el cambio.* Buenos Aires: AE.

López, M., Jústiz, M., y Cuenca, M. (2013). Memorizing methods, procedures and strategies: necessary reflections for efficient study activity. *Humanidades Médicas, 13*(3): 805-824.

Manes, F., y Niro, M. (2014). *Usar el cerebro.* Buenos Aires: Paidós.

Manning, J., Sperling, M., Sharan, A., Rosenberg, E., y Kahana, M. (2012). Spontaneously reactivated patterns in frontal and temporal lobe predict semantic clustering during memory search. *Journal of Neuroscience, 32*(26): 8871-8878.

Matlin, M. (2005). *Cognition.* New York: Wiley.

McKay, B., Matthew-Oh, M., y Disterhoft, J. (2013). Learning increases intrinsic excitability of hippocampal interneurons. *Neuroscience, 33*(1): 5499-5506.

Mesones, J. (2012). *Trastornos de la memoria y su límite con la demencia.* Murcia: Universidad Internacional del Mar.

Miyashita, T., Kikuchi, E., Horiuchi, J., y Saitoe, M. (2018). Long-Term Memory Engram Cells Are Established by c-Fos/CREB Transcriptional Cycling. *Cell Reports, 25*(10): 2716-2728.

Montealegre, R. (2003). La memoria: operaciones y métodos mnemotécnicos. *Revista Colombiana de Psicología, 12*(1): 99-107.

Ozawa, T., y Johansen, J. (2018). Learning rules for aversive associative memory formation. *Current Opinion in Neurobiology, 49*(1): 148-157.

Poo, M., Pignatelli, M., Ryan, T., Tonegawa, S., Bonhoffer, T., Martin, K., Rudenko, A., Tsai, L., Tsien, R., Fishell, G., Mullins, C., Goncalves, T., Shtrahman, M., Johnston, S., Gage, F., Dan, Y., Long, J., Buzsáki, G y Stevens, C. (2016). What is memory? The present state of the engram. *BMC Biology, 2016*(1): 2-18.

Quian, R. (2018). *¿Qué es la memoria?.* Barcelona: Ariel.

Quian, R., Reddy, L., Kreiman, G., Koch, C., y Fried, I. (2005). Invariant visual representation by single neurons in the human brain. *Nature, 435*(1): 1102-1107.

Rashid, A., Yan, Ch., Mercado, V., Hsiang, H., Park, S., Cole, C., De Cristofaro, A., Yu, J., Ramakrishnan, Ch., Lee, S., Deisseroth, K., Frankland, P., y Josselyn, S. (2018). Competition between engrams influences fear memory formation and recall. *Science, 353*(6297): 383-387.

Ripoli, C. (2017). Engrampigenetics: Epigenetics of engram memory cells. *Behavioural Brain Research, 325*(1): 297-302.

Rolls, E., Grabenhorst, F., y Deco, G. (2010). Choice, difficulty, and confidence in the brain. *NeuroImage, 53*(1): 694-706.

Roy, D., y Tonegawa, S. (2017). Manipulating memory in space and time. *Current Opinion in Behavioral Sciences, 17*(1): 1-7.

Schacter, D. (2003). *Los siete pecados de la memoria*. Barcelona: Editorial Ariel.

Schacter, D., Gilbert, D., Wegner, D., y Nock, M. (2015). *Introducing psychology* (3rd Edition). New York: Worth.

Sigman, M. (2015). *La vida secreta de la mente. Nuestro cerebro cuando decidimos, sentimos y pensamos*. México: PRH.

Sousa, J. (2014). *Neurociencia educativa. Mente, cerebro y educación*. Madrid: Narcea Ediciones.

Sundem, G. (2015). *Your daily brain*. New York: Penguin Random House.

Téllez, A. (2003). *La memoria humana: revisión de hallazgos recientes.* Monterrey: UANL.

Wiegert, S., Pulin, M., Gee, C., y Oertner, T. (2018). The fate of hippocampal synapses depends on the sequence of plasticity-inducing events. *BioRxiv, 2018*(1): 2-27.

Referencias del capítulo:
"El emprendimiento en la universidad desde la perspectiva de los docentes"

Alemany L., Álvarez C., Planellas M. y Urbano D. (2011). *El libro blanco de la iniciativa emprendedora en España.* Girona: Fundación príncipe de Girona.

Canales R., Román Y. y Aldana W. (2017). Emprendimiento de la población joven en México, una perspectiva crítica. *Entreciencias: diálogos en la Sociedad del Conocimiento*, 5(12): 11-14.

Chaves R., Cantón L., Luit, M. y García A. (2017). Desarrollo de emprendedores entre la Universidad Autónoma de Yucatán y el Revista Tecnología en Marcha, 30(2): 2-5.

Ciencia UAT (2006). Emprendiendo en la era del conocimiento. *Revista Ciencia UAT*, 1(2): 20-22.

Evans, G.H. Jr. (1949). The entrepreneur and economic theory: An historical and analytical approach. *The American Economic Review*, 3983): 336-348.

Hernández C. y Arano R.M. (2015). *El desarrollo de la cultura emprendedora en estudiantes universitarios para el fortalecimiento de la visión empresarial.* Xalapa: UV.

Nuñez L. y Nuñez M. (2016). Noción de emprendimiento para una formación escolar en competencia emprendedora. *Revista Latina de Comunicación Social*, 71(1):1069-1089.

Referencias del capítulo:
"Percepciones sobre la calidad de los servicios educativos"

Carrión, C (1987). Una propuesta metodológica para la evaluación de instituciones de educación superior. *Revista de la Educación Superior*, 63(1): 1-4.

Chua, C. (2004). Perception of Quality in Higher Education. *Proceedings of the Australian Universities Quality Forum 2004.*

Correa., S. Miranda., F. (2011). DUAQUAL: Calidad percibida por docentes y alumnos en la gestión universitaria. *Cuadernos de Gestión*, 12(1): 107-122.

Eberle., L. Sperandio., G. Lazzari., F (2009). Dimensiones de la calidad en servicios y la satisfacción de clientes en una IES. *The Industrial Engineering and the Sustainable Development: Integrating Technology and Management.* Brasilia: IEM.

Ellis, L. A. y Ochieng, E.J. (2016). A Study of Stakeholder Perception Regarding Quality of Education in Civil and Environmental Engineering at the University of the West Indies. *The West Indian Journal of Engineering, 39*(1):44-57

Ginns, P., Prosser, M. y Barrie, S. (2007). Students' perceptions of teaching quality in higher education: the perspective of currently enrolled students. *Studies in Higher Education*, 32(5): 603-615.

Kantorova, J. (2009).The school climate theoretical principles and research from the perspective of students, teachers and parents. *Odgojne Znanosti, 11*(1): 183-189.

Mancebón, M. Martínez, N. Pérez, D (2007). Un análisis de la calidad percibida por los estudiantes en los centros públicos y privados de enseñanza secundaria. *Jornadas de la Asociación de Economía de la Educación, 1*(1):1-15

Melchor, M., Bravo, J. (2012). Service quality perceptions in higher education institutions: the case of a Colombian University, *Estud Gerenc, 28*(1): 23-29.

Muhammad, R. (2010). Assessing Quality of Teacher Education: A Student Perspective. *Pakistan Journal of Social Sciences, 30*(1): 85-87

Oloskoaga, J., Marúm, E., Rosario, V., y Pérez, D. (2012). Los académicos frente a la gestión de la calidad en las instituciones de educación superior. Percepción y valoración. *Avaliação: Revista da Avaliação da Educação Superior, 17*(3): 5-13.

Rastoder, A., Nurovic, E., Smajic, E. y Mekic, E. (2015). Perceptions of Students towards Quality of Services at Private Higher Education Institution in Bosnia and Herzegovina. *European Researcher, 101*(1): 783-790

Reyes, O. y Reyes, M. (2012). Percepción de la calidad del servicio educativo universitario. Un enfoque cualitativo. *Global Conference on Business and Finance Proceedings, 7*(2): 2-6.

Rodríguez-Garcés, C., Padilla F., y Vargas M. (2018). Apoyo familiar y docente percibido: valoraciones que niños, niñas y adolescentes hacen de los nuevos componentes de la calidad educativa en Chile. *Revista Académica, 55*(1): 71-95.

Universidad Autónoma de Tamaulipas (2018)., *Plan de Desarrollo Institucional de la Universidad Autónoma de Tamaulipas (2018-2021)*. Victoria: UAT.

Referencias del capítulo:
"Honestidad académica desde la perspectiva de estudiantes universitarios"

Amaro P., Espinoza P., Garza L. y Díaz R. (2012). *La honestidad académica desde la mirada de estudiantes de posgrado que ejercen la docencia*. En Hirsch, A., y López, R. (2012). Ética profesional en la docencia y la investigación. México: Universidad Autónoma de Sinaloa.

Bauman, Z. (2001). *En busca de la política*. México: FCE.

Beck, U. (1998). *La sociedad del riesgo. Hacia una nueva modernidad*. Barcelona: Paidós.

Cerezo, H. (2006). Aspectos éticos del plagio académico de los estudiantes universitarios. *Ciencia y cultura, 61*(13): 31-35.

Cortina, A. (2000). *Presentación. El sentido de las profesiones. Palabras clave en ética de las profesiones,* Navarra: Verbo Divino.

Dordoy (2002). *Ensayo: las causas del plagio académico entre el alumnado según el profesorado*. Revista Iberoamericana De Educación, 50(1): 1-13.

Hirsch-Adler, A., y Pérez-Castro, J. (2006). *Actitudes y ética profesional en estudiantes de posgrado en la Universidad de Valencia y la UNAM*. México: UNAM.

Hortal, A. (2002). *Ética General de las profesiones*. Bilbao: Desclée de Brouwer.

Lambert, E., Hogan, N., Barton, N., y Shannon, M. (2003). Ensayo: las causas del plagio académico entre el alumnado según el profesorado. *Revista Electrónica de Sociología,* 7(4): 4-8.

Sureda, J., Comas, R., y Morey, M. (2009). Las causas del plagio académico entre el alumnado universitario según el profesorado. *Revista Iberoamericana de educación, 50*(1): 197-220.

Vaccarini, F. (2009). *Educar en valores en libro.* Montevideo: República Oriental del Uruguay.

Vallaeys, F. (2014). Virtud, Justicia Sostenibilidad: una ética en tres dimensiones para la responsabilidad social de las organizaciones. Internacional de Responsabilidad social. Fundación Observatorio de Responsabilidad Social. Buenos Aires: FOES.

Vaamonde, J., y Omar, A. (2008). La deshonestidad académica como un constructo multidimensional. Revista Latinoamericana de Estudios Educativos, 38(3-4): 7-27.

EJE 2
TECNOLOGÍAS

Referencias del capítulo:
"Un estudio del nivel de uso de las MiPyMES de
comercio y servicios del centro de Tamaulipas"

Alam, S., & Ahsan, N. (2007). ICT Adoption in Malaysian SMEs from Services Sectors: Preliminary Findings. *Journal of Internet Banking and Commerce,* (1): 1-11.

Al-Qirim, N. (2004). *Electronic commerce in small to medium-sized enterprises: frameworks, issues and implication.* Idea Group Pub.

Alshamaila, Y., Papagiannidis, S., & Li, F. (2013). *Cloud computing adoption by SMEs in the north east of England: A multi-perspective framework. Journal of Enterprise Information Management, 26*(3), 250-275.

Arendt, L., & Krynska., E. (2000). *Project Partnership for development of IT competences in Poland "IT QUAL". European Social Fund within the Equal Common Initiative, Theme F: Adaptability – Adaptation to change and New Information Techn.* Milán: Assinform Report.

Centty, D. (2003). *Informe Pyme - Región de Arequipa 2002. Perú: Fundación Nuevo Mundo.* En Cervantes, J. (2010). *Historia de las PYMES | Pymes de México.* Recuperado el 22 de marzo de 2016, de https://pymesdemexico.wordpress.com/2010/11/10/historiae%C2%A0las%C2%A0pymes/

Fink, D., & Disterer, G. (2006). International Case Studies: To what extent is inhsed into the operations of SMEs? *Journal of Enterprise Information Management (1):* 3-21.

Genus, A., & Nor, M. (2007). Bridging the digital divide in Malaysia: an empirical analysis of technological transformation and implications for e-development, *TIF, (1):* 1360-2381.

Gorard, S. (2004). *Quantitative Methods in Social Science.* London: Continuum.

Gregorio, D., Kassicieh, S., & De Gouvea, R. (2005). Drivers of E-business activity in developed and emerging markets. *Engineering Management, (1):* 155-166.

Hill, S., & Bradley, K. (1983). After Japan: The quality circle transplant and productive effiency. *British Journal of Industrial Relations, 21*(3), 291-311.

Hull, G. (1998). *Guía para la Pequeña Empresa.* México: Genika.

Malmberg, L. E., & Eynon, E. (2010). A typology of young people's Internet use. *IE, 56*(3): 23-24.

Mendoza, R., Baena, G., & Cardoso, D. (2013). *Internet y comercio, análisis de su uso en las microempresas del municipio de Tejupilco de Hidalgo.* Higaldo: Observatorio de la Economía Latinoamericana.

Molla, A., & Licker, P. (2005). Bridging the digital divide in Malaysia: an empirical analysis of technological transformation and implications for e-development. *Journal Information & Management, (1):* 877-899.

Ramdani, B., Chevers, D., & Williams, D. A. (2013). SMEs' adoption of enterprise applications: A technology-organisation-environment model. *Journal of Small Business and Enterprise Development, 20*(4), 735-753.

Ríos, M., Ferrer, J., & Contreras, R. (2012). Hacia un Modelo de Medición del nivel de preparación tecnológica en las PYMES. *RICG, (1):* 1-20.

Rubio, A., & Aragón, A. (2006). Competitividad y recursos estratégicos en las pymes. *Revista de Empresa, (1):* 32-47.

Saavedra, M., & Tapia, B. (2013). El Uso de las tecnologías de Información y Comunicación en las MIPYMES industriales mexicanas. *Revista Venelozana de Información, Tecnología y Conocimiento,* 85-104.

Skoko, H., Buerki, L., & Ceric, A. (2007). *Empirical evaluation of ICT adoption in Australian SMEs: Systemic Approach. International Conference on Information Technology and Applications.* Harbin: IEEE.

Sojo, W. (2015). *Influencia e importancia de las TIC en las organizaciones.* México: Limusa.

Tornatzky, L. G., & Fleischer, M. (1990). *The process of technological innovation.* Lexington Books.

Van Deursen, A., & Van Dijk, J. (2010). *Internet skills and the digital divide.* London: Sage.

Van Dijk, J. (2005). *The Deepening Divide, Inequality in the Information Society.* London: Sage.

Vega, A., Chiasson, M., & Brown, D. (2008). Extending the research agenda on diffusion: the case of public program interventions for the adoption of e-business systems in SMEs. *Journal of Information Technology,* 109-117.

Wielicki, T., & Cavalcanti, G. (2006). *Study of digital divide: measuring ICT utilization and implementation barriers among SMEs of Central California: Bussiness Information Systems.*

Wielicki, T., Arendt, L. (2010). A knowledge-driven shift in perception of ICT implementation barriers: Comparative study of US and European SMEs. *Journal of Information Science, 36*(2), 162–174.

Referencias del capítulo:
¿Podrán las tecnologías sustituir al maestro en el futuro?"

Andersson, G., Carlbring, P., & Grimlund, A. (2008). Predicting treatment outcome in internet versus face to face treatment of panic disorder. *Computers in Human Behavior, 24*(5): 1790-1801

Borawska, A. (2018). Mining Neuroscience Data for Social Campaign Evaluation. *Procedia Computer Science, 126*(1): 1758-1770.

Braidot, N. (2011). Neuromarketing en acción. Buenos Aires: Granica.

Cantú, D., & Amaya, A. (2017). *Aprendizaje móvil*. México: Colofón Ediciones Académicas.

Cornejo, M. (2009). *La cultura de la innovación*. Madrid: Ciemat.

Damasio, A. (2000). *The Feeling of What Happens: Body and Emotion in the Making of Consciousness*. New York: Harvest Books.

Fitó-Beltran, A., Hernández, A., & Serrandell, E. (2014). Comparing student competences in a face-to-face and online business game. *Computers in Human Behavior, 30*(1): 452-459.

Forssell, R. (2016). Exploring cyberbullying and face-to-face bullying in working life-prevalence, targets and expressions. *Computers in Human Behavior, 58*(1): 454- 460.

García, V., Aquino, S., & Ramírez, N. (2016). Programa de alfabetización digital en México. *Revista de Investigación Educativa, 23*(1): 24-44.

Gieselmann, A., & Pietrowsky, R. (2016). Treating procrastination chat-based versus face-to-face: An RCT evaluating the role of self-disclosure and perceived counselor's characteristics. *Computers in Human Behavior, 54*(1): 444-452.

Goleman, D. (2012). *Inteligencia emocional.* Barcelona: Kairós.

Hevia, J., Sanz, A., Hidalgo, R., Hernández, M., & Guevara, M. (2014). *Evaluación de la toma de decisiones sociales a través del Ultimatum Game, versión computarizada.* Guadalajara: Universidad de Guadalajara.

Jeong-So, H., Choi, H., & Yoon, H. (2015). Understanding users perceived needs and concerns toward mobile application integration in primary science education in Korea. *International Journal of Mobile Learning y Organization, 9*(4): 12-18.

Kafetsios, K., Chatzakou, D., Tsigilis, N., & Vakali, A. (2017). Experience of emotion in face to face and computer mediated social interactions: An event sampling study. *Computers in Human Behavior, 76*(1): 287-293.

Kahneman, D., Knetsh, J., & Thaler, R. (1986). Fairness as a Constraint on Profit Seeking: Entitlements in the Market. *The American Economic Review, 76*(4): 728-741.

Kawate, S., & Patil, K. (2017). Analysis of foul language usage in social media text conversation. *International Journal of Social Media and Interactive Learning Environments, 5*(3): 227-251.

Khoza, L. (2017). The Influence of Emotional Behaviour on Teacher-Student Relationship in the Classroom Setting: Nurse Teacher-Student Nurse Perspective. *International Journal of Educational Sciences, 10*(1): 81-87.

Kim, J. (2017). Smartphone-mediated communication vs. faceto-face interaction: Two routes to social support and problematic use of smartphone. *Computers in Human Behavior, 67*(1): 282-291.

Kim, J., Seo, M., & David, P. (2015). Alleviating depression only to become problematic mobile phone users: Can face-to-face communication be the antidote? *Computers in Human Behavior, 51*(1): 440-447.

Kneidinger, B. (2017). Mobile communication as invader in face-to-face interactions: An analysis of predictors for parallel communication habits. *Computer in Human Behavior, 73*(1): 328-335.

Kuhl, P., Tsao, F., & Liu, H. (2003). Foreign-language experience in infancy: effects of short-term exposure and social interaction on phonetic learning. *PNAS, 100*(15): 9096-9101.

Kyriazi, P., Headley, D., & Paré, D. (2018). Multi-dimensional Coding by Basolateral Amygdala Neurons. *Neuron, 99*(6): 1315-1328.

Levin, G. (2004). The amygdala, the hippocampus, and emotional modulation of memory. *Neuroscientist, 10*(1): 31–39.

Levis, D. (2008). Formación docente en TIC. *Razón y palabra, 13*(63): 2-16.

Lipinski-Harten, M., & Tafarodi, R. (2013). Attitude moderation: A comparison of online chat and face-toface conversation. *Computers in Human Behavior, 29*(6): 2490-2493.

Liu, M., & Wang, Y. (2015). Data collection mode effect on feeling thermometer questions: A comparison of face-toface and Web surveys. *Computer in Human Behavior, 48*(1): 212-218.

Manes, F., & Niro, M. (2014). *Usar el cerebro.* Buenos Aires: Paidós.

Siampou, F., Komis, V., & Tseilos, N. (2014). Online versus face-to-face collaboration in the context of a computer supported modeling task. *Computer in Human Behavior, 37*(1): 369-376.

Tapia, E., García, M., Flores, J., & Carmona, A. (2011). *Evaluación de Diseño Programa U077 "Laptops para niños que cursan 5° y 6° grado de primaria.* México: SEP.

Terrón, A., Tójar, J., & Serrano, J. (2004). Innovación educativa: un estudio de los cambios diferenciales. *Revista Electrónica de Investigación Educativa, 6*(1): 3-21.

Torres, S., Cavazos, R., & Flores, J. (2016). Migración de las TIC al salón de clase: perspectiva de comunicación en la educación. *Revista Mexicana de Bachillerato a Distancia, 16*(1): 20-33.

Vakil, E., Wasserman, A., & Tibon, R. (2018). Development of perceptual and conceptual memory in explicit and implicit memory systems. *Journal of Applied Developmental Psychology, 57*(1): 16-23.

Vesga, L., & Vesga, J. (2012). Los docentes frente a la incorporación de las TIC en el escenario escolar. *Revista Historia en la Educación Latinoamericana, 14*(19): 247-263.

Waxman, S. (2011). *Neuroanatomía clínica.* México: McGraw- Hill Educación.

Zenteno, A., & Mortera, F. (2011). Integración y apropiación de las TIC en los profesores y los alumnos de educación media superior. *Revista de Innovación Educativa, 3*(1): 11-18.

Referencias del capítulo:
"Aspectos benéficos de las redes sociales en el escenario educativo"

Awidi, I., Paynter, M., & Vujosevic, T. (2018). Facebook group in the learning design of a higher education course: An analysis of factors influencing positive learning experience for students. Computers & Education, 129(1): 106-121.

Bond, R., Chykina, V., & Jones, J. (2017). Social network effects on academic achievement. The Social Science Journal, 54(49: 438-449.

Burçin-Hamutoğlu, N., Kiyici, M., & Işman, A. (2013). Facebook Literacy in Education. Procedia, 106(1): 1218-1221

Cantú, D., & Amaya, A. (2017). Aprendizaje móvil. México: Colofón Ediciones Académicas.

Dingyloudi, F., & Strijbos, J. (2018). Just plain peers across social networks: Peer-feedback networks nested in personal and academic networks in higher education. Learning, Culture and Social Education, 18(1): 86-112.

Gensler, S., Völckner, F., Liu-Thompkins, Y., & Wiertz, C. (2013). Managing Brands in the Social Media Environment. Journal of Interactive Marketing, 27(4): 242- 256.

Goleman, D. (2012). Inteligencia emocional. Barcelona: Kairós.

Hamid, S., Waycott, J., Kurnia, S., & Chang, S. (2015). Understanding students' perceptions of the benefits of online social networking use for teaching and learning. The Internet and Higher Education, 26(1): 1-9.

Hinojo, F., Aznar, I., Cáceres, M., & Romero, J. (2018). Use of social networks for international collaboration among medical students. Medical Education, (In Press). Doi: 10.1016/j.edumed.2018.08.009

Hossain, M., Alhamid, M., & Muhammad, G. (2018). Collaborative analysis model for trending images on social networks. Future Generation Computer Systems, 86(1): 855-862.

LeDoux, J. (2012). Rethinking the Emotional Brain, Neuron, 73(4): 653-676.

Milošević, I., Živković, D., Arsić, S., & Manasijević, D. (2018). Facebook as virtual classroom – Social networking in learning and teaching among Serbian students. Telematics and Informatics, 32(4): 576-585.

Munzel, A., Meyer-Waarden, L., & Galan, J. (2018). The social side of sustainability: Well-being as a driver and an outcome of social relationships and interactions on social networking sites. Technological Forecasting and Social Change, 130(1): 14-27.

O'Connor, K., & Gladstone, E. (2018). Beauty and social capital: Being attractive shapes social networks. Social Networks, 52(1): 42-47.

Phu, B., & Gow, A. (2018). Facebook use and its association with subjective happiness and loneliness. Computers in Human Behavior, 92(1): 151-159.

Sapountzi, A., & Psannis, K. (2018). Social networking data analysis tools & challenges. Future Generation Computer Systems, 86(1): 893-913.

Sirivedin, P., Soopunyo, W., Srisuantang, S., & Wongsothorn, A. (2018). Effects of Facebook usage on English learning behavior of Thai English teachers. Kasetsart Journal of Social Sciences, 39(2): 183-189.

Smith, B., & Knighton, S. (2018). Social media dialogues in a crisis: A mixed-methods approach to identifying publics on social media. Public Relations Review, 44(4): 562-573.

Swindle, T., Ward, W., Whiteside, L. (2018). Facebook: The Use of Social Media to Engage Parents in a Preschool Obesity Prevention Curriculum. Journal of Nutrition Education and Behavior, 50(1): 4-10.

Tarbush, B., & Teytelboym, A. (2017). Social groups and social network formation. Games and Economic Behavior, 103(1): 286-312.

Thai, M., Sheerran, N., & Cummings, D. (2018). We're all in this together: The impact of Facebook groups on social connectedness and other outcomes in higher education. The Internet and Higher Education, 40(1): 44-49.

Referencias del capítulo:
"Sistema de tutoría inteligente aplicado a la enseñanza de programación de computadoras a nivel licenciatura"

Arias, F., Jiménez, J., & Ovalle, D. (2009). *Modelo de planificación instruccional en sistemas tutoriales inteligentes*. Recuperado de: https://www.researchgate.net/publication/220136853_Modelo_de_planificacion_instruccional_en_sistemas_tutoriales_inteligentes

Cataldi, Z., & Lage, F. (2009). *Sistemas tutores inteligentes orientados a la enseñanza para la comprensión*. Recuperado de: http://www.edutec.es/revista/index.php/edutec-e/article/view/456

Crow, T., Luxton-Reilly, A., & Wünsche, B. (2018). Intelligent tutoring systems for programming education: a systematic review. *ACE, 18*(1): 53-62.

Graesser, A. C., Chipman, P., Haynes, B., & Olney, A. (2005). *Autotutor: an intelligent tutoring system with mixed - iniciative dialogue*. Recuperado de: ieee.org/stamp/stamp.jsp?tp=&arnumber=1532370

Hernández, J., Rengifo, Y., (2015) Los sistemas tutores inteligentes y su aplicabilidad en la educación. *Iberoamericana, 17*(1): 104-115.

Huapaya, C. (2009). *Sistemas tutoriales inteligentes. Un análisis crítico. Facultad de informática*. Universidad Nacional de la Plata.

Quiroga, L. (2016) *Prototipo de Tutor Inteligente para el aprendizaje de la programación de computadores* (Tesis de pregrado). Bogotá: Universidad Católica de Colombia.

Morales, R. (2007). Modelado del estudiante para ambientes virtuales de aprendizaje en Web. Apertura: *Revista de Innovación Educativa, 7*(7): 21–35.

Salgueiro, F., Costa, G., Cataldi, Z., Lage, F., García-Mártínez, R. (2005). Nuevo enfoque metodológico para el diseño de de los sistemas tutores inteligentes a partir de un acercamiento distribuido. *Revista de Informática Educativa y Medios Audiovisuales, 2(1)*: 25-32.

Tensorflow. (2019). *Core*. Recuperado en: https://www.tensorflow.org/ Consultado el 24-07-2019.

Tarongí, V. A. (2010). *Sistema Tutor Inteligente Adaptativo para Laboratorios virtuales y remotos*. Tesis de Master Universitario en Automática e Informática Industrial. Valencia: Universidad Politécnica de Valencia.

Urretavizcaya, M. (2001). Sistemas inteligentes en el ámbito de la educación. Teorías de Aprendizaje más Influyentes. Recuperado de: educar21.com/inicio/2017/09/27/teorias-de-aprendizaje-mas-influyentes/

Referencias del Capítulo:
"El pensamiento computacional, la
nueva habilidad del siglo XXI"

Deloitte (2018) México rezagado en Internet de las Cosas. Perspectivas. Recuperado de: https://www2.deloitte.com/mx/es/pages/dnoticias/articles/internet-de-las-cosas-en-mexico.html el 30 de julio de 2019.

CSA, ISTE (2011) Computational Thinking Teacher Resources Second Edition for K-12 Education. (Original en inglés) Recuperado de: http://www.iste.org/computational-thinking el 6 de agosto de 2019.

Fundación Mafre (2015) El desafío de las Tecnologías Educación 4.0 Recuperado de: https://www.fundacionmapfre.org/fundacion/es_es/images/desafio-tecnologias-educacion-libro-profesor_tcm1069-421445.pdf el 7 de agosto de 2019

Fundación para el Pensamiento Crítico (2013) La mini-guía para el pensamiento computacional critico, conceptos y herramientas. Recuperado el 9 de agosto de: https://www.criticalthinking.org/resources/PDF/SP-ConceptsandTools.pdf

IPN (2019) Docente 4.0. Educación 4.0 Recuperado de: https://docente.4-0.ipn.mx/index.php/educacuion-4-0/ el 4 de agosto de 2019.

Martínez R. A. (2016) Las cuatro revoluciones industriales y el progreso. Revista Confidencial Recuperado de: https://confidencial.com.ni/las-cuatro-revoluciones-industriales-y-el-progreso/ el 30 de julio de 2019

Rodríguez M. (29 de marzo de 2019) IPN implementará modelo Educación 4.0. La Jornada. Recuperado de: https://www.jornada.com.mx

Rüßmann M., Lorenz M., Gerbert P., Waldner M., Justus J., Engel P. & Harnisch M. (2015) Industry 4.0. The Future of Productivity and Growth in Manufacturing Industries. Boston Consulting Group. Recuperado de: https://www.zvw.de/media.media.72e472fb-1698-4a15-8858-344351c8902f.original.pdf el día 7 de Agosto de 2019.

Wing, J. M. (2008). Computational Thinking and Thinking about Computing. PhilosophicalTransactions of theRoyal Society of London A:Mathematical, Physical and Engineering Sciences, 366, 3717-3725.

Zapotecatl, L. J. (2018). Introducción al pensamiento computacional: conceptos básicos para todos. Academia Mexicana de Computación, A, C.

Referencias del Capítulo:
Los movimientos estudiantiles y las nuevas
tecnologías de información y comunicación.

De los Ríos, P. (1998) *Los movimientos sociales de los años sesentas en Estados Unidos: un legado contradictorio.* Sociológica, vol. 13, núm. 38, septiembre-diciembre, 1998, pp. 13-30 Universidad Autónoma Metropolitana Distrito Federal, México

Tatián, D. (2018) *La incomodidad de la herencia: Breviario ideológico de la Reforma Universitaria,* Encuentro Grupo Editor, 1ª ed. Córdoba, Argentina. p. 68.

Marsiske, R. (2010) *La autonomía universitaria. Una visión histórica y latinoamericana. Perfiles Educativos.* Vol. XXXII. Instituto de Investigación sobre la Universidad y la Educación. Distrito Federal, México, 2010, pp. 9-26.

Monsiváis, C. (1987) *¡¡¡Duro, duro, duro!!! (Cronica del CEU: 11 de septiembre de 1986. 17 de febrero de 1987)* Cuadernos Políticos, núm., 49/50. México, D.F., enero-junio de 1987, pp. 30-59.

Gómez Nashiki, A. (2003) *El movimiento estudiantil mexicano. Notas históricas de las organizaciones políticas, 1910-1971.* Revista Mexicana de Investigación Educativa. Vol. 8, (núm. 17), enero-abril, 2003. Consejo Mexicano de Investigación.

INEGI (2010) *Principales resultados del Censo de Población y Vivienda 2010,* México.

INEGI (2018). Información sobre el uso de redes sociales en México.

Rivera Hernández, R. (2014). *De la Red a las calles: #YoSoy132 y la búsqueda de un imaginario político alternativo.* Argumentos, 27 (75), 59-76.

Referencias del Capítulo:
Diseño de una situación de aprendizaje que fomenta el análisis de las gráficas del llenado de recipientes, con la herramienta tecnológica GeoGebra

Cantoral, R. (2013). Teoría Socioepistemológica de la Matemática Educativa. Estudios sobre construcción social del conocimiento matemático. México: Gedisa Editorial.

Cantoral, R., y Farfán, R. (2011). Pensamiento y lenguaje variacional en la introducción al análisis. Epsilon, 42(14), 3.

Feo, R. (2018). Diseño de situaciones de aprendizaje centradas en el aprendizaje estratégico. Tendencias Pedagógicas.

López, M. y Albaladejo, I. (2017). Influencia de las nuevas tecnologías en la evolución del aprendizaje y las actitudes matemáticas de estudiantes de secundaria. Electronic Journal of Research in Education Psychology, 7(17).

Marmolejo, E. y Riestra, J. (2013). Modelo matemático del llenado de recipientes. Modelling in Science Education and Learning, 6, 155-169.

Moya, M. (2013) De las TICs a las TACs: la importancia de crear contenidos educativos digitales. Revista Didáctica, Innovación y Multimedia (27).

Ministerio de Educación, DIGECUR (2010) El Currículo organizado en competencias. Planificación de los aprendizajes. Guatemala, C.A.

Pérez, A. (2012). Educarse en la era digital: la escuela educativa España: Morata.

Pivaral, V., Morales, B. y Gutiérrez, S. (2013). Situaciones de aprendizaje. Pautas metodológicas para el desarrollo de competencias en el aula. Guatemala: Ministerio de Educación de Guatemala.

SEP. (2017). Aprendizajes Clave para la Educación Integral. Matemáticas, educación secundaria. Plan y programas de estudio, orientaciones didácticas y sugerencias de evaluación

SEP. (2017). Gob.mx. Obtenido de Aprendizajes Clave: https://www.aprendizajesclave.sep.gob.mx/sec-ae-pensamiento-mate3.html

Sobre los autores

Abigail Hernández Rodríguez

 Maestra en Educación Superior y licenciada en Ciencias de la Educación. Realizó estudios de Doctorado en Educación Internacional en la Universidad Autónoma de Tamaulipas. Su experiencia profesional se desarrolló en el campo de la educación, donde ha laborado como profesora de educación básica y de educación superior. Está adscrita a la Facultad de Comercio y Administración Victoria. Correo electrónico: ahernandezr@docentes.uat.edu.mx

Adán López Mendoza

 Es Licenciado en Informática por la Universidad Autónoma de Tamaulipas, Facultad de Comercio, Administración y Ciencias Sociales Nuevo Laredo, cuenta con una Maestría en Tecnología Informática por la misma institución y es Doctor en Educación Superior por el Centro de Excelencia de la Universidad Autónoma de Tamaulipas. Es líder del Cuerpo Académico Administración Informática y Sustentabilidad y cultiva las LGAC de Administración Informática y Educación Superior. Ha realizado estancias de investigación en instituciones nacionales y del extranjero y participado en redes de investigación. Actualmente es Profesor Investigador en la Facultad de Comercio, Administración y Ciencias Sociales principalmente en las áreas de Bases de Datos e Investigación Aplicada. Correo electrónico: alopez@uat.edu.mx

Alejandra María Villarreal Zapata

Licenciada en Educación Secundaria con especialidad en Matemáticas, estudiante de tiempo completo de la Maestría Gestión e Intervención Educativa perteneciente al Padrón del Programa Nacional de Posgrados de Calidad, en la Unidad Académica Multidisciplinaria de Ciencias, Educación y Humanidades de la Universidad Autónoma de Tamaulipas. Profesora particular de Matemáticas. Ha participado en diversos cursos y talleres, además de haber fungido como jurado en la Olimpiada Mexicana de Matemáticas en Tamaulipas en el año 2018 y 2019. Sus correos son: ale20villarreal@gmail.com, a2103080014@estudiantes.uat.edu.mx

Anabell Echavarría Sánchez

Doctora en Educación Internacional por la Universidad Autónoma de Tamaulipas (UAT). Economista de profesión, con Maestría en Economía, ha trabajado como asesor a nivel nacional e internacional, ha desempeñado diversos cargos dentro de la administración pública mexicana. Actualmente labora como profesor e investigador en la UAT. Está adscrita a la Facultad de Comercio y Administración Victoria (FCAV). Correo electrónico: aechavarria@docentes.uat.edu.mx

Beatris Báez Hernández

Es Licenciada en Ciencias de la Educación con opción en Ciencias Sociales, con una Maestría en Docencia y ha finalizado sus estudios de Doctorado en Educación. Se desempeña como profesora y Coordinadora de la Acentuación en Enseñanza de las Ciencias Histórico-Sociales de la Licenciatura en Ciencias de la Educación en la Unidad Académica Multidisciplinaria de Ciencias, Educación y Humanidades de la Universidad Autónoma de Tamaulipas. Participa como docente de la Licenciatura en Educación y Tecnología del Aprendizaje (modalidad en línea) de la Unidad Académica de Valle Hermoso de la misma Universidad. Ha trabajado como docente de nivel medio superior.

Carlos Manuel Juárez Ibarra

Egresado de la Facultad de Comercio Administración y Ciencias Sociales Nuevo Laredo (FCACS) de la Universidad Autónoma de Tamaulipas con estudios en Licenciado en Informática y Maestría en Comunicación Académica a través de la Unidad de Educación a Distancia (UNAED) de la UAT. Docente de la FCACS y colaborador en el Cuerpo Académico de Administración Informática y Sustentabilidad. Apasionado de la enseñanza-aprendizaje con cursos especializados, diplomados y certificaciones en TI y educación. Experiencia como Administrador de Sistemas y Consultor en el área de Tecnologías de la Información. Coordinador del área de Difusión y Redes Sociales en el Centro Multidisciplinario para la Formación Integral (CEMFI) y en la FCACS de la UAT. Diseñador de Sitios Web y Desarrollador de Estrategias de Marketing Digital. Fundador y director de www.laredohosting.com con interés en el apoyo al emprendimiento. Correo electrónico: cJuarez@docentes.uat.edu.mx

Carmen Lilia de Alejandro García

Licenciada en Psicología, con Maestría en Comunicación Académica por la Universidad Autónoma de Tamaulipas, ha fungido como Psicólogo Clínico en el Centro de Desarrollo Integral de la Familia en el municipio de Nuevo Morelos en Tamaulipas, ha participado como evaluador del desempeño docente en el Instituto Nacional para la Evaluación de la Educación, colabora con CENEVAL en la elaboración de reactivos, terapeuta individual y escolar; desarrolla talleres enfocados a la mejora del bienestar comunitario, diplomados enfocados a la actualización profesional, ha asesorado proyectos de investigación para la titulación; catedrática de la UAT en la Unidad Académica de Trabajo Social y Ciencias para el Desarrollo Humano en Tamaulipas México y coautora del libro "Comprensión lectora educación y lenguaje" publicado en el 2017 y ha publicado diferentes artículos enfocados a compartir experiencias docentes, es miembro del Grupo de Tecnologías de la Información y la Comunicación, Innovación Educativa y Psicopedagogía. (TICIEP) en México. Sus correos electrónicos son: lydalejandro@gmail.com, clgarcia@docentes. uat.edu.mx

Daniel Cantú Cervantes

Doctor en Educación Ph. D "Cum Laude", por la Universidad de Baja California. Maestro en Comunicación Académica por el Centro de Excelencia de la Universidad Autónoma de Tamaulipas y Licenciado en Ciencias de la Educación en Tecnología Educativa egresado de la Unidad Académica Multidisciplinaria de Ciencias, Educación y Humanidades de la Universidad Autónoma de Tamaulipas. Profesor investigador de tiempo completo en la Unidad Académica Multidisciplinaria de Ciencias, Educación y Humanidades perteneciente a la Universidad Autónoma de Tamaulipas. Miembro de la Red Iberoamericana de Docentes. Certificado por ELT Teach ETS Cengage Learning in English For Teaching Course and Assessment In *The Teach Professional Development Program*. Ha realizado estudios de investigación sobre evaluación de las TIC, dispositivos móviles en la educación, estrategias cognitivas lectoras, neurociencia en el contexto educativo, estudios sociológicos y de gobernabilidad. Sus líneas de investigación recientes son: *neurociencia para el aprendizaje, estrategias cognitivas lectoras y TIC*. En 2017 publicó los libros: *Comprensión lectora: Educación y Lenguaje; Aprendizaje Móvil: El futuro de la educación*, y participó en la coordinación del libro *Educación a Distancia y TIC*. Correo electrónico: dcantu@docentes.uat.edu.mx

Daniel Desiderio Borrego Gómez

 Es Ingeniero en Telemática, cuenta con una Maestría en Comunicación Académica, ha trabajado en diferentes empresas en áreas de Informática y Telecomunicaciones, ha impartido diplomados como: Diseño de Páginas Web, Software de Aplicación Organizacional, Competencias y Habilidades Digitales para el Docente entre otros, se ha desempeñado como Administrador de la plataforma de aprendizaje Moodle además como Desarrollador Multimedia y Administrador de páginas Web, colaboró en la Dirección de Educación a Distancia de la UAT en la Coordinación de Evaluación y Supervisión de Tutores en Línea, es profesor investigador de esa misma casa de estudios, forma parte de la Academia de Tecnología Educativa de la UAMCEH en la UAT, miembro del Grupo de Tecnologías de la Información y la Comunicación, Innovación Educativa y Psicopedagogía (TICIEP), cuenta con la especialidad de evaluador internacional por la Red Internacional de Evaluadores (RIEV) ha finalizado sus estudios de Doctorado en Educación Internacional con la Especialidad en Tecnología Educativa por la UAT, su líneas de investigación es la

Educación a Distancia, las TIC y TAC, ha participado como autor y coautor de diversos artículos, es coautor y coordinador del libro TIC y HERRAMIENTAS DIGITALES: Una revisión para el apoyo de la práctica docente publicado en el 2016. En el 2017 participó como coordinador y coautor del libro titulado Educación a Distancia y TIC y su más reciente publicación es la del 2018 en coordinación con otros autores, con el libro titulado TIC – INNOVACIÓN – EDUCACIÓN "Aportes Estudios y reflexiones". Actualmente es Coordinador de la Licenciatura de Ciencias de la Educación con Acentuación en Tecnología Educativa en la UAMCEH, en la UAT.

Eleuterio Zúñiga Reyes

Licenciado en Ciencias de la Educación Con Especialidad en Administración y Planificación Educativa por la FCE UAT y Maestro en Educación por la Escuela de Postgrado de la Normal Superior de Tamaulipas. Profesor Investigador de Tiempo Completo de la UAMCEH UAT. Líneas de Investigación Planeación, Gestión y Evaluación Institucional, Curricular y Pedagógica. Correo electrónico: ezuniga@docentes.uat.edu.mx

Ennio Héctor Carro Pérez

Coordinador en jefe del Centro de Investigación y Desarrollo Tecnológico Aplicado al Comportamiento -CIDETAC- de la Universidad Autónoma de Tamaulipas. Profesor investigador de la Unidad Académica de Ciencias Jurídicas y Sociales. Editor principal de la Revista de Psicología y Ciencias del Comportamiento con grado de reconocimiento del Consejo Nacional de Ciencia y Tecnología. Correo electrónico: ecarro@docentes.uat.edu.mx

Fernando Manuel Aguilar Charles

Licenciado en Ciencias de la Educación con Opción en Tecnología Educativa y Master en Docencia por la UAT, laboró como encargado de orden por 9 años en el Colegio de Bachilleres del estado de Tamaulipas Plantel Matamoros 20, instructor de escolta del plantel por 5 años, Delegado Sindical del S.U.T.S.P.E.T. y Organismos descentralizados para el mismo plantel, laboró como Docente por 8 años en el Centro Universitario del Noreste en nivel Secundaria y Preparatoria, ahí mismo organizó y desarrollo feria de ciencias y presentación de proyectos tecnológicos a nivel secundaria, laboró como docente frente a grupo por 1 año y 6 meses en la Universidad del Norte de Tamaulipas. Ha obtenido certificaciones por Microsoft como Office Specialist en Word, Excell y Power Point, asesor en concursos virtuales de inversión "Inversionista Nacional del Año" auspiciados por La Bolsa Mexicana de Valores y grupo Terra. Correo electrónico: fdo.mach@gmail.com

Gabriela Delgado Cantú

Es Licenciada en Educación Secundaria con Especialidad en Inglés, actualmente es alumna para obtener el grado de Maestría en Gestión e Intervención Educativa en la UAMCEH UAT, trabajó por siete años en el Programa de Inglés en Escuela Primaria como docente frente a grupo enseñando Inglés, laboró por diez años como docente frente a grupo impartiendo Inglés a Nivel Bachillerato en el COBAT Plantel 20 Matamoros, dirigió el programa piloto de

CONSTRUYE-T en el mismo plantel y colaboró en la creación de los planes y programas para la Capacitación de Inglés que se siguen usando a nivel estado en COBAT, trabajó en el Colegio Nuevo Santander como docente frente a grupo impartiendo clase de Inglés en Secundaria y Preparatoria. Ha obtenido certificados de TKT con banda tres, los tres niveles, otorgado por la Universidad de Cambridge, cuenta con CENNI nivel quince: Correo electrónico: gdelgadocantu@gmail.com

Guadalupe Agustín González García

Doctor en Economía y Ciencias Sociales por la Universidad Autónoma de Tamaulipas (UAT). Ocupó el cargo de Jefe de la División de Posgrado en la Facultad de Comercio y Administración Victoria (FCAV). Sus líneas de investigación y especialización son: emprendimiento, análisis financiero, planes de negocio y proyectos. Ha desempeñado diversos cargos en la administración pública del Gobierno del Estado de Tamaulipas, así como también ha laborado para el sector privado. Correo electrónico: ggonzález@docentes.uat.edu.mx.

Héctor Gabino Aguirre Ramírez

Estudió la carrera de Licenciado en Computación Administrativa y la maestría en Administración en la Facultad de Comercio y Administración Victoria de la Universidad Autónoma de Tamaulipas. Doctor en Dirección y Organización de Empresas por la UPC. Perfil PRODEP. Colaborador en proyectos de investigación con financiamiento externo. Ha publicado capítulos de libros y artículos en revistas indexadas. Director de tesis a nivel doctorado, maestría y licenciatura. Participante en diversos congresos. Impartición de clases a nivel maestría y licenciatura. Actualmente coordinador de la carrera de L.T.I. en la FCAV–UAT.

Hugo Isaías Molina Montalvo

 Es egresado de la licenciatura en Ciencias de la Educación por parte de Universidad Autónoma de Tamaulipas, tiene una Maestría en Docencia y estudios doctorales de Educación Internacional en la misma institución. Es Doctor en Ciencias de la Educación por parte del Centro Internacional de Educación Avanzada. Ha impartido cátedra en diversas instituciones del estado de Tamaulipas, ha formado parte de los programas de educación media superior del gobierno federal en la modalidad a distancia. Actualmente, es líder del cuerpo académico de Evaluación Educativa, cuenta con la distinción de la Secretaría de Educación Pública de Perfil Deseable para profesores de carrera. Ha publicado artículos en revistas arbitradas, realiza investigación sobre evaluación institucional y evaluación de procesos desde el enfoque de la socioformación. Ha presentado los resultados de sus investigaciones en diferentes congresos nacionales e internacionales. himolina@docentes.uat.edu.mx

José Francisco López Guajardo

 Estudiante del Doctorado en Gestión e Innovación Educativa de la Universidad Autónoma de Tamaulipas. Maestro en Administración e Ingeniería Industrial en Calidad. Actualmente es coordinador de Sistemas de Calidad, de la Dirección de Bibliotecas de la Universidad Autónoma de Tamaulipas. Correo electrónico: jfguajardo@uat.edu.mx

José Guadalupe de la Cruz Borrego

 Es Maestro en Sistemas de Información y Licenciado en Computación Administrativa en la Universidad Autónoma de Tamaulipas (UAT). Realizó estudios de Doctorado en Gestión y Transferencia del Conocimiento. Se desempeña como auxiliar administrativo del área de posgrado en la Facultad de Comercio y Administración Victoria (FCAV). Ha sido invitado a participar en cursos a nivel internacional por la Organización para la Cooperación y el Desarrollo Económicos (OCDE) en Trento, Italia en el año de 2014 y en Medellín, Colombia en el año de 2015. Correo electrónico: jborrego@docentes.uat.edu.mx.

José Guillermo Marreros Vázquez

 Estudiante del Doctorado en Desarrollo de Competencias Educativas, cuenta con una Maestría en Comunicación Académica y la Licenciatura en Ciencias de la Educación con opción en Tecnología Educativa por la Universidad Autónoma de Tamaulipas, ha impartido asignaturas de: Planeación de los Procesos de Enseñanza y Aprendizaje, TIC en la Educación, Multimedia, Internet y Animación en 2D y 3D. Cuenta con un Diplomado en Saberes Digitales para Profesores de Educación Superior (SINED), Diplomado en Estrategias de Enseñanza y Aprendizaje en la Modalidad a Distancia (UNAM), Diplomado Internacional sobre Evaluación de la Calidad de los Programas de Educación Superior a Distancia (CREAD), Diplomado por medios virtuales sobre Diseño de Contenidos por Competencias para Ambientes B-Learning (CIMTED) y Certificado en ICDL, Testing Program, Microsoft Office Specialist, IC3 y Adobe Associate Educator. Actualmente se desempeña como Profesor Investigador y Diseñador Instruccional en Ambientes Virtuales de Aprendizaje en la

Dirección de Educación a Distancia de la UAT. Sus correos electrónicos son: jgmarreros@docentes.uat.edu.mx y jose.marreros@set.edu.mx

José Iván Lara Treviño

Estudió la carrera de Licenciado en Computación Administrativa en la Facultad de Comercio y Administración Victoria, cuenta con Maestría en Administración de Tecnologías de Información por el ITESM campus Monterrey. Perfil PRODEP. Ha participado como colaborador en 1 proyecto de investigación con financiamiento externo, ha publicado artículos en revistas arbitradas, participado en diversos congresos y dirigido tesis de licenciatura y maestría.

José Rafael Baca Pumarejo

Doctor en Educación Internacional por la Universidad Autónoma de Tamaulipas (UAT). Es profesor e investigador adscrito a la Facultad de Comercio y Administración Victoria (FCAV). Sus proyectos e investigaciones se han orientado al estudio de las tecnologías de la información y las comunicaciones, específicamente al de las brechas digitales en el ámbito educativo. Correo electrónico: rbaca@docentes.uat.edu.mx

Julio César Macías Villarreal

Contador Público y Maestro en Finanzas por la Universidad Autónoma de Tamaulipas y Doctor en Ciencias de la Administración por la Universidad Internacional de América. Es Profesor de tiempo completo adscrito a la Facultad de Comercio y Administración Victoria, responsable del departamento de Titulación, coordinador operativo en el Examen General de Egreso-CENEVAL y representante de Becas en la Facultad ante el ITABEC y CNBES. Correo electrónico: jcmacias@docentes.uat.edu.mx

Luis Alberto Portales Zúñiga

Maestro en Docencia por la UAT, Licenciado en Ciencias de la Educación con Especialidad en Químico- Biológicas, se ha desempeñado como instructor y facilitador en cursos en línea en las plataformas: Blackboard y Moodle; Cursos-talleres "Huella Hídrica" y "Cultura del agua" para la Comisión Estatal del Agua de Tamaulipas (CEAT), Integrante de la Comisión de Evaluación de Proyectos (COTACYT), Ponente en el 3° y 4° Congreso Internacional en el Centro Regional De Formación Docente e Investigación Educativa. Jurado en el XXI Concurso Nacional de Prototipos 2019, Jurado en el 2° Encuentro Nacional de Emprendedores 2019, Expositor y divulgador de la ciencia en el "Día de las Investigadoras y los Investigadores" de la Secretaría de Investigación y Posgrado de la UAT, Certificado por la SEP-redconocer, como Agente Capacitador de la STyPS. Consejero Representante de la Carrera de LCEQB ante Consejo Técnico. Actualmente es Coordinador de Servicios Escolares de la UAMCEH, miembro activo de la Academia de la Enseñanza de las Ciencias Naturales e integrante del cuerpo académico de la Licenciatura en Ciencias de la Educación. Ha participado en el desarrollo e impartición del Diplomado en Competencias y Habilidades Digitales para el Docente, se ha desempeñado como Coordinador del Sistema de Gestión de Calidad, Coordinador de Servicio Social, Responsable del Módulo de Prácticas Preprofesionales y de los Laboratorios Experimentales de Química y Biología en la misma institución. Correo: lportales@docentes.uat.edu.mx

Luis Humberto Garza Vázquez.

Adscrito a la Unidad Académica Multidisciplinaria de Ciencias, Educación y Humanidades, de la Universidad Autónoma de Tamaulipas. Docente-investigador. Doctorado en Educación y Maestría en Tanatología, por la Universidad Autónoma de Tamaulipas. Licenciatura en Sociología, por la Universidad Nacional Autónoma de México. Miembro del Cuerpo Académico Consolidado "Procesos socioculturales y metodológicos", de la Universidad Autónoma de Tamaulipas. Líneas de investigación: Resiliencia en la Educación Media Superior y Superior, Perfil de Ingreso y factores de riesgo y protección. Con Perfil PROMEP. Dictaminador en el Programa de Coinversión Social (PCS), del Instituto Nacional de Desarrollo Social (INDESOL). Colaborador en el Centro Regional de Formación Docente e Investigación Educativa (CRETAM). Miembro de la Comunidad Latinoamericana en Resiliencia. Correo Electrónico: lugarza@docentes.uat.edu.mx

Ma. del Rosario Contreras Villarreal

Egresada de la Licenciatura en Ciencias de la Educación con especialidad en Ciencias Sociales por la UAT, Maestría en Investigación Educativa por la UAT, Doctorado en Aprendizaje y Cognición por la Universidad de Sevilla. Docente de Investigación Educativa en la Unidad Académica Multidisciplinaria de Ciencias, Educación Y Humanidades de la Universidad Autónoma de Tamaulipas.

Intereses de estudio y/o investigación: Investigación educativa y estudios de frontera. Líder del Cuerpo Académico Procesos Socio Culturales y Metodológicos. Experiencia en Investigación: Estructura cognoscitiva de los estudiantes en secundarias generales, Estudio sobre prácticas culturas y cognición, La influencia de variables culturales en el concepto de "frontera". Correo electrónico mcontrer@docentes.uat.edu.mx

María Guadalupe Simón Ramos

Doctora en Ciencias con Especialidad de Matemática Educativa por el Centro de Investigación y de Estudios Avanzados del Instituto Politécnico Nacional (CINVESTAV-IPN), Distrito Federal, México. Profesora-Investigadora de tiempo completo de la Universidad Autónoma de Tamaulipas (UAT). Candidata a Investigadora Nacional del Sistema Nacional de Investigadores. La línea de investigación que cultiva, Género construcción social del conocimiento matemático, le ha permitido incursionar en un campo hasta ahora poco explorado en su disciplina. Ha sido autora y coautora en publicaciones relacionadas con la Matemática Educativa y la Perspectiva de Género, entre ellas: la Revista Venezolana de Estudios de la Mujer, el Acta Scientiae y el Boletin de Educación Matemática. Es coautora junto con la Dra. Rosa María Farfán del libro Construcción Social del Conocimiento. El caso de Género y Matemáticas. Su correo es gsimon@docentes.uat.edu.mx

Mario Humberto Rodríguez Chávez

Maestro en Sistemas de Información y licenciado en Computación Administrativa. Alumno del Doctorado en Gestión e Innovación Educativa de la UAT. Ha laborado como programador computacional en el Gobierno del Estado de Tamaulipas, actualmente es

profesor de horario libre en la UAT, y profesor de tiempo completo en la Universidad Politécnica de Victoria. Correo electrónico: mhrodriguez@docentes.uat.edu.mx

Moisés Ricardo Miguel Aguilar

Maestro en Ciencias con especialidad en Matemática Educativa por el Centro de Investigación y de Estudios Avanzados del IPN y Licenciado en Física y Matemáticas por el Instituto Politécnico Nacional. Actualmente profesor de Tiempo completo en la Unidad Académica Multidisciplinaria de Ciencias, Educación y Humanidades de la Universidad Autónoma de Tamaulipas. Las líneas de investigación de la Enseñanza y Aprendizaje de las Matemáticas que cultiva son: Desarrollo del talento en Matemáticas, Desarrollo profesional Docente y El uso de recursos digitales en la construcción del conocimiento matemático. Ha participado en congresos y reuniones nacionales e internacionales relacionadas a la Enseñanza de las Matemáticas. Y es autor de publicaciones relacionadas con la Matemática Educativa en publicaciones como el Acta Latinoamericana de Matemática Educativa y la revista Avance y Perspectiva del Cinvestav-IPN. Correo elecrónico: mmiguel@docentes.uat.edu.mx

Nallely Contreras Limón

Es Licenciada en Informática, cuenta con una Maestría en Comunicación Académica por la Universidad Autónoma de Tamaulipas, ha impartido asignaturas de: Administración de la Función Informática, Tecnologías Emergentes y Herramientas Computacionales. Formo parte del programa Cisco Networking Academy concluyendo satisfactoriamente todos los módulos. Certificada en Microsoft

Technology Associate: Networking Fundamentals y Microsoft Office Specialist. Actualmente se desempeña en el Hospital Regional de Alta Especialidad "Bicentenario 2010" de Cd. Victoria Tamaulipas México, en la Jefatura de División de Procesos Informáticos y Comunicaciones.

Natsumi del Rocío Noriega Naranjo

Es Licenciada en Ciencias de la Educación con opción en Químico-Biológicas, con una Maestría en Educación Superior y ha finalizado sus estudios de Doctorado en Educación. Se desempeña como profesora de la Acentuación en Enseñanza de las Ciencias Naturales de la Licenciatura en Ciencias de la Educación y Asistente de Dirección en la Unidad Académica Multidisciplinaria de Ciencias, Educación y Humanidades (UAMCEH) de la Universidad Autónoma de Tamaulipas. Cuenta con reconocimiento de perfil deseable Prodep y participa como presidente de la Academia de Enseñanza de las Ciencias Naturales de la UAMCEH. Ha trabajado como docente de nivel preescolar, secundaria y nivel medio superior.

Ramón Ventura Roque Hernández

Es Ingeniero en Sistemas Computacionales (1997) y Maestro en Ciencias en Ingeniería Electrónica (2000) por el Instituto Tecnológico de Nuevo Laredo, Tamaulipas, México. También es Doctor Ingeniero en Telemática (2011) por la Universidad de Vigo, España y Doctor en Educación (2017) por La Universidad José Martí de Latinoamérica. Realizó un post-doctorado en Filosofía y sus mediaciones integradoras (2019) y también ha realizado varias estancias académicas de investigación. Actualmente es profesor investigador en la Universidad Autónoma de Tamaulipas; su docencia se centra en las asignaturas de Ingeniería del Software y Programación. Las líneas de investigación de su interés se ubican en la informática aplicada, la ingeniería del software y la educación superior. Correo electrónico: rvhernandez@uat.edu.mx

Rocío Díaz Alaffita

Es Maestra en Educación Superior, y Licenciada en Ciencias de la Educación, Profesora de Horario libre en la en la UAMCEH, Trabaja la línea de investigación de "ética profesional", ha sido Directora de Tesis presentada de Maestría en Docencia, titulada. ″ La valoración de la ética profesional y la formación docente desde la perspectiva de los docentes y alumnos de la Licenciatura en Psicología para el desarrollo humano-UAT, 2014, además de la Tesis presentada de Maestría en Docencia-UAMCEH titulada. ″ La valoración de la ética profesional y la formación docente desde la perspectiva de los docentes y alumnos de la licenciatura en Ciencias Sociales, en la UAMCEH en 2017. Actualmente Doctorante en Educación en 2019, trabaja el proyecto de tesis titulado "Percepciones de alumnos universitarios sobre la ética profesional del profesorado, desde la complementariedad metodológica, en la Universidad Autónoma de Tamaulipas y la Universidad Popular Autónoma del Estado de Puebla en 2019. Ha desempeñado algunos cargos como Coordinadora de Maestría en Docencia-UAMCEH 2007 a 2015, Coordinadora del Sistema de gestión de Calidad-UAMCEH, 2015. Actualmente se desempeña como Enlace con la Dirección de Participación Estudiantil UAT, además de ser Coordinadora del sistema de asistencia libre (RAL). Correo electrónico rdiaza@docentes.uat.edu.mx.

Rogelio Castillo Walle

Es Licenciado en Ciencias de la Educación con especialidad en Ciencias Sociales, Maestro en Docencia en Educación Superior y Doctor en Educación. Actualmente se desempeña como Director y profesor de tiempo completo en la Unidad Académica Multidisciplinaria de Ciencias, Educación y Humanidades (UAMCEH) de la Universidad Autónoma de Tamaulipas (UAT). Se ha desempeñado en diversos cargos universitarios: Director de Educación Media de la UAT y Coordinador de Carrera y Secretario Técnico de la UAMCEH.

Rosa Delia Cervantes Castro

Egresada y profesora de tiempo completo de la Unidad Académica Multidisciplinaria de Ciencias, Educación y Humanidades de la Universidad Autónoma de Tamaulipas. Maestra en Desarrollo de Recursos Humanos y Doctora en Educación por la misma universidad. Imparte cursos curriculares y materias de tronco común en la UAMCEH, y es asesora de tesis de licenciatura ofrecidas por esta unidad. Ha publicado artículos en revistas y en compilaciones de congresos. Las líneas de investigación que trabaja son la Enseñanza de la Ciencia y la Educación en Valores. Ha sido autora de libros relacionados con dichas áreas del conocimiento. Correo Electronico: rdcervantes@ uat.edu.mx

Vicente Villanueva Hernández

Estudió la carrera de Licenciado en Computación Administrativa, es Maestro en Educación Superior por la Universidad Autónoma de Tamaulipas. Doctor en Investigación Educativa por la Escuela Normal Superior de Ciudad Madero. Actualmente estudiando el Post-doctorado en Investigación Educativa en el Centro de Investigación y Posgrado para el Desarrollo Educativo. Reconocimiento al perfil deseable PRODEP.

Yesica Daniela García García

Licenciada en Ciencias de la Educación Con Opción en Administración y Planeación Educativa, con estudios de Maestría en Gestión e Intervención Educativa. Por la UAMCEH UAT. Profesora de Tiempo Parcial de la Licenciatura en Pedagogía del Instituto Mantense de Estudios Profesionales (IMEP). Correo electrónico: dan-y93@hotmail.es